Philipp Espel

Privates Beteiligungskapital im deutschen Mittelstand

GABLER EDITION WISSENSCHAFT

Entrepreneurship

Herausgegeben von
Professor Dr. Malte Brettel, RWTH Aachen,
Professor Dr. Lambert T. Koch, Universität Wuppertal,
Professor Dr. Tobias Kollmann, Universität Duisburg-Essen, Campus Essen,
Professor Dr. Peter Witt, Universität Dortmund

„Entrepreneurship" ist ein noch relativ junger Forschungszweig, der jedoch in Wissenschaft und Praxis stetig an Bedeutung gewinnt. Denn Unternehmensgründungen und deren Promotoren nehmen für die wirtschaftliche Entwicklung einen zentralen Stellenwert ein, so dass es nur folgerichtig ist, dem auch in Forschung und Lehre Rechnung zu tragen.

Die Schriftenreihe bietet ein Forum für wissenschaftliche Beiträge zur Entrepreneurship-Thematik. Ziel ist der Transfer von aktuellen Forschungsergebnissen und deren Diskussion aus der Wissenschaft in die Unternehmenspraxis.

Philipp Espel

Privates Beteiligungskapital im deutschen Mittelstand

Eine verhaltenspsychologisch fundierte Betrachtung der nachfrageseitigen Nutzungsintention

Mit einem Geleitwort von Prof. Dr. Malte Brettel

GABLER EDITION WISSENSCHAFT

Bibliografische Information der Deutschen Nationalbibliothek
Die Deutsche Nationalbibliothek verzeichnet diese Publikation in der Deutschen Nationalbibliografie; detaillierte bibliografische Daten sind im Internet über <http://dnb.d-nb.de> abrufbar.

Dissertation Rheinisch-Westfälische Technische Hochschule (RWTH) Aachen, 2008

D 82

1. Auflage 2008

Lektorat: Frauke Schindler / Jutta Hinrichsen

Gabler ist Teil der Fachverlagsgruppe Springer Science+Business Media.
www.gabler.de

Umschlaggestaltung: Regine Zimmer, Dipl.-Designerin, Frankfurt/Main
Gedruckt auf säurefreiem und chlorfrei gebleichtem Papier
Printed in Germany

ISBN 978-3-8349-1294-7

Geleitwort

Wenn inzwischen Berichte in der Presse erscheinen, dass es dem Traditionsunternehmen Märklin wieder sehr gut geht, so ist das auch eine Erfolgsgeschichte privaten Beteiligungskapitals. 2006 hatte ein britischer Eigenkapitalinvestor das Unternehmen übernommen und damit vor der drohenden Insolvenz gerettet. Heute befindet sich Märklin wieder auf solidem Wachstumskurs. Diese Geschichte zeigt exemplarisch auf, dass privates Beteiligungskapital für mittelständische Unternehmen sehr nützlich sein kann. So stellt es nicht nur eine Lösung kurz vor der Insolvenz dar, wie im Falle Märklin geschehen, sondern kann auch zur Finanzierung eines besonderen Wachstumspfades dienen. Bei solchen Vorteilen könnte man annehmen, dass diese Finanzierungsform eine entsprechende Verbreitung hat. Das ist jedoch nicht der Fall. Vergleicht man die Quote des mittelständischen privaten Beteiligungskapitals bezogen auf das Bruttoinlandsprodukt über verschiedene Länder in Europa, dann wird deutlich, dass die Verbreitung in Deutschland nur gering ist, verglichen beispielsweise mit dem Vereinigten Königreich, Schweden, Niederlande oder sogar auch Frankreich und Spanien. Darüber hinaus ist auch zu erkennen, dass die Beteiligungsvolumina, also die Finanzierungen mit privatem Beteiligungskapital bei großen Unternehmen, in den letzten Jahren zugenommen haben, bei mittelständischen Unternehmen jedoch rückläufig sind. Das zeigt, dass der Mittelstand nur unterproportional am Wachstum und damit auch an den Effekten des privaten Beteiligungskapitals profitiert. Dieser Kontrast zwischen den aufgezeigten positiven Effekten auf der einen Seite und der geringen Nutzung auf der anderen Seite erstaunt somit.

Genau an diesem Phänomen setzt die vorliegende Dissertationsschrift von Philipp Espel an. Sie beschäftigt sich mit den spezifischen Eigenschaften mittelständischen Nachfrageverhaltens nach Finanzierungsinstrumenten, um letztlich sowohl theoretisch als auch empirisch der Kernfrage nachzugehen, welche Faktoren mittelständische Unternehmer positiv oder negativ bei einer Entscheidung zur Nutzung von privatem Beteiligungskapital beeinflussen und wie die Praxis darauf reagieren kann.

Philipp Espel betritt mit seiner Arbeit Neuland in einer extrem interessanten Weise: Er überträgt Ideen, die eigentlich der Konsumentenforschung zu Eigen waren, auf ein Finanzierungsthema und schafft damit ganz neue und spannende Einsichten. Dazu bedient er sich eines allgemein sehr akzeptierten theoretischen Bezugsrahmens, den er auf die Finanzierungsentscheidung mittelständischer Unternehmer überträgt. Die neuen Erkenntnisse erlangt er dabei vornehmlich aus der von ihm durchgeführten und als tadellos anzusehenden empirischen Untersuchung. Hier nutzt er mit der Konstrukt-messung Messverfahren, die in der Finanzierungstheorie in der Form bislang selten anzufinden waren.

So schafft Philipp Espel mit seiner Arbeit einen Erkenntnisfortschritt auf unterschiedlicher Ebene: Einerseits regt er die Praxis der mittelständischen Beteiligungsfinanzierung entscheidend an. Wenn sich Beteiligungskapitalgeber die Ergebnisse zu Herzen nehmen, so kann es ihnen bedeutend besser gelingen, ihre Produkte auf die Wünsche mittelständischer Unternehmer abzustimmen. Das kann den Verbreitungsgrad der Beteiligungsfinanzierung im Mittelstand deutlich erhöhen. Andererseits kann die Theorie vom neuen Weg, den Herr Espel gegangen ist, maßgeblich profitieren. Wenn sich die Finanzierungsforschung die Konstruktmessung genauer ansähe, gelänge es ihr unter Umständen bedeutend besser, Tatbestände zu operationalisieren, für die es momentan nur mehr oder weniger gute Proxys gibt.

Insofern ist der Arbeit der breite Leserkreis zu wünschen, den sie verdient.

Malte Brettel

Vorwort

Ausgangspunkt dieser Arbeit ist die Beobachtung, dass zwar viel von privatem Beteiligungskapital als Lösungsinstrument für mittelständische Finanzierungsprobleme gesprochen wird, die tatsächliche Verbreitung im deutschen Mittelstand aber sehr gering ist. Zwei Zitate, auf die ich am Anfang meiner Untersuchung gestoßen bin, mögen das verdeutlichen:

Die aktuelle Bundesregierung schreibt in ihrem Koalitionsvertrag: "Die Finanzierung von Investitionen darf nicht länger Engpass für die deutsche Wirtschaft sein. [...] Daher werden wir das Angebot an Beteiligungskapital und eigenkapitalnahem mezzaninem Kapital für den breiten Mittelstand weiter ausbauen. Die bestehenden Programme [...] sind an die Eigenkapitalbedürfnisse kleiner und mittelständischer Unternehmen weiter anzupassen und gegebenenfalls neue Programme zu entwickeln." (Koalitionsvertrag der Bundesregierung 2005 (CDU/CSU/SPD (2005), S. 15)).

Ein Unternehmer, den ich im Rahmen meiner ersten Interviews zu diesem Thema befragen durfte, sagte hingegen: „Beteiligungskapital ist für unser Umfeld viel zu schwierig zu verstehen, mit all' den finanztechnischen Aspekten; mein gesamtes Team rät mir davon ab und außerdem glaube ich, dass mir die sofort das Ruder aus der Hand nähmen, wenn ich sie ließe. Ich wachse lieber gar nicht weiter, als dass ich mit denen zusammenarbeite."

Aus diesem Spannungsfeld erwuchs die Kernfrage der Arbeit: Wie sehen mittelständische Unternehmer das Finanzierungsinstrument Beteiligungskapital? Wann sind sie bereit, es zu nutzen? Welche Faktoren wirken positiv, welche negativ auf diese Bereitschaft?

Diese Arbeit wäre ohne vielfältige Unterstützung und Hilfe nicht in dieser Form entstanden. Ohne Anspruch auf Vollständigkeit möchte ich dankend erwähnen:

- Prof. Dr. Malte Brettel, der mir als Doktorvater in den Höhen und Tiefen des Projektes mit Rat und Tat zur Seite stand; sowie Prof. Dr. Wolfgang

Breuer, dem diese Arbeit durch den von ihm angeregten Abgleich gegen die Kapitalstrukturtheorie eine zusätzliche inhaltliche Tiefe verdankt.

- Über 300 mittelständische Unternehmer, die als Interviewpartner oder als Teilnehmer an der Befragung die empirische Grundlage dieser Arbeit bilden.

- Am WIN-Lehrstuhl der RWTH Aachen die Mitdoktoranden, die durch kritische Stimmen und aufbauende Anmerkungen in vielen kleinen Fragen zu helfen wussten; sowie Birgit Maasen und Gesine Rottmann, die als Organisatorinnen im Hintergrund halfen, die Unwägbarkeiten der formalen Prozesse einer Dissertation zu umschiffen.

- Dr. Andreas Cornet und Dr. Wolfgang Pointner, die an der ein oder anderen Stelle den Zugang zu helfenden Ressourcen und Kontakten ermöglichten; sowie viele Helfern aus dem Support der Firma.

- In Hamburg das Kolloquium mit Dr. Andreas Kremer, Dr. Arne Schneemann und Dr. Gunnar Wiedenfels für den Blick für den pragmatischen Weg; sowie in meinem Freundeskreis Dr. Jochen Heemann und Dr. Kathrin Rothe für viele weiterführende Diskussionen.

- Doris, Hans, Manuel; sowie Anja.

Danke!

Hamburg, im August 2008

Philipp Espel

Inhaltsübersicht

Inhaltsverzeichnis

Verzeichnis der Abbildungen

Verzeichnis der Tabellen

Verzeichnis der Abkürzungen

AT	Attribute type nach Rossiter (2002)
AVE	Average Variance Extracted
BIP	Bruttoinlandsprodukt
BK	Beteiligungskapital
Bspw.	Beispielsweise
CDO	Collateralized Debt Obligations
CVC	Corporate Venture Capitalist
EINS	Einstellung (Variable)
EUR	Euro
f.	Folgende
FAMI	Normeinfluss der Familie (Variable)
ff.	Fortfolgende
FINB	Wahrgenommene Deckung des Finanzbedarfs (Variable)
IC	Internal Consistency bzw. Interne Konsistenz
Insb.	Insbesondere
k.A.	Keine Angabe
KI	Konditionsindex
KMU	Kleine und mittlere Unternehmen
KONT	Wahrgenommener Kontrollverlust (Variable)
KOST	Wahrgenommene Kosten einer Beteiligungsfinanzierung (Variable)
MBG	Mittelständische Beteiligungsgesellschaft
MERW	Wahrgenommene Mehrwertleistung (Variable)
Mio.	Millionen
NINT	Nutzungsintention (Variable)
NUTZ	Tatsächliche Nutzung (Variable)
OT	Object type nach Rossiter (2002)
POT	Pecking Order Theory
Priv. BK	Privates Beteiligungskapital
RISK	Wahrgenommenes Risiko einer Beteiligungsfinanzierung (Variable)
RT	Rater type nach Rossiter (2002)
SC/L	Scale type and lable nach Rossiter (2002)
SME	Small and Medium Enterprises
SOZN	Soziale Norm (Variable)
SUBK	Subjektive Kompetenz (Variable)

TPB	Theory of Planned Behavior bzw. Theorie des geplanten Verhaltens
TRA	Theory of Reasoned Action bzw. Theorie des zielgerichteten Handelns
u.a.	Unter anderem
VERT	Wahrgenommene Vertrautheit mit Beteiligungskapital (Variable)
VIF	Variance Inflation Factor
Vgl.	Vergleiche
z.B.	zum Beispiel
ZUGA	Wahrgenommener Zugang zu Beteiligungskapital (Variable)

Verzeichnis der Anhänge

1 Einleitung und Gegenstand der Arbeit

1.1 Phänomen

Eigenkapitalverfügbarkeit und speziell die Verfügbarkeit von privatem Beteiligungskapital[1] sind Faktoren, die für die wirtschaftliche Entwicklung eines Landes oder einer Region von hoher Bedeutung sind.[2] Darum bemühen sich viele öffentliche Institutionen um die **Förderung und Entwicklung des privaten Beteiligungskapitalmarktes**: Zum Beispiel von der Bundesregierung[3], der EU Kommission[4], der Kreditanstalt für Wiederaufbau[5] und von Verbandsorganisationen[6] liegen Absichtserklärungen vor, „das Angebot an Beteiligungskapital und eigenkapitalnahem Kapital für den breiten Mittelstand weiter auszubauen, bestehende Programme [...] **an die Eigenkapitalbedürfnisse mittelständischer Unternehmen weiter anzupassen** und neue Programme zu entwickeln."[7] Gleichzeitig wenden sich aktuell Beteiligungskapitalunternehmen – durch hohe Zuflüsse in Private-Equity-Fonds auf der Suche nach neuen Investmentbereichen – verstärkt dem Mittelstand zu.[8]

Privates Beteiligungskapital gilt als **geeignetes Instrument für die Finanzierung mittelständischer Unternehmen.** Diese Eignung wird mit zwei Argumenten begründet:[9] Das erste entspringt empirisch validierten Aussagen über **positive Effekte** einer privaten Beteiligungskapitalfinanzierung für die **Entwicklung kleiner und mittlerer Unternehmen**

---

[1] Eine Definition des Begriffes „Privates Beteiligungskapital" erfolgt in Kapitel 2.

[2] Vgl. z.B. Tyebjee/Bruno (1984), S. 1052, Hustedde/Pulver (1992), S. 363, European Commission (1999), S. 2, European Commission (1998), S. 3 ff., NVCA (2004), S. 4, sowie EVCA (2005b), BVK (2005a), Birch (1979).

[3] Vgl. CDU/CSU/SPD (2005).

[4] Vgl. European Commission (1998) und European Commission (1999).

[5] Vgl. KfW (2003a) und KfW (2003b).

[6] Vgl. DIHK (2004).

[7] CDU/CSU/SPD (2005), S. 15; Hervorhebungen durch den Autor.

[8] Vgl. BVK (2006a), S. 11.

[9] Vgl. z.B. Ambrose/Winters (1992), S. 89, die diese beiden Faktoren als „Firm Efficiency Effect" und „Industry Effect" bezeichnen.

(KMU)[10]. Die Art der positiven Einwirkungen ist vielfältig und betrifft die Ergebnisentwicklung[11], wichtige Bilanzkennzahlen[12], den Unternehmenswert[13], ein überdurchschnittliches Wachstum von Umsatz und Ertrag[14], und die Erhöhung der Effizienz bzw. der Produktivität der Leistungserstellung[15]. Weiter umfassen sie auch Verbesserungen in der Produktentwicklung[16] und den Management-Systemen[17], die Steigerung der Effektivität von Aufbau- und Ablauforganisation[18], die bessere Ausnutzung strategischer Vorteile[19] und die Verbesserung der langfristigen Orientierung des Unternehmens[20]. Das zweite Argument geht von **Problemen für (deutsche) KMU** aus und begründet die Vorteilhaftigkeit von privatem **Beteiligungskapital als Lösungsinstrument.** Die in diesem Zusammenhang genannten Probleme umfassen z.B. eine im internationalen Vergleich, gemessen an den Risiken, geringe Ausstattung mit Eigenkapital[21, 22], den beschränkten Zugang zu öffentlichen Kapitalmärkten[23], eine andauernde Konsolidierung der Vergabe

---

10 Zur Beziehung von „mittelständischen Unternehmen" und „KMU" vergleiche Kapitel 2.

11 Vgl. z.B. Wu (1997), S. 375 ff., Long/Ravenscraft (1993a) für Earnings, Kaplan/Stein (1993) für den Cashflow oder Kitzmann/Schiereck (2004) für deutsche Mittelständler generell.

12 Vgl. z.B. Bull (1989), S. 263 ff, Kaplan (1989a), S. 217, und Smith (1990), S. 21 ff.

13 Vgl. z.B. Asquith/Wizman (1990a), Asquith/Wizman (1990b), Cook et al. (1992), Kaplan (1989a), Kaplan (1989b), Thompson et al. (1989) und Madden et al. (1990).

14 Vgl. z.B. BVK (2005a) für deutsche Mittelständler.

15 Vgl. z.B. Opler (1992), Lichtenberg/Siegel (1989).

16 Vgl. z.B. Amess (2003), Long/Ravenscraft (1993b).

17 Vgl. z.B. Bruining et al. (2004).

18 Vgl. z.B. Denis (1994), Muscarella/Vetsuypens (1990) oder Phan/Hill (1995).

19 Vgl. z.B. Folta/Janney (2004), Wright (2001).

20 Vgl. z.B. Fendel/Groh (2002).

21 Vgl. Achleitner/Fingerle (2004b), S. 13 ff., Steck (1998), S. 59 ff., KfW (2005a), S. 28, Richter et al. (2004), S. 11, Schneck (2006), S. 23 ff.; Rudolph/Fischer (2000), S. 56, sprechen Beteiligungskapital hingegen die Fähigkeit ab, die vermeintliche Eigenkapitallücke im deutschen Mittelstand zu füllen.

22 Dies gilt grundsätzlich auch nach Bereinigung von Bilanzspezifika deutscher Unternehmen wie der verstärkten Bildung stiller Reserven; vgl. Deutsche Bundesbank (1992), S. 60 ff., sowie KfW (2003b), S. 2 ff.

23 Vgl. z.B. Pettit/Singer (1985), S. 56.

von Bankkrediten[24] und einen großen Bedarf an Finanzierungen im Rahmen ungeregelter Unternehmensnachfolgen[25].

Auf der Grundlage dieser positiven Argumente stünde zunächst zu vermuten, dass privates Beteiligungskapital im deutschen Mittelstand weit verbreitet wäre.[26] Eine Betrachtung der aktuellen Beteiligungsvolumina und der Anzahl von Beteiligungen liefert jedoch ein gegensätzliches Bild: In 2005 bestanden ca. 5.500 Private Equity Beteiligungen an deutschen KMU, was ca. 0,17 %, gemessen an der Gesamtzahl der Unternehmen, ausmacht.[27]

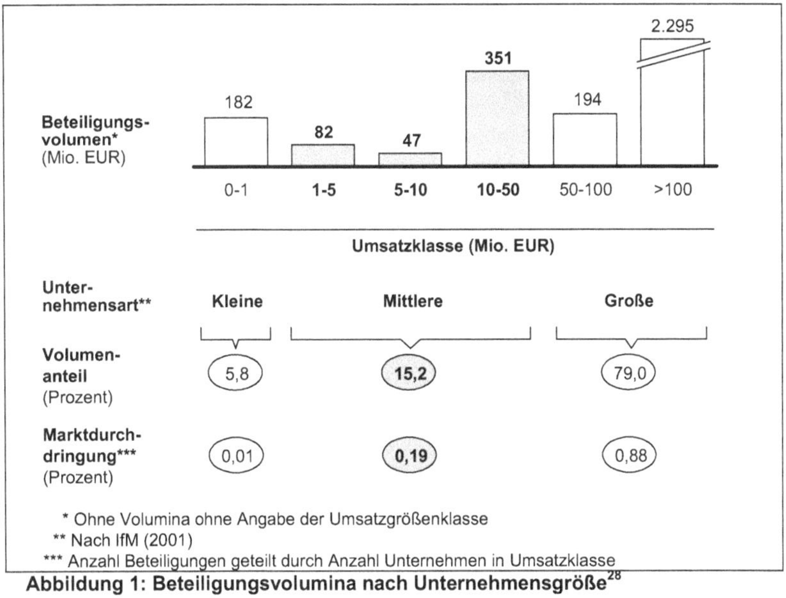

Abbildung 1: Beteiligungsvolumina nach Unternehmensgröße[28]

[24] Vgl. z.B. Tykvová (2005), S. 465, Broda (2003), S. 468, Zimmermann/Schumacher (2005), S. 5, Müller et al. (2004), S. 22 f., IfM/KfW (2006), S. 152.

[25] Vgl. Wright (2001), S. 250, Upton/Petty (2000), S. 27 ff., ENSR (1996), S. 211, Burger-Calderon (2005), S. 40, Schröer/Freund (1999), S. 219 ff., Gemünden/Köppen (2000), S. 25 ff.

[26] Solche optimistischen Perspektiven für Beteiligungskapital im Mittelstand finden sich z.B. Frommann (2005b), S. 23, Nelles/Klusemann (2004), S. 359, Pütter (2005), S. 35, Pettit/Singer (1985), S. 57.

[27] Zahlen nach BVK (2004b), S. 17 f., und Frommann (2005a), S. 538, Bestandszahlen für 2006/2007 liegen bisher nicht vor.

[28] Vgl. BVK (2004b), BVK (2005b), BVK (2006a).

Diese **Beteiligungsquote** ist aus verschiedenen Perspektiven als **gering** zu bewerten: Zunächst zeigt Abbildung 1 eine Aufteilung der deutschen Beteiligungsvolumina 2006 über die Unternehmensgröße (gemessen am Umsatz). Sowohl gemessen am Anteil am Volumen als auch an der Anzahl der eingegangenen Beteiligungen ist Finanzierung mit privatem Beteiligungskapital im Segment der mittleren Unternehmen[29] unterproportional stark verbreitet.

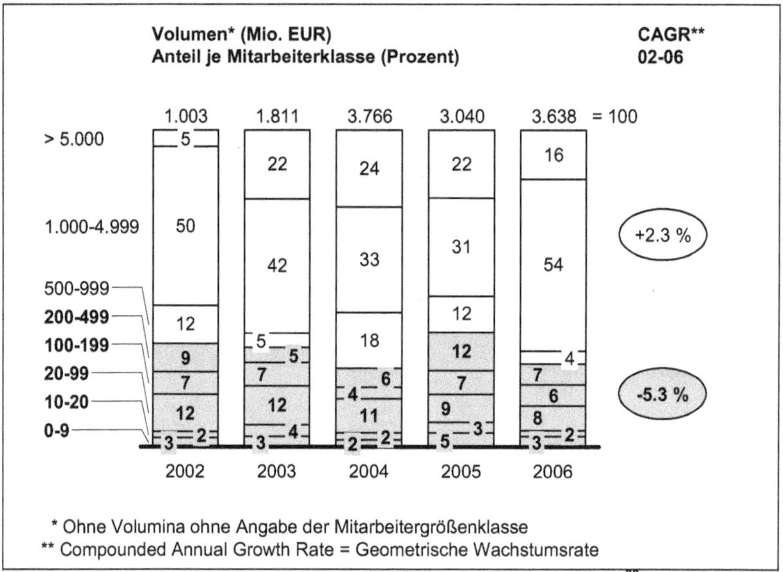

Abbildung 2: Entwicklung der Beteiligungsvolumina nach Größe[30]

Weiter ergibt sich bei einer **Betrachtung über den Zeitverlauf**, dass der Anteil[31] der jährlichen Beteiligungsvolumina bei mittleren Unternehmen von 2002 bis 2006 pro Jahr im Durchschnitt um ca. 5 % zurückgegangen ist, während der großer Unternehmen um ca. 2% pro Jahr wächst. Somit profitiert das Segment „Mittelstand“ nur unterproportional vom Wachstum

[29] „Mittlere Unternehmen“ entsprechen in dieser Arbeit zu weiten Teilen der im Folgenden aufgestellten Definition von „mittelständischen Unternehmen“.
[30] Zahlen nach BVK (2004b), BVK (2005b), BVK (2006a).
[31] Vgl. u.a. BVK (2004a), BVK (2004b), European Commission (1998), European Commission (1999), EVCA (2002), Impulse/IfM (2004b), KfW (2005a).

des Gesamtmarktes und fällt in der Bedeutung bei Beteiligungskapitalinvestitionen schrittweise zurück.

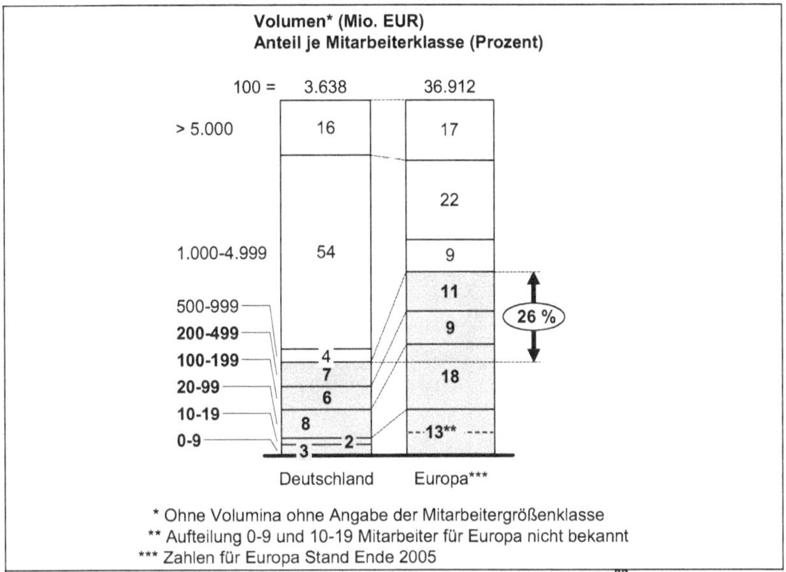

Abbildung 3: Europäische und deutsche Beteiligungsvolumina[32]

Auch **im europäischen Vergleich** gilt die Verbreitung von privatem Beteiligungskapital bei deutschen mittleren Unternehmen als (zu) gering[33]. Anhang 3 zeigt, dass der Anteil, den europäische KMU von den privaten Beteiligungskapitalvolumina ihrer jeweiligen Heimatländer erhalten, im Mittel ca. 26 % höher liegt als der Anteil, der vom deutschen Beteiligungsvolumen 2006 in deutsche mittlere Unternehmen investiert wurde. Den deutlichsten Vorsprung haben dabei Unternehmen mit 20 bis 99 Mitarbeitern, in die in Europa mit ca. 18 % um 10 % mehr Beteiligungskapitalvolumen investiert wird als in deutsche Unternehmen mit gleicher Größe.[34]

---

[32] Zahlen nach BVK (2006a), BVK (2004a), EVCA (2006), EVCA (2005b).

[33] Vgl. z.B. Labbé (2003), S. 303, Tyebjee/Vickery (1988), S. 130 ff., Leopold et al. (2003), S. 103 ff.

[34] Ein ähnlich großer Unterschied tritt bei Unternehmen mit 0-9 und 10-19 bzw. 0-19 Mitarbeitern auf. Allerdings enthalten die dargestellten Zahlen auch Frühphaseninvestments, so dass dieser Unterschied auch durch eine bessere Entwicklung des Wagniska-

Weiter ergibt sich aus den in Abbildung 4 dargestellten Zahlen, dass auch nach einer Indizierung auf das Bruttoinlandsprodukt das deutsche Investitionsvolumen im Allgemeinen und insbesondere in mittelständische Unternehmen im europäischen Vergleich unterdurchschnittlich ausfällt. Gerade im Vergleich mit den anderen großen europäischen Ländern ist die Verbreitung von privatem Beteiligungskapital gemessen an den aktuellen Volumina, gering.

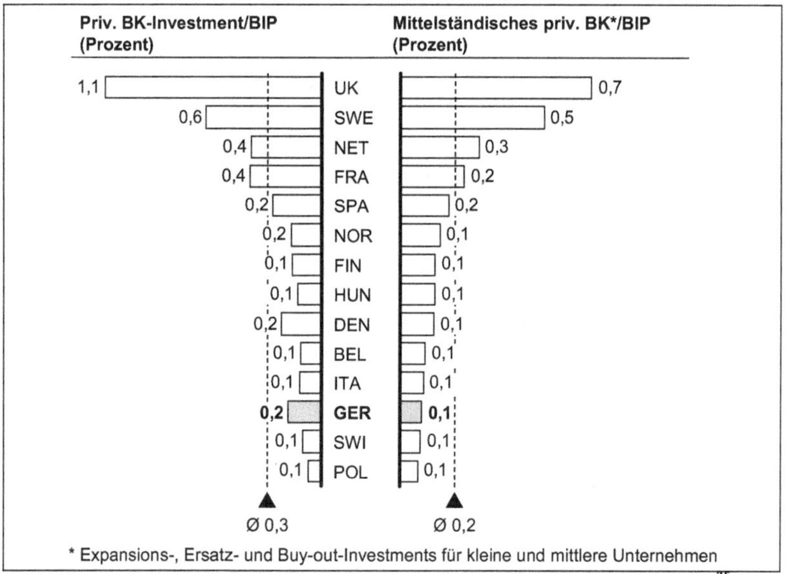

Abbildung 4: BIP-indizierter Vergleich europäischer Beteiligungsvolumina[35]

Neben den bisher angestellten quantitativen Vergleichen von Anzahl und Volumina deutet auch eine Reihe eher **qualitativer Fakten** auf eine als unterproportional gering einzustufende Verbreitung von privatem Beteiligungskapital im deutschen Mittelstand hin:

pitalmarktes verursacht sein kann. Die Beteiligungskapitaldefinition dieser Arbeit schließt Wagniskapital aus (siehe unten), so dass die Gruppe von 20-99 Mitarbeitern von höherer Relevanz für die hier behandelte Fragestellung ist.

[35] Vgl. BVK (2004a), S. 23 ff.

- Deutsche mittelständische Unternehmer bewerten die Relevanz von privatem Beteiligungskapital als Finanzierungsinstrument mit am niedrigsten in Europa.[36]

- Auch Beteiligungsunternehmen selbst sprechen in Befragungen von einer „Marktlücke“ im mittelständischen Bereich.[37]

- Schließlich sehen auch Verbandsorganisationen und Interessenvereinigungen die aktuelle Nutzung von privatem Beteiligungskapital im deutschen Mittelstand als ausbaubedürftig an und sprechen von „erheblichem Wachstumspotenzial“[38].

Dieser Kontrast zwischen den aufgezeigten potenziellen Chancen und Möglichkeiten, die dem Finanzierungsinstrument „privates Beteiligungskapital“ in seiner Anwendung im deutschen Mittelstand zugeschrieben werden, und der tatsächlich eher geringen Verbreitung sowie der zurückhaltenden Bewertung durch mittelständische Unternehmer bildet das dieser Arbeit zu Grunde liegende Phänomen. Eine genauere Betrachtung der Ursachen ermöglicht die Formulierung von Forschungsfragen, die aufgrund des geschilderten öffentlichen Interesses von hoher Aktualität und Relevanz sind.

1.2 Forschungsfragen

Viele Arbeiten identifizieren als Ursachen der geringen Verbreitung von privatem Beteiligungskapital im Mittelstand Gründe, die auf Markteffizienzprobleme privater Beteiligungskapital-Angebote abzielen und ein unzureichendes Risiko/Rendite-Verhältnis für die **Anbieter von Beteiligungskapital** zur Folge haben.[39] Dazu zählen beispielsweise eine unzureichende

---

[36] Vgl. z.B. Bundesministerium für Wirtschaft und Arbeit (2001), S. 62: Deutschland weist vor Österreich die zweitniedrigste Relevanz- und Wichtigkeitsbewertung für privates Beteiligungskapital auf.

[37] Vgl. z.B. KfW (2003b), S. 7, Broda (2003), S. 468.

[38] Vgl. KfW (2003a), S. 42.

[39] Vgl. bspw. Schöning (2007), Becker/Hellmann (2002) oder Berger/Udell (1998).

Exit-Situation[40], geringe Transparenzvorschriften[41], bevorteilte Konkurrenten im Bankensektor[42], problematische staatliche Eingriffe in den Markt[43] oder eine nachteilige steuerliche Behandlung von Beteiligungsinvestments[44]. Es wird implizit angenommen, dass sich Beteiligungskapital umso stärker in mittelständischen Unternehmen durchsetzt, je höher der Erfüllungsgrad dieser Faktoren ist, bzw. je vorteilhafter die Konditionen und Rahmenbedingungen für die angebotsseitigen Aktuere gestaltet sind.

Allerdings scheint eine weitergehende Beschäftigung mit diesem Phänomen notwendig: Obwohl in den letzten Jahren Fortschritte bei der Lösung dieser angebotsseitigen Probleme erzielt wurden[45], ist der Anteil an privatem Beteiligungskapital im Mittelstand über die letzten Jahre wie dargestellt eher stabil bis rückläufig. Die empirische Entwicklung entspricht dem skizzierten angebotsseitigen Erklärungsansatz also nicht vollständig, auch andere Faktoren beeinflussen die mittelständische Finanzierungsentscheidung.[46]

Neue Impulse können aus einer Veränderung des Blickwinkels folgen: Anstelle einer eher anbieterseitig orientierten Untersuchung kann eine Betrachtung der mittelständischen Beteiligungskapitalnutzung auch von der Kapitalnachfrageseite – d.h. vom mittelständischen Unternehmer ausgehend – durchgeführt werden.[47] Eine solche nachfrageseitige Fokussierung

---

[40] Vgl. Schöning (2007), S. 223.

[41] Vgl. Berger/Udell (1998), S. 660 ff.

[42] Vgl. z.B. Black/Gilson (1998), Becker/Hellmann (2002), S. 34 ff., Leopold et al. (2003), S. 91 ff.

[43] Vgl. z.B. Rudolph/Haagen (2005), S. 336 ff., Leopold et al. (2003), S. 64 ff., Fiedler/Hellmann (2001), S. 19 ff.

[44] Vgl. z.B. Leopold et al. (2003), S. 101 ff.

[45] Vgl. im Detail Kapitel 2.2.3, sowie z.B. Leopold et al. (2003), S. 77 Schöning (2007), S. 223, und S. 177 ff., Achleitner et al. (2006), S. 90 ff.

[46] Vgl. Leopold et al. (2003), S. 103 ff., die unter den gegebenen Rahmenbedingungen eine Verdoppelung bis Verdreifachung des Beteiligungskapitalvolumens in Deutschland als Marktpotential der Zukunft abschätzen; vgl. weiter Geiseler (1999).

[47] Eine solche Trennung von angebots- und nachfrageseitigen Effekten wird z.B. bei Cressy/Olofsson (1997a), S. 89, vorgenommen: „We define a supply side finance constraint as a capital market imperfection that leads to a socially incorrect supply of funds to projects or the incorrect interest rate charged on funds. (...) We define a

insbesondere auf die **Auswahlkriterien und den Bewertungsmechanismus, mit dem der Kapitalnachfrager** über die Nutzung von privatem Beteiligungskapital zur Finanzierung seines Unternehmens entscheidet, kann weitere wichtige Anhaltspunkte für die Erklärung der Verbreitung dieser Finanzierungsform liefern. Dieses Argument beruht auf mehreren Überlegungen:

Zunächst leiden gerade mittelständische Unternehmen bei ihren Finanzierungsentscheidungen unter einer Reihe von Marktunvollkommenheiten[48]. In der Folge haben Mittelständler nur eingeschränkt die Möglichkeit, Eigenschaften einer einmal gewählten Finanzierungsform auf dem Kapitalmarkt später (vollständig) zu transformieren.[49] Die gewählte Finanzierungsform bzw. die aus ihr folgenden Konsequenzen können nicht oder nur beschränkt in andere überführt werden; die Gültigkeit des so genannten **Irrelevanztheorems der Finanzierungsform**[50] **ist bei mittelständischen Unternehmen eingeschränkt.**[51] Der Unternehmer kann deshalb durch die primäre Auswahl von Finanzierungstiteln ein Nutzenniveau erreichen, das er später nicht zwangsläufig am (ihm zugänglichen) sekundären Markt nachbilden kann. Dennoch können unterschiedliche Finanzierungen für den Unternehmer unterschiedlich vorteilhaft sein. Die Frage, wie vor- bzw. nachteilig die betrachtete Alternative aus der Sicht des Unternehmers ist, bleibt demnach trotzdem relevant oder wird sogar noch bedeutender, da eine spätere Änderung der Entscheidung nur eingeschränkt

---

demand-side financial constraint as a capital market imperfection in which performance of a firm is adversly affected by a factor internal to the firm. Thus, for example, if the firms's owners would like to grow the firm faster, but the only way to do so is to relinquish equity, and they refuse to do so, we may say the firm's demand for funds is demand-constrained." Vgl. auch Berger/Udell (1998), S. 614.

[48] Marktvollkommenheit liegt insbesondere dann vor, wenn Rational- und Mengenanpasserverhalten aller Marktteilnehmer sowie Abwesenheit von Informations- und Transaktionskosten angenommen werden können; vgl. Breuer (1998), S. 62. Welche Einschränkungen für Mittelständler gelten, wird in Abschnitt 3.2.3 genauer ausgeführt.

[49] Vgl. Breuer (1998), S. 3 sowie S. 84 ff, zum Zusammenhang von Relevanz der Finanzierungsentscheidung und der Transformationsmöglichkeit am Markt.

[50] Vgl. Modigliani/Miller (1958), S. 268 ff.

[51] Vgl. bspw. Chittenden et al. (1996).

möglich ist. Dadurch sind die Bewertungskriterien des Unternehmers für diese unterschiedliche Vorteilhaftigkeit wesentlich für die Frage, ob eine Finanzierung zustande kommt bzw. ob eine Finanzierungsform wie privates Beteiligungskapital gewählt oder ausgeschlossen wird.

Zusätzlich scheint die Art und die Anzahl der Faktoren, die mittelständische Unternehmer bei der Finanzierung berücksichtigen, deutlich über die Präferenzen bezüglich der Grundeigenschaften von Zahlungsströmen[52] bzw. eine ausschließliche Optimierung des Unternehmenswertes[53] hinauszugehen. Vielmehr verfolgen mittelständische Unternehmer bei der Finanzierung **eine Vielzahl monetärer und nicht-monetärer Motive** und versuchen, diese im Rahmen ihrer Finanzierungswahl direkt zu befriedigen.[54] Diese Motive können der Maximierung des Unternehmenswertes durchaus entgegenstehen[55], so dass Mittelständler aus finanzierungstheoretischer Sicht damit eine[56] spezifische Rationalitätsbeschränkung aufweisen. Die konkrete Ausgestaltung der Finanzierung gewinnt für den Unternehmer durch diese Rationalitätsbeschränkung an Relevanz, da er dabei eine Vielzahl an Motiven zu

---

[52] Also insbesondere Höhe, Zeitpunkt und Risikobehaftung, vgl. Breuer (1998), S. 31.

[53] Unter Annahme insbesondere funktionsfähiger Kapitalmärkte (und einiger zusätzlicher Annahmen) entspricht die Wertmaximierung unabhängig von den präferierten Grundeigenschaften von Zahlungsströmen der rationalen Handlungsweise. Durch Tausch der maximierten Anfangsausstattung kann der Unternehmer das höchste für ihn mögliche Präferenzniveau am Sekundärmarkt erreichen. Wertmaximierendes Verhalten ist dann eine notwendige Bedingung für das dargestellte Streben nach einem möglichen höchsten Nutzenniveau durch die Wahl der Finanzierungsform; vgl. Breuer (1998), S. 45 ff.

[54] Vgl. Agrawal/Nagarajan (1990), S. 1328 ff., Burkart et al. (2003), S. 2168, Demsetz/Lehn (1985), S. 1158 ff., Ang (1991), S. 2 ff., Ang (1992), S. 186 ff., Barton (1989), S. 3 ff., Romano et al. (2000), S. 288, Barton/Matthews (1989), S. 2 ff., Barton/Matthews (1988), S. 26 ff., McMahon/Stanger (1995), S. 22 ff., Michaelas et al. (1998), S. 246 ff., Norton (1990), S. 230 ff., Norton (1991), S. 287 ff.

[55] Ang (1991), S. 2 ff., Ang (1992), S. 191 f., McMahon/Stanger (1995), S. 23, Barton/Matthews (1989), S. 2 ff., Petty/Bygrave (1993), S. 130, LeCornu et al. (1996), S. 3 ff.

[56] Neben der Abweichung von der Wertmaximierung werden weitere mittelstandstypische Rationalitätsbeschränkungen diskutiert, z.B. bezüglich des Informationsverhaltens (vgl. Gibson (1993)). Vgl. auch Baron (1998), Busenitz/Barney (1997) und Manimala (1992).

berücksichtigen hat.[57] Für Kapitalgeber und Marktförderer ist es deshalb folgerichtig, auf diese als praktisch relevant erkannte Verhaltensanomalie Rücksicht zu nehmen und sie bei der Gestaltung sachgerechter Angebotstitel zu beachten.[58] Damit ist eine breitere Erfassung und Betrachtung der Nutzung von privatem Beteiligungskapital zu Grunde liegender Motive ein sinnvoller erster Schritt, um das Finanzierungsverhalten mittelständischer Unternehmer besser zu verstehen.

Schließlich kommt einer so detaillierten Betrachtung der Motive des Eigentümers im Vergleich zur Analyse von Finanzierungsentscheidungen bei großen Unternehmen besondere Bedeutung zu. Die **Handlungsmotive des Eigentümerunternehmers übertragen sich auf die (Finanzierungs-)Entscheidungen seines Unternehmens.**[59] Zum einen ist die Einheit von Eigentum und Leitung ein definitorisches Merkmal mittelständischer Unternehmen[60], so dass der Eigentümer im Rahmen seiner Leitungsfunktion direkt an der Umsetzung dieser Ziele arbeiten kann. Zum anderen sind institutionelle Strukturen wie z.B. eine Finanzcontrolling-Abteilung oder Instrumente wie z.B. eine zahlungsstrombasierte Analyse von Entscheidungen, die als Korrektiv der subjektiv geprägten Absichten des Eigentümerunternehmers fungieren könnten[61], weniger stark verbreitet als in Großunternehmen.[62] Es ist bei mittelständischen Unternehmen oft kein professioneller Apparat, der die Finanzierungsentscheidung trifft, sondern insbesondere der mittelständische Unternehmer als Individuum auf der Basis

---

[57] Vgl. Breuer (1998), S. 85, Fußnote 19, zur steigenden Relevanz der Finanzierungsentscheidung bei fehlender Adäquanz von Marktwertmaximierungskalkülen..

[58] Dieses Argument folgt aus der parallelen Anwendung der Argumentation bei Breuer/Hartmann (2003), S. 343 f.

[59] Vgl. McMahon/Stanger (1995), S. 22, Naffziger et al. (1992), S. 12 ff.

[60] Vgl. den Folgeabschnitt zur Begriffsbildung.

[61] Weber/Schäffer (2006) sprechen von der „Rationalitätssicherungsfunktion", die durch solche Instrumente von Controllern wahrgenommen wird.

[62] Z.B. nach Weber (2006c), S. 11, führen nur ca. 50 % aller mittelständischen Unternehmen eine „eingehende Analyse (Mindestausstattung, Finanzbedarf, Kapitalrückfluss etc.)" von Investitions- und Finanzierungsentscheidungen durch. Vgl. weiter McMahon/Stanger (1995), S. 228 ff.

von Heuristiken.[63] Somit können sich seine individuellen Ziele direkt und umfassend in der Finanzierungswahl niederschlagen. Auch seine **individuellen** Handlungsmotive sind relevant, um seine Nutzungsentscheidung über Finanzierungsinstrumente zu verstehen.

Es ist also zu vermuten, dass diese **spezifischen Eigenschaften im mittelständischen Nachfrageverhalten nach Finanzierungsinstrumenten über angebotsseitige Aspekte hinaus Auswirkungen auf die Nutzung von Beteiligungskapital zur Finanzierung haben und zur Erklärung der beobachteten, geringen Nutzung beitragen:** „Factors limiting demand for finance in owner-managed firms have often been neglected by an over-reliance on arguments which attempt to explain small firm financing problems solely in terms of a lack of access to the supply of equity and debt. Accordingly, explanations of capital structure processes should be sought by understanding the impact of owner-managers' personal preferences and values (…).“[64]

Um diese Hypothese besser fundieren zu können, ist es sinnvoll, die Einflussfaktoren und den Bewertungsmechanismus des mittelständischen Unternehmers genauer zu untersuchen. Vor diesem Hintergrund setzt sich die vorliegende Arbeit zum **Ziel, Antwort(-bestandteile) zu den folgenden Fragen** zu ermöglichen:

- **Welche Faktoren** beeinflussen mittelständische Unternehmer positiv oder negativ bei einer Entscheidung zur Nutzung von privatem Beteiligungskapital?
- In welcher **Wirkbeziehung stehen diese Faktoren** und wie fügen sie sich zu einer Bewertung von privatem Beteiligungskapital?

---

[63] Vgl. LeCornu et al. (1996), Smith et al. (1988), Busenitz/Barney (1997).

[64] Hutchinson (1995), S. 231 f., ähnlich argumentieren Hustedde/Pulver (1992), S. 365 ff., Murray/Wright (1996), S. 14 ff., Cressy/Olofsson (1997a), S. 90 ff., Barton/Gordon (1987), S. 70, Romano et al. (2000), S. 290, Chaganti et al. (1995), S. 7 ff.

- Existieren **Gruppen innerhalb des Untersuchungsobjektes „Mittelstand“**, bei denen sich Unterschiede in der Wichtigkeit solcher Faktoren feststellen lassen?

- Welche Ansatzpunkte ergeben sich aus dieser Betrachtung für die **Förderung des Beteiligungskapitalmarktes und zum weiteren theoretischen Verständnis der mittelständischen Kapitalnachfrage?**

Es soll ein konkretes Bild der Kriterien und des Bewertungsmechanismus entstehen, das den individual-psychologischen Aspekten gerecht wird, die in der Person des Eigentümerunternehmers begründet liegen. Die Beantwortung dieser Fragen liegt damit an der **Schnittstelle** von **finanzierungstheoretischen** und **verhaltenswissenschaftlichen** Ansätzen, wie zum Beispiel die im **Marketing und speziell in der Konsumenten-Verhaltensforschung** angewandten. Verschiede Autoren fordern eine solche Schnittstellenuntersuchung als wichtige Grundlage, um beobachtetes Finanz-Nutzungsverhalten insbesondere bei mittelständischen Unternehmen besser zu verstehen.[65] So können Ansatzpunkte identifiziert werden, die eine erfolgreiche Verbreitung oder Erstellung von Finanzinstrumenten[66] sowie eine bessere Kooperation von mittelständischem Unternehmen und Beteiligungsunternehmen[67] unterstützen. Diese Ansatzpunkte können in einem nächsten Schritt zum Beispiel mit den bestehenden angebotsseitigen Aspekten kombiniert werden.

---

[65] Vgl. z.B. Harrison (2003), Pennings et al. (1999), Turnbull (1983), Norton (1990), Farrelly (1980), Bloom (1984), Turner (1969), Murray/Wright (1996).

[66] Breuer (2002), S. 447, definiert in diesem Zusammenhang den Begriff "Financial Engineering", der „im Kern die auf die spezifischen Bedürfnisse eines (Industrie-)Kunden abgestimmte Empfehlung von (Investment-)Banken hinsichtlich des kombinierten Einsatzes bestehender und/oder erst noch zu schaffender Finanzinstrumente“ darstellt. Damit scheint ein genaueres Verständnis der spezifischen Bedürfnisse mittelständischer Unternehmer als Voraussetzung für die Schaffung von für diese Zielgruppe bedürfnisgerechten Beteiligungskapitalangeboten dienlich.

[67] Cable/Shane (1997), S. 142 ff., weisen auf die gegenseitige Abhängigkeit von Beteiligungsunternehmen und Unternehmer hin und erarbeiten, dass die Qualität der gegenseitigen Kooperation auch durch die (wahrgenommene) Gestaltung der Parameter der Beteiligung beeinflusst werden kann (vgl. S. 171). Dementsprechend ist eine genauere Analyse der Wahrnehmung dieser Gestaltungsparameter ein erster Schritt zur positiven Gestaltung der Kooperation.

Beteiligungskapitalunternehmen und öffentlichen Institutionen kann ein solcher Ansatz folglich zu einer besseren Durchdringung des mittelständischen Marktsegmentes dienen.[68]

1.3 Aufbau der Arbeit

Die folgenden Ausführungen gliedern sich wie in Abbildung 5 dargestellt: In den Unterkapiteln 2.1 und 2.2 werden die zentralen Begriffe „Mittelstand" und „privates Beteiligungskapital" erläutert und jeweils ein kurzer Überblick über die Charakteristika des Mittelstands bzw. private Beteiligungskapitalangebote für den Mittelstand gegeben. Kapitel 3 beschreibt die theoretische Fundierung der Arbeit. Dabei wird zunächst in Abschnitt 3.2 die Finanzierungstheorie diskutiert. Es wird erläutert, warum diese – zunächst naheliegend erscheinende – Fundierung nicht als Basis dieser Arbeit gewählt wird. In Kapitel 3.3 wird mit der verhaltensbasierten Einstellungstheorie, und konkreter mit der Theorie des geplanten Handelns, die gewählte Fundierung beschrieben und kritisch geprüft. Kapitel 4 entwickelt, ausgehend von dieser theoretischen Grundlage, das Forschungsmodell der Arbeit. Zunächst werden dafür im Rahmen des Kausalmodells die zu überprüfenden Hypothesen abgeleitet. Der Abschnitt orientiert sich dabei an den zentralen Größen der Theorie des geplanten Handelns „Einstellung" (Abschnitt 4.2.1), „soziale Norm" (Abschnitt 4.2.2) und „subjektive Kompetenz" (4.2.3). Kapitel 4.3 ergänzt das Messmodell für die zu überprüfenden Variablen. In Kapitel 5 wird das Design der empirischen Untersuchung dargelegt, Kapitel 6 stellt die Ergebnisse dieser Untersuchung dar. Kapitel 7 fasst die Ergebnisse zusammen, zeigt praktische und theoretische Implikationen der Arbeit auf

---

[68] Pennings et al. (1999), S. 532, sprechen von der „Hygienebedingung", als Anbieter im Finanzservicebereich effizient Mittel bereitzustellen, die allerdings noch keinen Erfolg garantiert. Erfolg hängt darüber hinaus an der Fähigkeit, marktgerechte Angebote zu entwickeln: „The succes or failure of these services also depends on the extent to which they satisfy the needs of potential customers (...). Products and services are determined on the basis of customers' wants and needs". Murray/Wright (1996), S. 24, leiten ab, dass Beteiligungskapitalunternehmen wegen des zunehmenden Wettbewerbs um Portfoliounternehmen keine Wahl bleiben wird, außer auch einen solchen Marketing-Blickwinkel zu berücksichtigen.

und diskutiert Ergänzungsbedarf und zukünftige Ansatzpunkte zur Weiterführung des hier gewählten Ansatzes.

1. Einleitung und Gegenstand der Arbeit
1.1. Phänomen
1.2. Forschungsfragen
- Welche Beeinflussungsfaktoren?
- Wirkbeziehung der Faktoren zur Urteilsbildung?
- Gruppen innerhalb Untersuchungsobjekt Mittelstand?

=> Welche Ansatzpunkte für Förderer/Anbieter?
1.3. Aufbau der Arbeit

2. Begriffsbildung
2.2. Mittelstandsbegriff der Arbeit
2.3. Privates Beteiligungskapital-Begriff der Arbeit

3. Theoretische Fundierung
3.1 Vorgehen

3.2 Finanzierungs-theorie
- Darstellung Spezialfall Mittelstand/Priv. BK
- Finanzierungstheorie für KMU
- Eignungsprüfung

3.3 Einstellungsbasierte Verhaltenstheorie
- Darstellung
- Übertragung auf Forschungskontext
- Eignungsprüfung

4. Ableitung Forschungsmodell
- Formulierung von Kausalhypothesen
- Messmodell

5. Befragung, Stichprobe und Methode
- Befragungsinstrument und empirisches Vorgehen
- Methodenwahl

6. Empirische Ergebnisse
- Deskriptive Ergebnisse
- Ergebnisse Basismodell
- Weiterführende Auswertungen

7. Implikationen und Kritik
- Praktische und theoretische Implikationen
- Kritik und Ausblick

Abbildung 5: Aufbau der Arbeit

2 Begriffsbildung

2.1 „Mittelstand“

2.1.1 „Mittelstand“ und verwandte Begriffe

Zunächst sollen die zentralen Begriffe der Forschungsfrage – **Mittelstand** bzw. **mittelständischer Unternehmer** und **privates Beteiligungskapital** – definiert werden. Dabei fehlt für beide eine allgemeingültige Definition, die vorbehaltlos übernommen werden könnte. Deshalb werden im Folgenden zunächst definitorische Aspekte erläutert und dann eine dem Untersuchungsziel zweckmäßige Definition aufgestellt.

Um die für diese Arbeit relevanten Unternehmen in Deutschland zu beschreiben, existieren drei Begriffe:

1. „KMU“ bzw. „SME“[69],

2. „Familienunternehmen“ bzw. „Family Businesses“ und

3. „Mittelständler“.

Der Begriff „**KMU**“ ist primär eine Abgrenzung von Unternehmen entlang quantitativer Kriterien. Außerhalb des akademischen Bereichs bezeichnet diese Definition in weiter Verbreitung[70] – zurückgehend auf die aktuell gültige Definition der EU-Kommission[71] – alle unabhängigen Unternehmen mit weniger als 250 Mitarbeitern, mit weniger als 50 Mio. EUR Umsatz oder

---

[69] Als Abkürzung für „Kleine und Mittlere Unternehmen“ bzw. „Small and Medium Enterprises“.

[70] „From an instiutional point of view, it seems that the European Commission has achieved its objective of unifying the different definitions of SMEs.“ (Aybar-Arias et al. (2003), S. 8). So weisen zum Beispiel auch die offiziellen Statistiken des Statistischen Bundesamts und darauf aufbauende Folgestatistiken diese Größenklassen auf. Allerdings gibt es – getrieben durch die Heterogenität und Dynamik realer Unternehmen (vgl. Pleitner (1995)) – weiterhin auch andere Klassifizierungen, z.B. in § 267 HGB für Kapitalgesellschaften.

[71] Vgl. European Commission (2003).

weniger als 43 Mio. EUR Bilanzsumme.[72] Andere Definitionen orientieren sich stark an diesen Zahlengrenzen und weichen höchstens in Einzelaspekten von der EU-Definition ab (vgl. Tabelle 1).

Quelle	**Klasse**	**Umsatz**	**Bilanzsumme**	**Mitarbeiter**	**Weitere Kriterien**
European Commission (1996)	klein mittel	≤ 7 Mio. ≤ 40 Mio.	≤5 Mio. ≤27 Mio.	≤ 49 ≤ 249	< 25 % Anteil eines Konzerns
European Commission (2003)	kleinst klein mittel	≤ 2 Mio. ≤ 10 Mio. ≤ 50 Mio.	≤ 2 Mio. ≤ 10 Mio. ≤ 50 Mio.	≤ 9 ≤ 49 ≤ 249	< 25 % Anteil eines Konzerns
EuroStat	kleinst klein mittel	k.A. k.A. k.A.	k.A. k.A. k.A.	≤ 9 10 - 49 50 - 249	< 50 % Konzernanteil
Creditreform	klein	≤ 1 Mio.	k.A.	≤ 500	Eigentümerführung
§ 267 HGB	klein mittel	≤ 6.9 Mio. ≤ 27.5 Mio.	≤ 3,4 Mio. ≤ 13,8 Mio.	≤ 50 51 - 250	2 der jeweils 3 Kriterien erfüllt
IfM (2001)	klein mittel	≤ 1 Mio. 1 - 50 Mio.	k.A.	≤ 9 10 - 499	

Tabelle 1: KMU- und IfM-Mittelstandsdefinitionen[73]

Aus wissenschaftlicher Perspektive ist die KMU-Forschung allerdings nicht ausschließlich über diese Zahlengrenzen bestimmt, auch wenn viele Arbeiten die dargestellte quantitative Definition übernehmen.[74] Vielmehr stehen die spezifischen Probleme kleiner Unternehmen wie z.B. begrenzte Kapazitäten und Fähigkeiten, geringe Diversifizierung durch Ein-Produkt-Situationen oder Risiken durch Abhängigkeit von Einzelpersonen im Mittelpunkt.[75]

---

[72] Sie unterscheidet weiter „Kleinstunternehmen", „Kleinunternehmen" und „Mittlere Unternehmen". Kleinunternehmen haben < 10 Mitarbeiter oder < 2 Mio. EUR oder < 2 Mio. EUR Bilanzsumme. Kleinunternehmen sind Unternehmen mit < 50 Mitarbeitern, < 7 Mio. EUR Umsatz oder < 5 Mio. EUR Bilanzsumme. Mittlere Unternehmen sind die verbleibenden Unternehmen innerhalb der KMU-Kriterien; vgl. European Commission (2005), S. 4 ff.

[73] Vgl. auch ZEW (2006), S. 8.

[74] Vgl. Aybar-Arias et al. (2003), S. 8; die Autoren identifizieren über 20 Arbeiten, die nur Teile der EU-Definition oder abweichende Größengrenzen verwenden, oft aufgrund der Charakteristika der verwendeten Datenbasis. Allerdings weisen sie weiter nach, dass Ergebnisse im Bereich der Kapitalstrukturforschung bei KMU weitgehend unabhängig von der verwendeten KMU-Definition Bestand haben.

[75] Vgl. z.B. Aldrich/Auster (1986), Welsh/White (1981).

Damit ergeben sich Schnittstellen zum Begriff der **„Familienunternehmen“**, bei denen diese Kernpersonen Mitglieder einer Familie[76] sind.[77] Daraus folgen wissenschaftlich relevante Fragen wie die positiven und negativen Folgen des Familieneinflusses auf die Unternehmung, die Rolle der Familiennachfolge[78] und das Zusammenwirken von geschäftlichen und familiären Aspekten bei Entscheidungen in Familienunternehmen.[79]

Während der Begriff der KMU eine primär quantitative Definition aufweist und Familienunternehmen vor allem über den qualitativen Aspekt des Familieneinflusses definiert sind, vermischt **„Mittelstand“** quantitative und qualitative Aspekte:[80] Zum einen veröffentlicht das Institut für Mittelstandsforschung in Bonn eine breit verwendete[81] Definition über Größenklassen.[82]

Demnach sind kleine mittelständische Unternehmen aktuell[83] solche mit weniger als 10 Mitarbeitern oder weniger als 1 Mio. EUR Jahresumsatz, und mittlere Unternehmen solche mit 10 bis 499 Mitarbeitern oder 1 bis 50 Mio. EUR Umsatz. Große Unternehmen sind Unternehmen oberhalb dieser Grenzen. Bereits in der Definition wird jedoch darauf verwiesen, dass zusätzliche qualitative Beschreibungsmerkmale einzubeziehen sind.[84] Relativ breit sind dabei die Einheit von Eigentum und operativer Leitung[85] und die Konzentration des Eigentums auf wenige Personen akzeptiert.[86] Weitere

---

[76] „A family is a group of people with kindship ties rooted in one couple as well their partners by marriage and their legally adopted children.“ Klein (2003), S. 2.

[77] Litz (1995), S. 72 ff., Klein (2003), S. 2, und ausführlicher Klein (2004), S. 9 ff.

[78] Vgl. bswp. Burkart et al. (2003).

[79] Einen Überblick zur Literatur geben bspw. Handler (1994) und Klein (2004).

[80] Vgl. Hamer (1987), S. 49 ff., Wolter/Hauser (2001), S. 29 ff., IfM et al. (2004), S. 1 ff.

[81] Alle großen Strukturstudien zum deutschen Mittelstand verweisen auf diese Definition, vgl. beispielsweise Impulse/IfM (2003), Impulse/IfM (2004a), KfW (2005a).

[82] Vgl. IfM (2001).

[83] In einer früheren Definition wurden die 50 Mio. EUR Umsatzgrenze teilweise wirtschaftsbereichsspezifisch niedriger angesetzt (z.B. 12,5 Mio. EUR für Unternehmen des Einzelhandels). Diese Grenzen sind in der aktuellen Fassung der Definition allerdings nicht mehr ausgewiesen.

[84] IfM (2001), S. 1.

[85] Vgl. Hamer (1987), S.11 ff., IfM (2001), S. 3 ff.

[86] Vgl. Klein (2004), S. 14 ff.

Abgrenzungen berücksichtigen auch die Rechtsform[87], das Unternehmensalter[88] oder eine spezifische kulturelle Einstellung zu der Rolle des Unternehmers.[89]

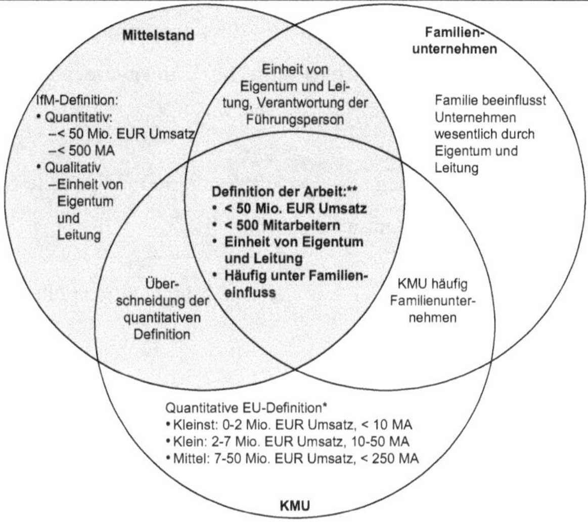

* Alternativgrenzen über Bilanzsumme: kleinst = 2 Mio. EUR, klein = 5 Mio. EUR, groß = 27 Mio. EUR
** Zusätzlich: Originäre Unternehmen, Fokus auf primär wirtschaftlich handelnde Unternehmen, Fokus auf Unternehmen mit Entwicklungsziel
Quelle: Stat. Bundesamt (2005), IfM (2004), EU Kommission (2003/361/EC recommendation), Klein (2000), eigene Berechnung

Abbildung 6: Mittelstand, KMU und Familienunternehmen[90]

Zusammenfassend ist die **Schnittmenge** aller drei Gruppen groß (vgl. Abbildung 6): Mittelstand und KMUs besitzen eine ähnliche quantitative Definition (gleiche Umsatzobergrenze, unterschiedliche Mitarbeiteranzahl), Mittelstand und Familienunternehmen sind von der qualitativen Definition

---

[87] Vgl. bspw. Müller et al. (2004).
[88] Vgl. KfW (2003b), S. 1.
[89] Vgl. Hamer (1987), S. 17.
[90] IfM (2001), S. 1, Klein (2004), S. 9 ff., European Commission (2003), S. 34.

her ähnlich.[91] Schließlich werden Familienunternehmen häufig mit kleineren Unternehmen gleichgesetzt.[92]

2.1.2 Mittelstandsdefinition dieser Arbeit

Dieser Vielschichtigkeit soll auch in der **hier verwendeten Definition** Rechnung getragen werden: **„Mittelständische Unternehmen“** bezeichnet in dieser Arbeit

- **zwingend a)** Unternehmen mit weniger als 500 Mitarbeitern[93] oder weniger als 50 Mio. EUR Umsatz,
- **b)** mit Einheit von Eigentum und Leitung, d.h. eignergeführte Unternehmen[94],
- und **häufig c)** Unternehmen unter relevantem Einfluss einer Familie.

Diese Definition ist zweckmäßig, da sie insbesondere über Kriterium a) Grundlagen für die oben beschriebenen Kapitalmarktbeschränkungen des Untersuchungsobjektes umfasst und über die Kriterien b) und c) auch wesentliche Gründe für die Existenz vielschichtiger, auch nicht-monetärer Einflussgrößen im Handeln der Akteure beinhaltet. Darüber hinaus ist sie verhältnismäßig gut operationalisierbar und durch die quantitativen Grenzen trennscharf. Schließlich orientiert sie sich stark an der oben erwähnten Standarddefinition nach IfM (2001), so dass eine Übertragbarkeit der Ergebnisse dieser Arbeit auf andere Mittelstandsarbeiten mit dieser

---

[91] So werden fast alle Familienunternehmen die Mittelstandsdefinition erfüllen, da durch den Einfluss der Familie zum Beispiel die Einheit von Eigentum und Leitung erfüllt ist. Allerdings sind nicht alle Mittelständler automatisch Familienunternehmen; vgl. Wallau/Haunschild (2007), S. VIII.

[92] Z.B. Daily/Dollinger (1993), S. 81 ff., ermitteln Firmengröße (definiert über die Anzahl der Mitarbeiter) als stärksten faktoranalytisch identifizierbaren Faktor zur Kennzeichnung von Familienunternehmen.

[93] Im folgenden Absatz werden Existenzgründungen aus der zu untersuchenden Grundgesamtheit ausgeklammert, was empirisch unter anderem durch eine Mitarbeiter-Untergrenze von 5 Mitarbeitern operationalisiert wird (vgl. Abschnitt 5.2.2). Praktisch lautet die Größendefinition damit 5-500 Mitarbeiter oder weniger als 50 Mio. EUR Umsatz.

[94] Vgl. Achleitner/Fingerle (2004a), S. 9.

Definition gewährleistet ist. "**Mittelständler**" sind **geschäftsführende (Eigentümer-)Unternehmer** eines mittelständischen Unternehmens, „**Mittelstand**" ist die Menge all dieser Unternehmen.

Neben diesen konzeptionellen Definitionen werden zusätzlich einige weitere **Abgrenzungen** vorgenommen, um wichtige Grundlagenannahmen für das zu entwickelnde Forschungsmodell sicherzustellen. Diese Abgrenzungen umfassen

- die Konzentration auf originäre Unternehmen, d.h. den Ausschluss von Konzerntöchtern;
- den Fokus auf Unternehmen mit primär wirtschaftlichem Zweck, d.h. den Ausschluss öffentlicher Unternehmen und Unternehmen mit Versorgungsauftrag;
- die Fokussierung auf Unternehmen mit Entwicklungsziel, d.h. den Ausschluss von Existenzgründungen[95].

Die erste Begrenzung vermeidet, dass die Geschäftsführer der Unternehmen Weisungen unterworfen sind, die letzten beiden Kriterien sollen einen grundsätzlichen Bedarf für Finanzierung sicherstellen.[96]

Zur weiteren Kennzeichnung[97] des Untersuchungsobjekts „Mittelstand" können aus aktuellen Strukturerhebungen[98] finanzwirtschaftliche Merkmale

---

[95] Zur Abgrenzung von „Unternehmer" und „Existenzgründer" vgl. Segbers/Siemens (2005), S. 231. Zusammengefasst ist ein Unternehmer eher durch das Verfolgen einer Idee motiviert, an Wachstum und finanziellem Erfolg interessiert und eher breit ausgebildet sowie grundsätzlich offen für Neuerungen und Innovation; ein Existenzgründer (oder Selbstständiger) sucht Unabhängigkeit und Existenzsicherung, ist häufig handwerklich ausgebildet und eher eingeschränkt an Neuem und Anregungen interessiert.

[96] Zur empirischen Umsetzung dieser Kriterien vgl. unten.

[97] Neben der weiteren inhaltlichen Detaillierung der oben getroffenen (Formal-)Definition wirken die im Folgenden dargestellten Strukturmerkmale auch auf die Gültigkeit für zentrale Annahmen der noch darzustellenden finanzierungstheoretischen Modelle. Die in diesem Zusammenhang auftretenden Begriffe und Konzepte (z.B. „Agency Kosten", „Informationsasymmetrien", usw.) werden in Kapitel 3.2.3 eingeführt und mit den hier beschriebenen Strukturmerkmalen verknüpft.

entlang der Gewinn- und Verlustrechnung (d.h. Rendite- und Risikokennzahlen) und der Bilanzseiten (d.h. Kennzahlen der Mittelherkunft und –verwendung, sowie zur Eigenkapitalstruktur) zusammengefasst und zu einem Gesamtbild verdichtet werden.

2.1.3 Strukturmerkmale mittelständischer Unternehmen

Mit Blick auf **Rendite- und Risikokennzahlen** mittelständischer Unternehmen (vgl. Abbildung 7) zeigt sich zunächst, dass diese gemessen an der Umsatzrendite im Durchschnitt über die letzten Jahre eine über zwei Prozentpunkte höhere Profitabilität als große Unternehmen aufweisen.[99] Diese relative Rentabilitätsschwäche großer Unternehmen erklärt sich insbesondere durch den im Vergleich härteren internationalen Wettbewerb, dem große Unternehmen stärker ausgesetzt sind, sowie negative Größeneffekte der Kostenstruktur, wie z.B. geringere Effizienz in Verwaltung oder höhere Koordinationskosten.[100] Trotz des Profitabilitätsvorsprungs der mittelständischen Unternehmen liegen erzielen ca. 30 % aller mittelständischen Unternehmen aktuell keine positive Umsatzrentabilität.[101]

Der Vorsprung in der Profitabilität spiegelt sich auch in einer Betrachtung der Gesamtkapitalrentabilität[102] und der Cashflow-Rate[103] wider: Mittel-

---

[98] Diese stützen sich insbesondere auf Studien, die eine für das Segment Mittelstand repräsentative Stichprobe nutzen (vgl. Anhang 1). Allerdings gibt es in den Formaldefinitionen der verwendeten Mittelstandsbegriffe Abweichungen, die einen strengen Quervergleich zwischen Studien ausschließen. Achleitner/Fingerle (2004a), S. 8, weisen aber für Studien mit dem Konzext „Mittelstand“ bzw. „Mittelstandsfinanzierung“ darauf hin, „dass sich die Grundgesamtheiten […] i.d.R. nicht dramatisch unterscheiden, so dass ein Fehler, welcher bei einem Vergleich unterschiedlicher Grundlagen entsteht, als relativ gering eingeschätzt werden kann.“

[99] Vgl. DSGV (2004), S. 22 ff., sowie weiter Plattner (2003), S. 26 f.

[100] Vgl. DSGV (2004), S. 20.

[101] Vgl. DSGV (2004), S. 18.

[102] Die (bilanzielle) Gesamtkapitalrentabilität ist definiert als das Verhältnis von Gewinn (ggf. vor Steuern) und Zinsen zum durchschnittlichen Gesamtkapital nach Bilanzwerten, vgl. Coenenberg (2005), S. 1093 ff. Bei ihrer Interpretation ist zu berücksichtigen, dass die bilanzielle Bewertung des Gesamtkapitals in der Regel abgeschriebene Anschaffungskosten und nicht Marktwerte zu Grunde legt. Damit wirken z.B. auch das Alter der Maschinen und die Abschreibungsgeschwindigkeit auf die Höhe dieser Kennzahl.

ständische Unternehmen haben im Durchschnitt seit 1998 eine ca. 3 Prozentpunkte höhere Gesamtverzinsung auf das eingesetzte Kapital.[104] Sie generieren auch etwas mehr freie Zahlungsmittel als große Unternehmen.[105] Im Gesamtblick ist ihre Fähigkeit, eine Entlohnung für die unternehmerische Risikoübernahme – z.B. im Rahmen einer Beteiligungskapitalfinanzierung – zu erbringen, damit tendenziell höher als bei großen Unternehmen.

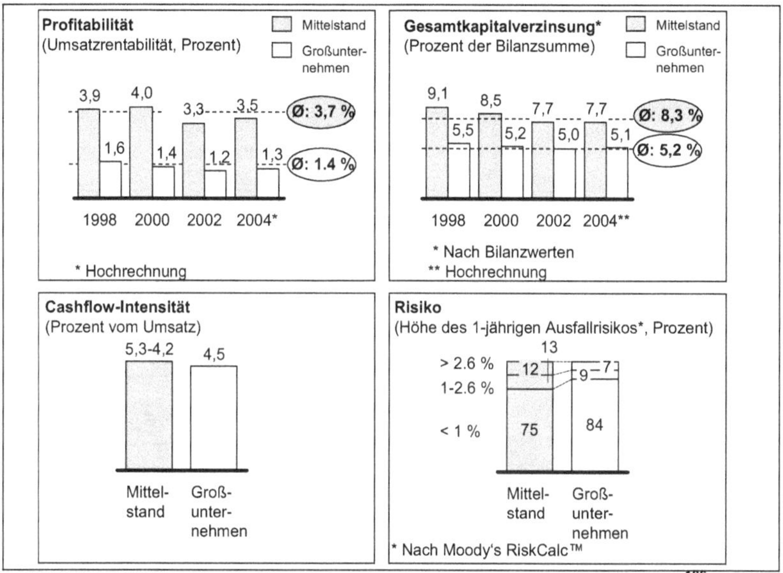

Abbildung 7: Rendite-/Risikomerkmale mittelständischer Unternehmen[106]

Gleichzeitig ist Risiko, dem mittelständische Unternehmen ausgesetzt sind, höher als das von Großunternehmen. Dies gilt unabhängig von der zur Risikoabschätzung verwendeten Maßgröße: Sowohl die oben dargestellte aktuelle Bewertung der Ausfallwahrscheinlichkeit als auch die Varianz der Zahlungsmittelflüsse oder die historischen Ausfallwahrscheinlichkeiten

---

[103] Die Cashflow-Rate ist der Quotient aus freiem Cashflow und Umsatzerlösen und misst den Anteil freier Zahlungsmittel, den das Unternehmen in einer Periode generiert; vgl. Coenenberg (2005), S. 1011 ff.

[104] Vgl. DSGV (2004), S. 21.

[105] Vgl. Schneck (2006), S. 18.

[106] Zahlen nach DSGV (2004), S. 22 ff., DSGV (2004), S. 21, Schneck (2006), S. 18, IfM/KfW (2006), S. 166 ff.

zeigen ein höheres Risiko.[107] Inhaltlich wird dies insbesondere durch eine höhere Abhängigkeit von Einzelfaktoren und damit eine geringere interne Diversifikation von Risikofaktoren sowie durch schlechter ausgeprägte Risikomanagementfähigkeiten begründet.

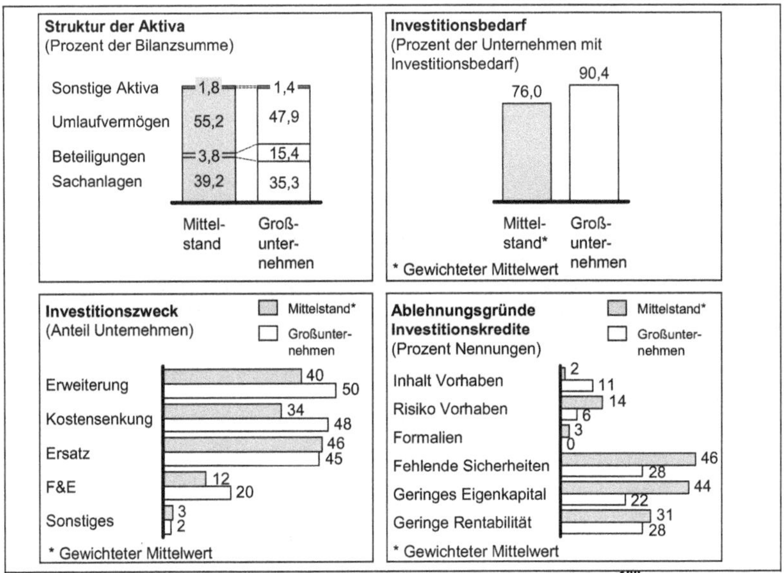

Abbildung 8: Mittelverwendung mittelständischer Unternehmen[108]

Eine Betrachtung der **Aktivseite der Bilanz** (vgl. Abbildung 8) zeigt, dass der Mittelstand weniger Beteiligungen eingeht (oder eingehen kann) als große Unternehmen: Bei nur ca. 4 % der mittelständischen Unternehmen (im Vergleich zu ca. 15 % bei Großunternehmen) besteht eine Beteiligung.[109] Dementsprechend hat insbesondere das Umlaufvermögen einen höheren Anteil an der Verwendung der Mittel.

[107] Vgl. IfM/KfW (2006), S. 166 ff.

[108] Zahlen nach Plattner (2003), S. 62, Zimmermann/Schumacher (2005), S. 25-28, Zimmermann/Schumacher (2005), S. 36.

[109] Vgl. KfW (2003c).

Auch der aktuelle Bedarf für Investitionen ist im Mittelstand geringer als bei Großunternehmen.[110] Während über 90 % der Großunternehmen Bedarf für Investitionen anmelden, sehen im Mittelstand nur ca. 76 % eine Notwendigkeit dafür.

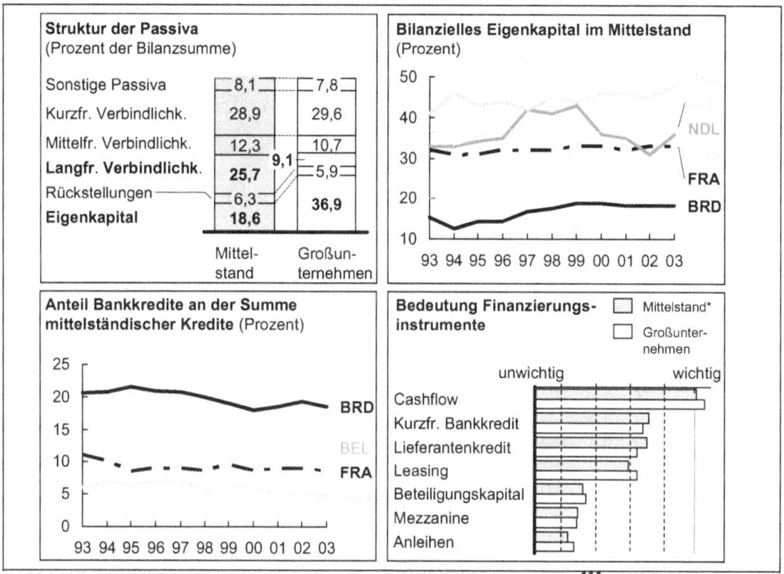

Abbildung 9: Mittelherkunft mittelständischer Unternehmen[111]

Weiter unterscheidet sich auch der Zweck von Neuinvestitionen[112]: Großunternehmen investieren stärker in – die potenziell stärker auf eine zukünftige Verbesserung des Unternehmens ausgerichteten Felder – Erweiterungen, Kostensenkungen sowie Forschung und Entwicklung, während bei mittelständischen Unternehmen Ersatzinvestitionen den häufigsten Investitionszweck ausmachen. Mittelständische Investitionsvorhaben scheitern dabei am häufigsten an fehlenden Sicherheiten oder zu

[110] Vgl. Zimmermann/Schumacher (2005), S. 25-28.

[111] Zahlen nach Plattner (2003), S. 63 ff., Zimmermann/Schumacher (2005), S. 48, Richter et al. (2004), S. 11, Richter et al. (2004), S. 30.

[112] Vgl. KfW (2005c), S. 28 ff., sowie mit ähnlichen Ergebnissen Impulse/IfM (2004b), S. 37, Reize (2005), S. 17.

geringem Eigenkapital bzw. einer ungünstigen Risikobilanz des geplanten Projektes.[113]

Die durchschnittliche **Passivseite einer mittelständischen Bilanz** (vgl. Abbildung 9) zeigt im Vergleich zu großen Unternehmen zunächst eine Substitution von Eigenkapital durch langfristige Verbindlichkeiten: Während große Unternehmen eine durchschnittliche Eigenkapitalquote von ca. 37 % und einen Anteil langfristiger Verbindlichkeiten von ca. 9 % aufweisen, haben Mittelständler im Durchschnitt einen um 18 Prozentpunkte niedrigeren Eigenkapitalanteil (18 vs. 36 %) und eine um 16 Prozentpunkte höhere Verwendung langfristiger Kredite (25 vs. 9 %).[114] Wie bereits erwähnt, gilt diese Eigenkapitalquote im internationalen Vergleich auch nach Anpassung um bilanzierungsrechtliche Besonderheiten[115] als gering:[116] Sowohl im Vergleich mit europäischen Nachbarländern als auch insbesondere mit den USA ist die Eigenkapitalausstattung mittlerer Unternehmen in Deutschland geringer. Auch die in den letzten Jahren zum Beispiel in den Niederlanden oder in Österreich erfolgte Erhöhung des bilanziellen Eigenkapitals ist in Deutschland nur deutlich geringer zu beobachten.[117]

Das durch geringeres Eigenkapital erforderliche (mittel- und langfristige) Fremdkapital wird schwerpunktmäßig durch Bankkredite gedeckt: Der Anteil von Bankkrediten an der Summe der Kredite an mittelständische Unternehmen ist in Deutschland fast viermal so hoch wie in den USA, und ca. doppelt so hoch wie in Belgien oder Frankreich.[118] Auch im Vergleich zu

---

[113] Vgl. Zimmermann/Schumacher (2005), S. 36.

[114] Zahlen nach KfW (2003c), S. 64 ff; identische Entwicklungen zeigen auch die langfristigeren Statistiken der Deutschen Bundesbank, vgl. Deutsche Bundesbank (1998), S. 4 ff.

[115] Vgl. Deutsche Bundesbank (1992), S. 53 ff., zu den methodischen Aspekten der deutschen Unternehmensbilanzstatistik, sowie KfW (2003b), S. 2 ff.

[116] Vgl. Achleitner/Fingerle (2004b), S. 13 ff., Steck (1998), KfW (2005a), S. 28, Richter et al. (2004), S. 11, Schneck (2006), S. 23 ff.; Rudolph/Fischer (2000), S. 56.

[117] Vgl. z.B. Deutsche Bundesbank (1998), IfM/KfW (2006), S. 159.

[118] Vgl. Richter et al. (2004), S. 19; weitere internationale Vergleichszahlen liefert Steiner (2002), S. 2 ff.

Großunternehmen ist die Abhängigkeit von Banken im Mittelstand höher.[119] Dementsprechend ist die Bedeutung von Instrumenten wie Leasing oder Beteiligungskapital geringer als bei großen Unternehmen.[120]

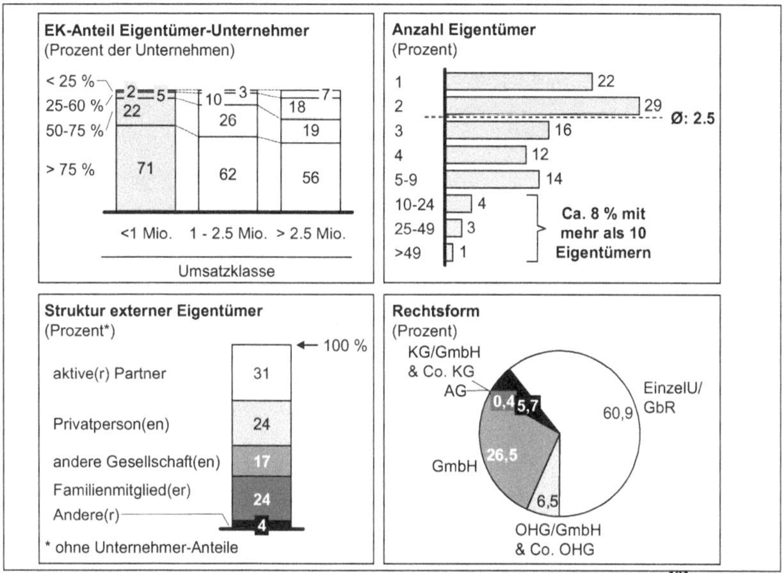

Abbildung 10: Eigentümerstrukturen mittelständischer Unternehmen[121]

Eine Betrachtung der **Eigenkapitalpositionen und der Eigentümerstruktur** (vgl. Abbildung 10) lässt erkennen, dass die Konzentration der Eigenkapitalanteile umso größer ist, je kleiner das Unternehmen: Während bei über 70 % der kleinen Unternehmen ein durchschnittlicher Eigenkapitalanteil des Eigner-Unternehmers von über 75 % zu erkennen ist, ist eine solche starke Konzentration bei mittleren Unternehmen nur noch bei 62 % bis 56 % zu erkennen.[122] Dementsprechend ist die Anzahl der Anteilseigner im

[119] Vgl. Richter et al. (2004), S. 30.
[120] Vgl. Richter et al. (2004), S. 19, Steiner (2002), S. 62 f. und S. 69 f.
[121] Zahlen nach Statistisches Bundesamt (2005), S. 483 ff., Klein (2004), S. 153, Impulse/IfM (2004a), S. 58, Impulse/IfM (2004a), S. 56 f.
[122] Vgl. Statistisches Bundesamt (2005), S. 483 ff.

Mittelstand mit durchschnittlich[123] ca. 2,5 Personen klein, nur ca. 8 % aller mittelständischen Unternehmen haben mehr als 10 Eigentümer.[124]

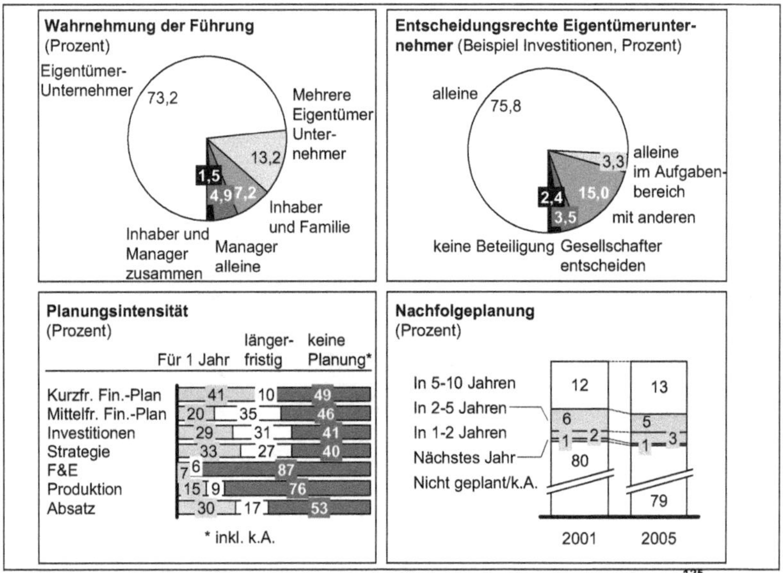

Abbildung 11: Eigentümerführung bei mittelständischen Unternehmen[125]

Sind neben dem Eigentümerunternehmer weitere Eigner am Unternehmen beteiligt, so sind dies in ca. einem Drittel aller Fälle aktive Partner und in ca. 17 % der Fälle andere Gesellschaften.[126] Beim Rest der Fälle handelt es sich mit nicht in das Unternehmen eingebundenen Privat- oder Familienpersonen um nicht aktive Gesellschafter. Entsprechend dieser Eigentümerstrukturen ist die stark überwiegenden Rechtsformen mit über 60 % die auf eine geringe

---

[123] Die Berechnung eines arithmetischen Mittelwerts ist ober der ordinalen Skalierung der Daten streng genommen nur eingeschränkt zulässig. Der Modus liegt bei 2 Eigentümern.

[124] Vgl. Klein (2004), S. 153.

[125] Zahlen nach Impulse/IfM (2004a), S. 17, Impulse/IfM (2004b), S. 56, Impulse/IfM (2004b), S. 46 ff., Impulse/IfM (2004a), S. 57.

[126] Vgl. Impulse/IfM (2004a), S. 58.

Anzahl an Teilhabern ausgelegte Einzelunternehmung bzw. die Gesellschaft bürgerlichen Rechts.[127]

Diese Konzentration innerhalb der Eigenkapitalstruktur entspricht dem Phänomen der **Eigentümer-Zentrierung**[128] (vgl. Abbildung 11): Über 70 % der mittelständischen Unternehmen werden alleine von ihrem Eigentümer (operativ) geführt. Diese Führungsrolle des Eigentümers bewirkt eine starke Konzentration von Aufgaben und Verantwortlichkeiten auf seine Person. Er konzentriert insbesondere die Entscheidung über die Finanzierungs-, die Unternehmensstrategie und die Investitionen auf sich.[129] So werden beispielsweise in 75 % aller mittelständischen Unternehmen wesentliche Investitionsentscheidungen vom Unternehmer alleine getroffen.[130] Bei der Wahrnehmung dieser Führungsrolle verlässt sich der Unternehmer im Vergleich zu großen Unternehmen weniger auf formale Planungsinstrumente: Etwa 50 % der mittelständischen Unternehmen weisen beispielsweise keine kurz- oder mittelfristige Finanzplanung auf. Für Produktion oder Forschung und Entwicklung steigt dieser Anteil sogar auf um die 80 %.[131]

Durch diese zentrale Rolle des Unternehmers kommt der Frage der Nachfolgeplanung eine bedeutende Rolle zu.[132] Etwa 10 % der mittelständischen Unternehmen müssen nach ihrer eigenen Planung in den nächsten fünf Jahren die Nachfolge regeln und den Eigentümer-Unternehmer ersetzen. Ungefähr 30 % dieser Nachfolgefälle rechnen mit einem Verkauf des Unternehmens an Externe, ca. 60 % planen eine Übergabe an Familien- oder Managementmitglieder.[133]

---

[127] Vgl. Statistisches Bundesamt (2005), S. 483 ff., sowie ähnlich Steiner (2002), S. 14.
[128] Vgl. Busenitz/Barney (1997), S. 9 ff.
[129] Vgl. Busenitz/Barney (1997), S. 9 ff.
[130] Vgl. Impulse/IfM (2004b), S. 56.
[131] Vgl. Impulse/IfM (2004a), S. 46 ff., vgl. weiter Müller et al. (2004), S. 22, Smith et al. (1988), S. 228.
[132] Vgl. Westhead (2003), S. 369 ff.
[133] Vgl. Impulse/IfM (2004a), S. 56 ff.

Zusammengefasst beschäftigt sich diese Arbeit also mit der Nutzung von privatem Beteiligungskapital in einem Umfeld, das gekennzeichnet ist durch:

- Eigentümerführung und Familieneinfluss, die durch die zentrale Figur des Unternehmers wahrgenommen werden;
- höhere Profitabilität (bei im Vergleich niedrigerem Wachstum) als bei Großunternehmen, sowie dementsprechend höhere Kapitalverzinsung und Cashflow-Intensität, bei gleichzeitig höherem Ausfallrisiko;
- Investitionsbedarf bei ca. drei Vierteln aller Unternehmen, der zur Zeit schwerpunktmäßig durch Innenfinanzierung oder mittel- und langfristige Bankkredite gedeckt wird.

Diese kennzeichnenden Merkmale des Umfelds "Mittelstand" sind bei der Erarbeitung der theoretischen Basis und des Forschungsmodells zu berücksichtigen.

2.2 „Privates Beteiligungskapital"

2.2.1 Privates Beteiligungskapital und verwandte Finanzierungsformen

Üblicherweise wird **privates Beteiligungskapital** funktional, d.h. als Finanzierungsmethode (und nicht nur als Gruppe von Finanzierungstiteln) definiert.[134] Der Vielzahl an Definitionen sind dabei grundlegende, **konstituierende Faktoren** gemein:[135]

---

[134] Vgl. u.a. Sahlman (1990), S. 473, Fenn et al. (1995), S. 2 ff., Gompers/Lerner (2001), S. 145, Wright/Robbie (1998), S. 524 ff., Moskowitz/Vissing-Jörgensen (2002), S. 745, Tyebjee/Bruno (1984), S. 1051, Levin (2005), S. 1-3, EVCA (2000), S. 12, Cattanach et al. (2000), S. 5, Raicher (2000), S. 27, Sharp (2001), S. 1, Gompers (2004), S. 2, Rudolph/Fischer (2000), S. 50, Hammermann/Maser (2004), S. 544 ff., Breuer/Mark (2004), S. 1.

[135] Neben den aufgeführten Kriterien werden in einigen Definitionen zudem eine vergleichsweise hohe Renditeerwartung der Kapitalgeber (bspw. Gompers/Lerner (2001), S. 145), Anwendung in Situationen mit besonders hohen Agency-Konflikten

- Eine Finanzierung mit privatem Beteiligungskapital hat grundsätzlich einen **Eigenkapitalcharakter.**[136] Dabei ist von einem funktionalen Eigenkapitalbegriff[137] auszugehen, der über das bilanzielle Verständnis[138] hinausgeht.

- Sie ist verbunden mit einem intensiven, häufig über die eigentliche Finanzierung hinausgehenden, grundsätzlich zeitlich befristeten Engagement des Eigenkapitalgebers.[139] So bringen die Beteiligungskapitalgeber häufig Kenntnisse und Fähigkeiten zur operativen Verbesserung, zur Organisation, zum Informationsmanagement oder andere Ressourcen und Fähigkeiten in das Unternehmen ein.[140] Gleichzeitig erzielen Beteiligungskapitalgeber zumindest einen Teil ihrer Rendite durch den Wiederverkauf des Unternehmens.[141] Daraus folgt der grundsätzlich zeitlich befristete Investitionshorizont, der (allerdings mit starken Abweichungen in den einzelnen Quellen) üblicherweise zwischen fünf und zehn Jahren taxiert wird.[142]

- Private Beteiligungskapitalfinanzierungen erfolgen über den **nicht-öffentlichen** Handel der Beteiligung.[143]

(bsp. Folta/Janney (2004), S. 223, Sahlman (1990), S. 473), Investment in besonders innovative oder wachstumsstarke Unternehmen oder die Kapitalgabe in einer für die Unternehmensentwicklung „entscheidenden Phase“, vgl. Rudolph/Fischer (2000), S. 50. All diese Kriterien scheinen jedoch übermäßig eng, da sie übliche Formen von Beteiligungskapitalfinanzierungen ausschließen.

136 vgl. Sahlman (1990), S. 473, Fenn et al. (1995), S. 2, Levin (2005), S. 12 ff. und Wright/Robbie (1998), S. 524 ff.

137 Dabei vor allem von der Risikohaftung und Verteilung von Gewinn- und Stimmrechten; weiter von einer Repräsentations-, Identifikations- und Errichtungsfunktion, vgl. Weber/Weißenberger (2002), S. 133.

138 Vgl. Coenenberg (2005), S. 283 ff.

139 Vgl. Sahlman (1990), S. 437 ff.

140 Vgl. MacMillan et al. (1989), S. 29 ff.

141 Vgl. Wright/Robbie (1998), S. 524 ff., Cramer (2000), S. 168, Rudolph/Fischer (2000), S. 50.

142 Leopold et al. (2003), S. 22, weisen allerdings darauf hin, dass gerade beim hier relevanten Anwendungsfall „reifere Unternehmen“ Beteiligungen zur Rentabilitätsabsicherung z.B. bei offenen Fonds auch für unbestimmte Zeit erworben werden.

143 Vgl. Fenn et al. (1995), S. 2.

Über diese grundsätzlichen Kriterien hinaus wird privates Beteiligungskapital entlang verschiedener Dimensionen genauer beschrieben und abgegrenzt. Der **Beteiligungskapital-Lebenszyklus**[144] definiert die Arten von privatem Beteiligungskapital über die Phase, in der sich ein Unternehmen befindet, und ermöglicht es – in Kombination mit weiteren Kriterien (vgl. Abbildung 12) – zwei zentrale Arten von privatem Beteiligungskapital abzugrenzen: Beteiligungen im frühen Lebensstadium werden unter dem Oberbegriff „Wagniskapital"[145] zusammengefasst.[146]

Privates Beteiligungskapital/ Private Equity

	Wagniskapital	Privates Beteiligungskapital im engeren Sinne
Alternativbegriffe	• Risikokapital • Venture Capital/Angel Capital • Frühphasenkapital	• Private Equity im engeren Sinne
Lebenszyklusphase	• Seed, Start-up, Growth	• Growth, Expansion, Turnaround, Succession
Unternehmens-zielgruppe	• zu gründende, junge oder bestehende kleine bis mittlere	• bestehende mittlere bis große
Beteiligungsanteil	• Minderheitsanteil	• Minderheits- oder Mehrheitsanteil
Entschädigung	• Wertsteigerung	• Dividende und Wertsteigerung
Beteiligungsdauer	• 3-7 Jahre	• unbestimmt/5-7 Jahre
Mehrwertleistungen	• Ja	• Ja
Unternehmensinteresse an Beteiligung	• Fehlende Eigenmittel • Keine Sicherheiten • Kein Zugang zu anderen Quellen	• Fehlende Eigenmittel • Fehlende Binnenfinanzierungskraft • Turnaround oder Nachfolge
Identifikation des Beteiligungspartners mit Unternehmensziel	• Hoch	• Sekundär (primär Rendite)

Abbildung 12: Beteiligungskapitalarten[147]

Später gewährtes Beteiligungskapital, auch **„Private Equity im engeren Sinn"**[148], umfasst alle Beteiligungen an reiferen Unternehmen. Präziser

---

[144] Vgl. Fenn et al. (1995), S. 18.

[145] Oder begrifflich ähnlich unter „Venture Capital" oder „Risikokapital".

[146] Vgl. Gompers/Lerner (2001), S. 145.

[147] Vgl. bspw. Fenn et al. (1995), S. 18.

[148] Groh/Gottschalg (2005), S. 24, Golland/Heckenmüller (2002), S. 525; Leopold et al. (2003), S. 3, stellen zusätzlich den Begriff „Entwicklungskapital" zur Diskussion; weiter wurde vor der expliziten Unterteilung in Früh- und Spätphasenkapital auch der Begriff „Venture Capital" für Spätphaseninvestments benutzt, vgl. z.B. Sahlman

werden Vorgründungs-, Gründungs- und Wachstumsfinanzierung dem frühen Beteiligungskapital, Wachstums-, Ausweitungs-, Restrukturierungs- und Nachfolgefinanzierung dem privaten Beteiligungskapital im engeren Sinne zugerechnet.[149] Insbesondere im Spätphasenbeteiligungskapital findet ein Großteil[150] der Investments nicht direkt, sondern über Intermediäre[151] statt. Sie übernehmen die Verwaltung und das Management der Beteiligung, bündeln häufig mehrere Investments und überführen sie in eine Fondsstruktur[152]. Man spricht dann von **institutionellem Beteiligungskapital.**

Dem Beteiligungskapital wird eine Vielzahl von spezifischen **Finanzierungstiteln** zugerechnet. Diese umfassen wandelbare Vorzugsaktien[153], echte und unechte[154] stille Beteiligungen[155] sowie allgemein nachrangige Darlehen wie partiarische Darlehen, Gesellschafter- und Verkäuferdarlehen, Genussscheine und Wandelanleihen.[156] Da Nachrangdarlehen neben Eigen- auch Fremdkapitaleigenschaften haben, spricht man von **Mezzanine-**

(1990), S. 473 ff., Rudolph/Fischer (2000), S. 49. Ähnlich wird ferner allgemein von „Buy-outs" gesprochen, wenn verschiedene Spätphasenanlässe bezeichnet werden.

[149] Vgl. z.B. Golland/Heckenmüller (2002), S. 525, weiter Sahlman (1990), S. 479, Plummer (1987), S. I-11 ff., Fenn et al. (1995), S. 18, Prowse (1998), S. 25. Üblich sind auch die englischen Bezeichnungen „Seed-", „Start-up-", „Growth-", „Expansion-", „Turnaround-", „Succession-" und „Ownership-Change-Phase".

[150] Fenn et al. (1995) rechnen ca. 80 % des Beteiligungskapitalvolumens der USA dem institutionellen Beteiligungskapital zu.

[151] Sogenannte Beteiligungsgesellschaften.

[152] Engagieren sich dabei mehrere Beteiligungsunternehmen als Intermediäre eines Fonds spricht man von der Syndizierung des Investments; dies geschieht zur Verbesserung der Entscheidungsqualität, zur Diversifkation des Investmentrisikos und aus Signalisierungsüberlegungen heraus; vgl. Lerner (1994), S. 16 ff.

[153] Hier besteht ein Unterschied zwischen dem US Markt und Deutschland: Kaplan/Strömberg (2003b) zeigen für den US Markt zum Beispiel für eine Verbreitung von über 90 %. Schwienbacher (2002), S. 20, findet Nutzungsquoten um 15 % für Deutschland (vgl. auch Becker/Hellmann (2002), S. 343 ff.).

[154] HGB §231 unterscheidet zwischen typischer und atypischer stiller Beteiligung. Bei der atypischen stillen Beteiligung ist der stille Gesellschafter an den stillen Reserven (am gesamten Unternehmenswert) oder an der Geschäftsführung beteiligt.

[155] Dieses Instrument ist in Deutschland am weitesten verbreitet, vgl. Basha/Walz (2002), S. 4, Schefczyk (1998). Die ihr zugeschriebene Eignung zur relativ freien Gestaltung von Nebenabreden ermöglicht eine flexible Gestaltung von z.B. konditionierten Zahlungsströmen, Kontrollrechten oder Informationspflichten, so dass eine stille Beteiligung durch die konkrete vertragliche Gestaltung sehr ähnlich der im amerikanischen Raum verbreiteten Wandelanleihe ausdetailliert werden kann, vgl. Becker/Hellmann (2002), S. 344 ff.

[156] Vgl. Rudolph/Haagen (2005), S. 339 ff.

Kapital[157]. Zusätzlich werden teilweise auch Optionsscheine mit verbrieftem späteren Eigenkapitalanspruch („equity kickern") dem Beteiligungskapital zugeordnet.[158] Die **Finanzierungsaktivitäten** werden im Rahmen einer (institutionellen) Beteiligungskapitalfinanzierung üblicherweise entlang eines Prozesses beschrieben, der eine Vor-, Such-, Anbahnungs-, Transaktions-, Betreuungs-, Exit- und eine Nachbetreuungsphase umfasst.[159]

2.2.2 Private Beteiligungskapital-Definition dieser Arbeit

Hier werden unter **privatem Beteiligungskapital**

- **a)** alle institutionellen Beteiligungen mit Eigenkapitalcharakter verstanden,
- die **b)** nicht öffentlich gehandelt werden,
- sowie **c)** einen Spätphasenfinanzierungsanlass haben.

Ausgeschlossen sind Frühphaseninvestments (d.h. Vorgründungs-, Gründungs- oder Start-up-Finanzierungen) und Investments von Konzerneinheiten in Spin-offs[160]. Bezüglich der verwendeten Finanzierungsinstrumente und der Art des Intermediärs werden zunächst keine weiteren Einschränkungen vorgenommen. Allerdings differenziert die empirische Untersuchung, um ggf. Unterschiede zu erfassen.

Diese Definition ist für das Ziel dieser Arbeit zweckmäßig, da sie zum einen den strukturell heterogenen (und in Deutschland eingeschränkt relevanten[161]) nicht-institutionellen Markt ausblendet. Zum anderen ist die Frühphasenfinanzierung für das Untersuchungsobjekt „Mittelstand", das eher aus reifen Unternehmen besteht, nur sehr eingeschränkt relevant, so dass auch die

---

[157] Vgl. Häger et al. (2004), S. 1 ff.
[158] Vgl. Peacock/Cooper (2000), S. 72, und Broda (2003), S. 469.
[159] Vgl. bspw. Wright/Robbie (1998), S. 535, Tyebjee/Vickery (1988), S. 1053, (teilweise mit Fokus auf Frühphasenkapital), Gompers/Lerner (2001), S. 152 ff.
[160] Vgl. hierzu Kühn (2006) und Weber (2006a).
[161] Vgl. Achleitner/Fingerle (2004a).

diesbezüglich vorgenommene Differenzierung zulässig erscheint. Allerdings muss ob der relativ offenen Definition im Rahmen der empirischen Umsetzung darauf geachtet werden, dass ein gemeinsames Begriffsverständnis bei den zu befragenden Unternehmern sichergestellt wird.[162]

Analog zum Vorgehen bei der Erörterung des Mittelstandsbegriffes soll auch die bisherige konzeptionelle Abgrenzung von privatem Beteiligungskapital anhand der Darstellung ausgewählter Strukturmerkmale weiter ausgeführt werden.[163] Neben **allgemeinen Aussagen zum Beteiligungskapital- und Mezzanineangebot in Deutschland**[164] wird spezifischer das Angebot von drei für den Mittelstand besonders relevanten Anbietern[165] **(rein renditeorientierte Beteiligungsunternehmen,** ebenfalls renditeorientierter **spezialisierter Mezzanine-Anbieter sowie förderorientierte Beteiligungsunternehmen**) auf seine Eigenschaften hin geprüft. Dabei soll anhand der Darstellung der aktuellen Angebotsbedingungen für mittelständische Unternehmen auch geklärt werden, in welchem Maße eine rein über beschränktes bzw. nicht vorhandenes Angebot fundierte Argumentation heute noch gerechtfertigt erscheint.

2.2.3 Eigenschaften des mittelstandsrelevanten Angebots an privatem Beteiligungskapital in Deutschland

Der **Beteiligungskapitalmarkt in Deutschland** besteht aus über 170 (institutionellen) Beteiligungsunternehmen die im Jahr 2007[166] in Summe ein Kapitalvolumen von 28,7 Mrd. EUR. kontrollieren.[167] Von diesem Volumen

---

[162] Vgl. dazu Abschnitt 5.2.2.

[163] Die Eigenschaften der dazu verwendeten deskriptiven Studien findet sich in Anhang 1.

[164] „Beteiligungskapitalangebot in Deutschland" umfasst im Folgenden die Deutschlandaktivitäten deutscher und internationaler Beteiligungsunternehmen; dabei werden sowohl im Dachverband BVK organisierte als auch nicht organisierte Unternehmen erfasst; vgl. BVK (2006a).

[165] Vgl. zur Anbieterstruktur bspw. Helwig/Hummel (2005), S. 43, Hummel/Helwig (2004), S. 6, Rudolph/Fischer (2000), S. 53 ff.

[166] Für einen historischen Überblick der Marktentwicklung vgl. bspw. Leopold et al. (2003), S. 39 ff., Fiedler/Hellmann (2001), S. 4 ff.

[167] Vgl. BVK (2004b), BVK (2005b), BVK (2006a).

wurden im Jahr 2006 über 3,6 Mrd. EUR in 970 Portfoliounternehmen investiert. Im Rahmen der Spätphasenanlässe kam dabei der Wachstumsfinanzierung (Extension-Phase) mit ca. 52 % und der Finanzierung von Eignerwechseln mit ca. 10 % eine wesentliche Rolle zu.[168]

Die Struktur der Investoren, die diese Gelder für ein Investment durch das Beteiligungsunternehmen zur Verfügung stellten ist dabei stark heterogen und umfasst als größte Gruppen andere institutionelle Investoren („Funds of Funds", 19,1 % Anteil), Privatanleger (17,9 %), Kreditinstitute (13,4 %), Versicherungsunternehmen (12,5 %) und den öffentlichen Sektor (10,5 %), sowie in kleinerem Maße Pensionsfonds, akademische Institutionen und industrielle Investoren.[169]

Unter den Beteiligungsunternehmen können dabei verschiedene Gruppen[170] abgegrenzt werden: Die größte Gruppe stellen mit ca. 50 % unabhängige, d.h. rein privatwirtschaftliche Beteiligungsunternehmen.[171] Die zweitgrößte Gruppe bilden mit ca. 30 % der Beteiligungsunternehmen in Deutschland[172] die Corporate Venture Capitalists (CVC). Diese sind zu einem bedeutenden Anteil im Eigentum eines Mutterunternehmens und bündeln dessen Beteiligungsaktivitäten.[173] Innerhalb der CVC sind in Deutschland vor allem die Beteiligungsgesellschaften der Landesbanken und Sparkassen hervorzuheben, die mehr als vier Fünftel der CVC ausmachen[174]. Die restlichen ca. 20 % der Beteiligungsunternehmen sind förderorientierte

---

[168] Vgl. BVK (2006a), S. 3 ff.
[169] Vgl. BVK (2006a), S. 5.
[170] Schöning (2007), S. 211, grenzt leicht abweichend von der hier gewählten Struktur „klassische Kapitalbeteiligungsgesellschaften" (BGs der Kreditbanken, der Versicherungen und unabhängige Beteiligungsgesellschaften), „Private Equity Gesellschaften im engeren Sinne" (inländisch, ausländisch und gewinnorientiert, semi-gewinnorientiert, nicht gewinnorientiert) und „Hedgefonds" ab.
[171] Vgl. Achleitner et al. (2006), S. 18, weiter BVK (2006a).
[172] Vgl. BVK (2006a).
[173] Vgl. z.B. Gompers/Lerner (1998).
[174] Achleitner et al. (2006), S. 15.

Anbieter, wobei drei Viertel dieser Unternehmen so genannte Mittelständische Beteiligungsgesellschaften (MBG) sind.[175]

Untersucht man das Verhalten **der renditeorientierten Beteiligungsunternehmen** in der Such- und Anbahnungsphase sowie in der Transaktions- und Betreuungsphase, lässt sich insgesamt erkennen, dass das von diesen Unternehmen durchschnittlich angebotene Beteiligungskapital zwar grundsätzlich auch mittelständische Unternehmen in seine Zielgruppe mit einschließt, Einzelkriterien aber durchaus eine „Angebotslücke“[176] für mittelständische Unternehmen entstehen lassen können:

- Die als Ausscheidungskriterien für eine Beteiligungsqualifikation des potenziellen Portfoliounternehmens benannten Mindestumsätze liegen nur bei ca. 3 % der renditeorientierten Beteiligungsunternehmen über 50 Mio. EUR[177]. Damit schließen sie nach der dargestellten Definition zunächst keine mittelständischen Unternehmen aus. Über 50 % der renditeorientierten Beteiligungsunternehmen weisen weiter sogar überhaupt keine Mindestumsatzgrenze auf[178], ca. 20 % haben Umsatzgrenzen unter 5 Mio. EUR.[179]

- Stärker einschränkend auf die Eignung für die Nutzung im Mittelstand wirkt tendenziell die Mindestinvestitionssumme, die renditeorientierte Beteiligungsunternehmen für ihre Investments in Deutschland setzen: Zwar investieren ca. 50 % der Anbieter entweder ohne Mindestsumme oder in Beträgen von unter 750 Tausend EUR, andererseits beschränkt aber auch knapp ein Fünftel der Beteiligungsunternehmen Investments auf

---

[175] Achleitner et al. (2006), S. 16.

[176] KfW (2003b), S. 7.

[177] Vgl. Achleitner et al. (2006), Weber (2006c).

[178] Auch bei Bereinigung um potenzielle Frühphasenanlässe (in denen ein Mindestumsatzkriterium widersinning wäre) liegt dieser Anteil deutlich über 30 %. Allerdings setzen zwei Fünftel der Spätphasenfinanzierer einen Mindestumsatz von 5 Mio. EUR voraus und schließen damit weite Teile des breiten Mittelstands aus ihrem Fokus aus; vgl. Achleitner et al. (2006), S. 38.

[179] Achleitner et al. (2006), S. 38.

Beträge über 5 Mio. EUR, die in der Regel über den Bedarf des durchschnittlichen Mittelständlers hinausgehen.[180]

- Zusätzlich eingeschränkt wird das Angebot für mittelständische Unternehmen durch qualitativ orientierte Kriterien, die im Rahmen der Beteiligungsprüfung von Bedeutung für Beteiligungsunternehmen sind (vgl. Abbildung 13). Von hoher Bedeutung, aber im Rahmen der mittelständischen Strukturen problematisch, sind dabei insbesondere die Punkte Managementqualität, Wachstumspotential und Controlling-Rechnungswesen[181]: Bereits oben wurde dargestellt, dass Managementaufgaben in mittelständischen Unternehmen stark durch den Eigentümerunternehmer wahrgenommen werden, und breite Managementkompetenz somit oft nicht aufgebaut wird. Weiter ist – wie aufgezeigt – das Umsatzwachstum mittelständischer Unternehmen geringer als das großer Unternehmen und die Qualität der installierten Rechnungswesen- und Controllinginstrumente tendenziell ebenfalls geringer als bei Unternehmen jenseits der Mittelstandsdefinition.

Das Zusammenwirken der aufgezeigten Einschränkungen der Eignung des aktuellen Angebots renditeorientierter Beteiligungskapitalunternehmen für mittelständische Unternehmen führte in der Vergangenheit zur Definition einer „Angebotslücke"[182], insbesondere in reiferen Industrien und bei kleinerer Unternehmensgröße.[183] Allerdings ist in jüngster Zeit eine Entwicklung und eine Fokussierung auf das Segment Mittelstand auszumachen.[184] Dies lässt sich sowohl an den zunehmend weiter sinkenden Größen- und Voluminagrenzen erkennen als auch an der zunehmenden Ausrichtung von Beteiligungsfonds auf mittelständische Investmentmöglichkeiten.

---

180 Reich (2005), S. 32, Achleitner et al. (2006), S. 40.
181 Vgl. Weber (2006b), S. 16.
182 KfW (2003b), S. 7.
183 Vgl. KfW (2003b), S. 7.
184 Vgl. Achleitner et al. (2006), S. 36.

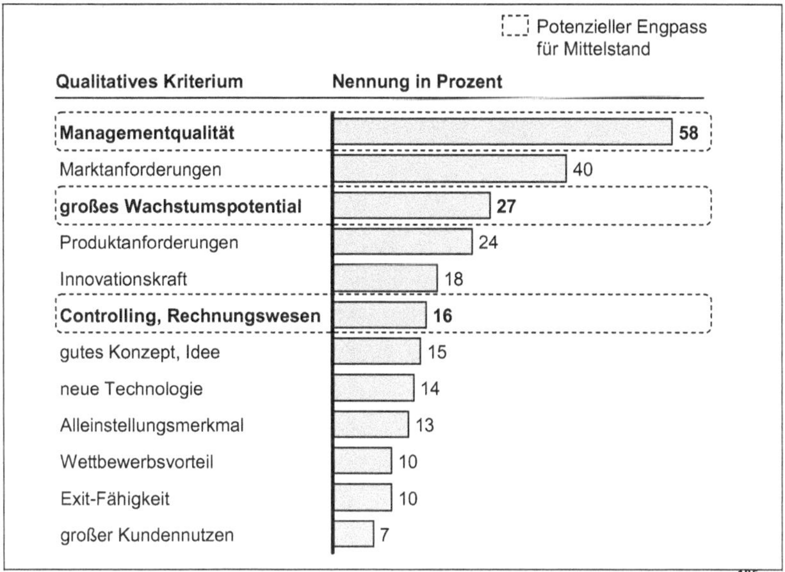

Abbildung 13: Auswahlkriterien renditeorientierter Beteiligungsunternehmen[185]

Ein ähnliches Fazit folgt aus einer genaueren Betrachtung der Angebote **spezialisierter Mezzanine-Anbieter** in Deutschland. Neben Beteiligungsunternehmen treten vor allem Groß- und Landesbanken, Investmentbanken und spezielle Mezzanine-Fonds-Unternehmen als Anbieter dieser Unterarten der Beteiligungsfinanzierung auf.[186] Insgesamt sind im bestehenden Angebot, präziser mit **standardisierten Mezzanine-Programmen** und **individuellen Mezzanine-Programmen**, zwei Unterarten von Mezzanine-Kapital zu unterscheiden[187]: Seit dem Jahr 2004[188] existieren in Deutschland standardi-

---

[185] Vgl. Weber (2006b), S. 16, sowie ähnlich für die Frühphasenfinanzierung Brettel (2002), S. 307 ff.

[186] Vgl. Broda (2003), S. 468 ff. Alle deutschen Groß- und Landesbanken bieten Anfang 2007 Mezzanine-Programme im Rahmen ihrer Mittelstandsfinanzierungsaktivitäten an; unter den Investment-Banken sind z.B. die Royal Bank of Scotland und die Barclays Bank mit Angeboten in Deutschland vertreten. Mezzanine-Fonds sind z.B. der AIG Mezzinvest Fond. Als Beteiligungsunternehmen bieten Permira und Cinven mittelständisch orientierte Mezzanine-Beteiligungen an (vgl. Webseiten der genannten Institute).

[187] Vgl. Fischer (2004), S. 304 ff.

[188] In 2004 wurde mit dem z.B. über die HVB vertriebenen PREPS-Programm erstmals ein Genussschein-basierter Mezzanine-Fonds in Deutschland eingeführt. Allerdings fokussierte dieser noch auf relativ große Unternehmen, erst in späteren Fonds wurde z.B. ein mittelstandsnäherer Mindestumsatz zugelassen.

sierte Mezzanine-Programme. Dies sind kapitalmarktorientierte Angebote, die in der Regel über Genussscheine und die Strukturierung als „Collateralized Debt Obligations“ (CDO) mehrere Beteiligungen bündeln und am Kapitalmarkt verbrieft weiterreichen. Das in Deutschland am häufigsten verwendete Instrument zur fungiblen, strukturierten Mezzanine-Finanzierung ist der Genussschein[189], wobei sich die Zinsen bzw. die Rendite in einer Bandbreite von 5,5 % bis 13 % bewegen.[190] Im Vergleich zum Jahr 2005 (ca. 2 Mrd. Euro) stieg das im Jahr 2006 in dieser Form investierte Kapital um etwa 75 % auf ca. 3,5 Mrd. Euro. Insgesamt wurden im Jahr 2006 damit rund 1.300 Unternehmen finanziert, durchschnittlich erhielt jedes Unternehmen 2,7 Mio. Euro.[191] Die standardisierte Form erlaubt dabei Kostenvorteile, die eine Finanzierung über diese Instrumente auch im Vergleich mit Finanzierungskosten eines besicherten langfristigen Bankkredits attraktiv machen.

Der Nachteil dieser standardisierten Programme sind vor allem die aus der Standardisierung resultierende fehlende Flexibilität für die Beteiligung und das Risiko, dass die Beteiligung bilanz- und steuerrechtlich nicht als Eigenkapital ausgewiesen werden kann. Zusätzlich erzeugen Due Diligence-Prüfungen und die oft vorausgesetzten Kredit-Ratings weitere Kostenblöcke, die die Gesamtvorteilhaftigkeit dieser Instrumente beeinträchtigen.[192]

Neben Standardprogrammen entwickelt sich parallel ein Angebot strukturierter Mezzanine-Lösungen, die auch individuellere Gestaltungen ermöglichen. Dies geschieht insbesondere über die vertragliche Ausgestaltung einer stillen Beteiligung. Die „nachrangige“ Beteiligung kann unternehmensabhängig gestaltet werden und ist daher flexibler und nicht an relativ stark vorformulierte und fixierte Vertragsbestandteile standardisierter

---

[189] Fischer (2004), S. 306.
[190] Vgl. Fleischhauer/Sauter (2007).
[191] Vgl. Fleischhauer/Sauter (2007); allerdings ist eine genaue Bezifferung der Marktgröße für (standardisierte) Mezzanine-Beteiligungen schwierig, da die exakte Erfassung von Transaktionen schwierig ist; vgl. KfW (2005b), S. 4.
[192] Vgl. Fleischhauer/Sauter (2007).

Programme gebunden.[193] Häufig sind die in diesem Zusammenhang eingeräumten Kontroll- und Entscheidungsrechte für den Kapitalgeber deutlich stärker an den Ausgestaltungen eigentlicher Beteiligungskapitalinvestments orientiert. Dies betrifft beispielsweise die Gestaltung der Cashflow-Rechte wie die höheren Thesaurierungen und individuelle Investitionsvolumina sowie Fristigkeiten und Kündigungsrechte. Allerdings folgen aus den daraus resultierenden relativ höheren Transaktionskosten steigende Mindestfinanzierungsvolumina, die eine höhere Verbreitung im Mittelstand unwahrscheinlicher machen.

Mit Blick auf die Eignung zur Finanzierung im Mittelstand lassen sich folgende Aussagen aus dem aktuellen Angebots in Deutschland ableiten:

- Das Kapital wird regelmäßig für fünf bis zehn Jahre gewährt, meist unter Ausschluss eines Kündigungsrechtes. Dies schränkt eine Nutzung durch mittelständische Unternehmen zunächst nicht schwerwiegend ein. Weiter liegt insbesondere bei den standardisierten Mezzanine-Programmen ein Fokus auf der Spätphasenfinanzierung, so dass mittelständische Unternehmen mit ihren Spätphasenfinanzierungsanlässen in den Blickpunkt rücken.

- (Renditeorientiertes) Mezzanine-Kapital eignet sich aktuell bereits für Unternehmen mit einem Jahresumsatz von mindestens 2,5 Mio. Euro, allerdings sind für die großen Programme noch immer häufig deutlich höhere Umsatzerlöse notwendig.[194] Weiter muss eine ausreichende Ertragslage auch in der Zukunftsperspektive vorhanden sein.[195] Zusätzlich ist ein stabiler Cashflow notwendig.[196] Wie bereits dargelegt, wird damit ein großes Teilsegment mittelständischer Unternehmen aus dem Nutzerkreis ausgeschlossen.

---

[193] Vgl. Fleischhauer/Sauter (2007).
[194] Vgl. Pütter (2005), S. 35.
[195] Vgl. Pütter (2005), S. 35.
[196] Vgl. Droda (2003), S. 470.

- Insbesondere die Gestaltung von Genussschein-Programmen ist rechtlich und unter Steuergesichtspunkten komplex und stellt über allgemeines Wissen hinausgehende Anforderungen an die Fähigkeiten und Kenntnisse im kapitalsuchenden Unternehmen.

- Der Risikoaufschlag von Mezzanine-Instrumenten, der aufgrund des Nachrangs als Vergütung für den Verzicht auf Sicherheiten gewährt wird, verteuert die Kapitalbeschaffung und ist darüber hinaus meist mit sogenannten Bilanzrelationsklauseln (Covenants) verbunden, wodurch die Kapitalnehmer verpflichtet werden, bestimmte Kennzahlen zu erfüllen.[197]

Als Fazit gilt ähnlich wie bei den Angeboten der renditeorientierten Beteiligungsgesellschaften, dass eine Nutzung des aktuellen Angebots von renditeorientierten Mezzanineanbietern im deutschen Mittelstand durchaus möglich und sinnvoll scheint.[198] Gleichzeitig ist das Angebot dieser Anbietergruppen jedoch für einen großen Teil der kleineren Unternehmen noch nicht angemessen ausgelegt.

Die Unterabdeckung dieses Teilsegments der kleinen mittelständischen Unternehmen durch renditeorientierte Anbieter von Beteiligungskapital wird durch die dritte Gruppe von Anbietern, die **förderorientierten Beteiligungsgesellschaften**, und speziell die mittelständischen Beteiligungsgesellschaften (MBG), adressiert. In allen Bundesländern sind seit den 80er Jahren MBG als „Selbsthilfeeinrichtungen der Wirtschaft"[199] gegründet worden, um Beteiligungskapital auch für kleinere mittelständische Unternehmen zugänglich zu machen. Aktuell verwalten die 15 deutschen MBG ein Beteiligungsvolumen von 1,1 Mrd. EUR, das in 2.900 Unternehmen investiert ist. Im Jahr 2005 wurden 182,5 Mio. EUR Investitionen in diese Unternehmen getätigt, wobei die MBG in Bayern und Baden-Würtemberg mit je knapp 40 Mio. EUR einen Schwerpunkt bilden. Auch bei den MBG ist

---

[197] Vgl. Fleischhauer/Sauter (2007).
[198] Vgl. Broda (2003), S. 470.
[199] BVK (2006b), S. 1.

in den letzten Jahren ein starkes Wachstum der Fondsvolumina zu erkennen.[200] Wie bei den renditeorientierten Beteiligungsunternehmen spielen die Expansionsfinanzierung (ca. 70 %) und die Finanzierung von Eigentümerwechseln (ca. 10 %) eine Hauptrolle bei den Finanzierungsanlässen. Mit Blick auf die Arten der eingegangenen Beteiligungen lässt sich ein Schwerpunkt auf typischen stillen Beteiligungen erkennen.[201] Allerdings sind in den letzten Jahren auch verstärkt Mezzanine-Instrumente eingesetzt worden. Als Investoren treten neben der Kreditanstalt für Wiederaufbau verschiedene staatliche und halb-staatliche Institutionen auf.

Die Bedingungen, die als erforderlich gelten, um die Finanzbeteiligung einer MBG zu erhalten, sind erwartungsgemäß stärker auf die Eigenarten mittelständischer Unternehmen abgestimmt:

- Es werden in der Regel keine oder nur sehr geringe Mindestumsatzgrenzen gefordert. Über 30 % der aktuellen Beteiligungen erfolgten in Unternehmen mit weniger als 1 Mio. EUR Umsatz, weitere ca. 40 % in Unternehmen mit weniger als 5 Mio. EUR Umsatz.[202]

- Die Mindestvolumina einer Beteiligung sind ebenfalls deutlich kleiner als bei den renditeorientierten Angeboten. So sind bei einer Vielzahl der MBG bereits Finanzierungen ab 100 Tausend EUR möglich[203]. Weiter sind Maximalvolumina von ca. 2 bis 5 Mio. EUR üblich.

- Schließlich werden Beendigungen des Beteiligungsverhältnisses in der Regel durch Auszahlung der MBG realisiert.

---

[200] Hummel/Helwig (2004), S. 1 ff.
[201] Vgl. BVK (2006b), S. 1.
[202] Vgl. BVK (2006b), S. 4.
[203] Z.B. bei der MBG Niedersachsen mbH, der MBG Rheinland-Pfalz mbH, MBG Sachsen mbH, der MBG Sachsen-Anhalt mbH oder der BTG BG Hamburg mbH.

Im **Gesamtfazit** lässt sich über das mittelstandsrelevante Angebot an privatem Beteiligungskapital in Deutschland feststellen, „dass sich am Markt inzwischen ein gewisses Angebot an Beteiligungskapital auch für kleinere Unternehmen mit vergleichsweise geringem Finanzierungsbedarf herausgebildet hat, als ein nicht zu vernachlässigender Anteil an Gesellschaften es nicht a priori ausschließt, sich in diesem Marktsegment zu engagieren“[204]. Während renditeorientierte Anbieter schwerpunktmäßig größere und mittlere Mittelständler in ihren Investmentfokus einschließen, decken die MBG das Segment der kleinen Mittelständler ab. Sicherlich kann – bedingt durch die dargestellten Investmentbedingungen und den insgesamt eingeschränkten Aktionsradius der MBG - nicht von einer umfassenden und vollständigen Abdeckung gesprochen werden. Dennoch scheint aber eine ausschließlich auf Angebotsbeschränkung abstellende Argumentation für die Erklärung der geringen Verbreitung von Beteiligungskapital im Mittelstand nicht mehr vollständig zeitgemäß. Vielmehr ist eine ergänzende nachfrageseitige Betrachtung innerhalb des hier als „Mittelstand“ bzw. „privates Beteiligungskapital“ definierten Untersuchungsraumes, gemessen an den bis jetzt aufgeführten deskriptiven Aspekten, sinnvoll. Dementsprechend wird im nächsten Kapitel eine geeignete theoretische Grundlage für die Fundierung einer solchen Betrachtungsweise gesucht.

[204] Achleitner et al. (2006), S. 40.

3 Theoretische Fundierung

3.1 Vorgehen

Zur theoretischen Fundierung der Arbeit werden zwei potenziell geeignete Theoriegebiete auf ihre Anwendung geprüft: Naheliegende Grundlage für die Analyse der Nutzung von privatem Beteiligungskapital ist zunächst die **Finanzierungstheorie.**[205] Wegen ihrer thematischen Nähe zur Fragestellung der Arbeit und ihrer fortgeschrittenen inhaltlichen Reife wird ihre Anwendung daher in einem ersten Schritt genauer geprüft. Nach einer kurzen allgemeinen Einführung (Kapitel 3.2.1) wird erarbeitet, welche theoretisch-relevanten Eigenschaften das Forschungsobjekt „privates Beteiligungskapital im Mittelstand" aufweist (Kapitel 3.2.2 und 3.2.3) und welche Ergebnisse innerhalb der Finanzierungstheorie spezifisch für dieses Forschungsobjekt existieren (Kapitel 3.2.4). Die Prüfung ihrer Zweckmäßigkeit für die Beantwortung der aufgestellten Forschungsfragen ergibt in Abschnitt 3.2.5 allerdings, dass die Finanzierungstheorie trotz ihrer weiten Verbreitung und ihrer starken theoretisch-axiomatischen Verankerung nicht für diese Arbeit ausgewählt wird.

Mit der einstellungsbasierten Verhaltenstheorie wird vielmehr eine aus dem Bereich der Theorie der Verhaltenspsychologie stammende und in der Konsumentenforschung verbreitete alternative Grundlage vorgestellt (Kapitel 3.3.1) und die speziellere Theorie des geplanten Handelns eingeführt und erläutert (Kapitel 3.3.2). Diese wird in Abschnitt 3.3.3 auf den vorliegenden Forschungskontext übertragen, um den theoretischen Bezugsrahmen dieser Arbeit zu entwickeln. Erneut wird eine Eignungsprüfung für die hier untersuchte Fragestellung durchgeführt (Kapitel 3.3.4), die aufgrund der

---

[205] „Finanzierungstheorie" oder „Kapitalstrukturtheorie" werden hier als Zusammenfassung für einzelne Ansätze verwendet, die teilweise auch als „Theorie" gekennzeichnet werden (z.B. „Trade-off Theory" oder „Pecking Order Theory").

darzustellenden Stärken der TPB zur Beantwortung der Forschungsfragen positiv ausfällt.

Die mit der Theoriewahl getroffene Entscheidung hat Implikationen für die Qualität der erhaltenen Ergebnisse, die im Rahmen einer kritischen Diskussion abgewogen werden müssen. Dies geschieht umfassend allerdings nicht im folgenden Kapitel, sondern – da dafür auch auf die empirischen Ergebnisse (und insbesondere die Anpassungsgüte des Modells an die empirische Realität) zurückgegriffen werden soll – erst in Kapitel 7.3. Dort wird auch der Blickwinkel der Finanzierungstheorie wieder aufgegriffen, um weiterführende Ansatzpunkte für die Ergebnisse der Arbeit zu entwickeln.

3.2 Finanzierungstheorie

3.2.1 Gegenstand der Finanzierungstheorie

Das Gebiet der Finanzierungstheorie wird unterschiedlich weit abgegrenzt: In breiter Definition beschäftigt sich die Finanzierungstheorie mit den drei wesentlichen Bereichen des betrieblichen Finanzwesens: Investition, Ausschüttung und Finanzierung.[206] Im engeren Verständnis (als Theorie der Ausgestaltung von Finanzierungsmaßnahmen) betrachtet sie – auch unter der Bezeichnung Kapitalstrukturtheorie –, wie Unternehmen die Eigen- und Fremdkapitaltitel auswählen, mit denen sie sich finanzieren.[207] Ihr Untersuchungsgegenstand ist damit das Zustandekommen und die Ausgestaltung der Finanzbeziehung zwischen dem Unternehmer und seinen Kapitalgebern.[208] Eine Beantwortung dieser Frage umfasst die Beschreibung der Finanzierungsbeziehung, ihre Bewertung, und die Abgabe von Empfehlungen für Unternehmer oder Banken zur Erstellung neuer Finanzierungsinstrumente.[209] Die Erklärung der Auswahl von Finanzierungstiteln und -methoden (wie z.B. die Nutzung von privatem Beteiligungskapi-

---

206 Vgl. Arentzen/Winter (1995b), S. 1144.
207 Vgl. Breuer/Kleefisch (2003), S. 511, Myers (2001), S. 81, Myers (1984), S. 575.
208 Vgl. Breuer (1998), S. 1.
209 Vgl. Breuer (1998), S. 1.

tal) erfolgt auf der Grundlage verschiedener **Funktionen der Finanzierung.**[210] Sie umfassen insbesondere die Transformation von Zahlungsströmen, die Kanalisierung von Zahlungen, die Informationsübermittlung und die Verhaltensbeeinflussung.[211] Diese Funktionen haben – in Abhängigkeit von den für das Betrachtungsmodell angenommenen Nutzenfunktionen und den Umfeldbedingungen – Auswirkungen auf das Nutzenniveau der Finanzierungspartner.[212] Tabelle 2 zeigt im oberen Teil eine Systematisierung der unterschiedlichen Modelle.[213]

Die Qualität einer Entscheidung wird dabei unabhängig von der betrachteten, spezifischen Funktionalität der Finanzierung in der Regel anhand des Paretokriteriums gemessen:[214] Unter der Bedingung, dass die Finanzierung die Deckung des Mittelbedarfs gewährleistet, werden die Finanzierungstitel gewählt, die durch ihre Funktion in Abhängigkeit von angenommenen Rahmenbedingungen[215] und unter Berücksichtigung der Informationslage der beteiligten Finanzierungspartner den höchsten Nutzen für alle Beteiligten bzw. den geringsten Wohlfahrtsverlust bedeuten.[216] Die Frage nach der Güte einer gewählten Finanzierung folgt damit letztendlich aus den angenommenen **Präferenzfunktionen** für die an der Finanzierung beteiligten Parteien.[217] Zentrale Annahme für die übliche unternehmerseitige Präferenzfunktion ist

---

210 Vgl. Breuer/Kleefisch (2003), S. 511 ff., Breuer (1997), S. 607 ff.

211 Vgl. Breuer/Kleefisch (2003), S. 511 ff., Breuer et al. (2003), S. 373 ff., Breuer (1998), S. 2 ff.

212 Vgl. Breuer/Kleefisch (2003), S. 513.

213 Eine detaillierte zusammenfassende Darstellung dieser Modelle soll hier unterbleiben, da sie schon oft erfolgt ist (vgl z.B. Harris/Raviv (1991), Sheppard et al. (1988)) und der Schwerpunkt im Fortgang auf spezifischen Ansätzen für KMU liegt. Zentrale Quellen sind für Irrelevanztheorem und Trade-Off-Theorie: Modigliani/Miller (1958), Modigliani/Miller (1963), Hirshleifer (1970), Bradley et al. (1984); für die Pecking-Order-Theorie: Myers (1984), Myers/Majluf (1984) für Signalling-Ansätze: Ross (1977), Ross (1978), Leland/Pyle (1977); für Agency-Konflikte: Jensen/Meckling (1976), Fama (1980) für Produkt-Markt-Interaktion: Brander/Lewis (1986) sowie für Financial Contracting: Grossman/Hart (1988), Aghion/Bolton (1992). Ihre spezifische Beleuchtung im hier vorliegenden Untersuchungskontext "mittelständisches Beteiligungskapital" erfolgt unten.

214 Vgl. Breuer (2002), S. 450.

215 Insb. zur Rationalität der Akteure oder zur Existenz von Transaktionskosten.

216 Vgl. Breuer (1998), S. 31.

217 Vgl. Breuer (1998), S. 31.

die **Maximierung der finanziellen Erlöse** aus der Wahl der Finanzierung, die sich – unter bestimmten Annahmen über die Funktion der Kapitalmärkte – in **Unternehmenswertmaximierung** bzw. die **Minimierung der Kapitalkosten** der Unternehmung übersetzen lässt.[218] Diese Verhaltensmotivation ist zwar – wie unten noch ausgeführt wird – sehr eng, bietet aber bei der Betrachtungs von Finanzierungsentscheidungen verschiedene Vorteile: Zunächst ermöglicht sie ein klar zu beschreibendes, normatives Kriterium zur Bewertung der Qualität von Entscheidungen. Die finanzielle Formulierung erlaubt weiter, eine gemeinsame Optimierungsgröße für alle Teilnehmer am Markt zu finden, so dass Präferenzfunktionen und ihre Ergebnisse miteinander vergleichbar werden. Dies erlaubt in einer modellhaften Betrachtung die Präferenzfunktionen verschiedener Marktteilnehmer gleichzusetzen, so dass Gleichgewichte und Optimalzustände untersucht werden können.

3.2.2 Finanzierungstheoretische Eigenschaften des Untersuchungsobjekts „privates Beteiligungskapital"

Viele zentrale Arbeiten der Finanzierungstheorie untersuchen die Wahl von Finanzierungstiteln als Betrachtung zweier „idealtypischer Formen der Unternehmensfinanzierung"[219], nämlich Beteiligungstiteln (also Eigenkapital) und Forderungstiteln (also Fremdkapital).[220] Als Messgröße der Ausgestaltung der Finanzierung wird überwiegend eine[221] Eigenkapitalquote

---

[218] Vgl. Breuer (1998), S. 60.

[219] Breuer (1998), S. 9; allerdings existieren natürlich auch Arbeiten, die spezifische Finanzierungstitel untersuchen, z.B. Wandelanleihen (vgl. Mayers (1995)).

[220] Mit dieser Unterteilung wird allerdings lediglich eine der zwei Hauptdimensionen zur Differenzierung von Finanzierungsarten wiedergegeben. Darüber hinaus ist eine elementare Unterscheidung in Maßnahmen der Innen- und der Außenfinanzierung möglich, vgl. Breuer (1998), S. 17. Privates Beteiligungskapital ist eine Maßnahme der Außenfinanzierung.

[221] Spezifische Definitionen unterscheiden sich hinsichtlich der Fristigkeit des betrachteten Fremdkapitals, der Bewertung von Passivpositionen (z.B. Rückstellungen) als Eigen- oder Fremdkapital sowie der Markt- oder Buchbewertung der berücksichtigten Bilanzgrößen.

Schule	Klassisch	Neoklassisch	Neo-Institutional				
Theorie/Modell	Irrelevanz-theorem	Trade-off-Theorie (TOT)	Pecking-Order Theorie (POT)	Signalling-Ansätze	Agency – Konflikte	Produkt-Markt Interaktion	Vertrags-theorie
Funktion der Finanzierung	Transformation	Kanalisierung		Informations-übermittlung	Verhaltensbeeinflussung		
Angenommene Informations-asymmetrie	Keine	Keine	Hidden Information	Hidden Information	Hidden Action	Hidden Action	Incomplete contracts
Modifikatio-nen/Einschrän-kungen im Beteiligungska-pitalkontext	• Titel nicht liquide	• Steuerliche Effekte durch übliche hohe Fremdkapital-aufnahme	• -	• Informations-rechte im Be-teiligungs-prozess • Staging	• Aktive Kontroll-wahrnehmung und Steuerung durch Investor • Staging	• Finanzierung durch geringe Publizitäts-pflichten kaum beobachtbar	• (bisher nicht untersucht)
Modifikationen/ Einschränkun-gen im KMU-Kontext	• Hohe Trans-aktions- und In-formationskosten	• Konkurskosten wirken auf per-sönliches Eigen-tum des Unter-nehmers • Niedrigere (absolute) Profitabilität, geringer Wert des Steuer-schilds	• Pecking-Order auf deutlich weniger Instrumente begrenzt	• Finanzierung durch geringere Publizitäts-pflichten kaum beobachtbar • Wenig Beob-achtung durch Markt (z.B. Analysten) • Marktmacht FK-Geber	• Einheit von Eigentum und Leitung • Marktmacht FK-Geber • Potenziell Kon-flikte zwischen int.ernen und ext.ernen Eigentümern	• Finanzierung durch geringere Publizitäts-pflichten kaum beobachtbar	• (bisher nicht untersucht)
	Wertmaximierung als Verhaltensaxiom eingeschränkt relevant, nicht-monetäre, individualpsychologische Handlungsmotive						

Tabelle 2[222]: Finanzierungstheorien im Kontext der Untersuchung

[222] Die Abbildung orientiert sich an Kühn (2006), S. 71.

(„Leverage") verwendet.[223] Eine einfache Übertragung der aufgeführten allgemeinen Finanzierungsmodelle, bei der nicht zwischen der Art der ausgegebenen Titel und der Struktur der Kapitalgeber differenziert wird, bedeutet zunächst, private Beteiligungsfinanzierung als einen Weg zur Erhöhung der Eigenkapitalquote und zur Verringerung des Leverage zu begreifen. Allerdings ignoriert eine solche Betrachtung verschiedene Besonderheiten privaten Beteiligungskapitals, die bei Übertragung der allgemeinen Modelle der Finanzierungstheorie berücksichtigt werden müssen, da sie zentrale Modellannahmen berühren.[224]

Zu diesen Spezifika zählen unter anderem[225] **a)** die geringe Liquidität von privatem Beteiligungskapital, **b)** die für Beteiligungskapital im Rahmen sogenannter „Leveraged Buy-outs" (LBO) übliche Aufnahme von viel Fremdkapital zur Finanzierung der Übernahme, **c)** die Aktivitäten von Beteiligungsunternehmen in den frühen Phasen des Beteiligungsprozesses (insbesondere die Beteiligungswürdigkeitsprüfung/„due diligence"), **d)** die Einflussstärke, die das Beteiligungskapitalunternehmen auf die Unternehmensaktivitäten besitzt, sowie die damit verbundene aktive Wahrnehmung von Informations- und Kontrollrechten, und **e)** die üblichen Gestaltungsparameter von Beteiligungsverträgen im Hinblick auf Anreize und Kontrollrechte.

a) Zunächst sind Beteiligungstitel generell wenig liquide, die Konsequenzen einer Beteiligungsfinanzierung zumindest für die Beteiligungsdauer also weitgehend fix bzw. die Transaktionskosten für eine Transformation der Beteiligung prohibitiv hoch.[226] Mit Blick auf das Irrelevanztheorem ist festzustellen, dass eine einfache Transformation bzw. Replikation der gewählten Finanzierung am Markt ausgeschlossen sein dürfte.

---

[223] Vgl. Myers (2001), S. 81.
[224] Vgl. Wright/Robbie (1998), S. 524 ff.
[225] Von geringer Relevanz für die hier behandelte Fragestellung ist zudem die eingeschränkte Anwendbarkeit üblicher Bewertungsmethoden, vgl. Wright/Robbie (1998), S. 525.
[226] Vgl. Wright/Robbie (1998), S. 524 ff.

b) Im Rahmen von LBO-Transaktionen werden die Fremdkapitallasten des Portfoliounternehmens stark erhöht, um eine möglichst steuergünstige Finanzierungsstruktur zu erreichen. Dies ist innerhalb einer der Trade-off Theorie zu Grunde gelegten Kanalisierungsfunktion im Rahmen von Beteiligungsfinanzierungen besonders relevant, weil dieses Verhalten explizit den Abwägungsüberlegungen der Theorie zwischen Steuerersparnis und Konkursrisiko entspricht.

c) Für die Wirkung der Informationsübermittlungsfunktion ergeben sich im Kontext privater Beteiligungsfinanzierungen verschiedene Faktoren, die von den Annahmen allgemeiner Finanzierungsmodelle abweichen: Die Signalisierungsfunktion der Kapitalstruktur beruht in den Standardmodellen auf einer glaubwürdigen Übermittlung einer Qualitätsbekundung des Unternehmens an potentielle Investoren. Diese basiert vereinfacht dargestellt[227] auf der Grundidee, dass bestimmte Finanzierungsformen (wie z.B. eine hohe Fremdkapitalaufnahme[228]), nur von qualitativ hochwertigen Unternehmen abgebildet werden können. Dementsprechend wissen Investoren bei einem solchen Finanzierungsverhalten, dass es sich um ein leistungsfähiges Unternehmen handelt. Dies führt zu einer vergünstigten Finanzierung für das Unternehmen und ceteris paribus zu einem höheren Unternehmenswert.[229]

Beteiligungsunternehmen haben jedoch – abweichend von den Annahmen der allgemeinen Modelle – im Rahmen der Beteiligungswürdigkeitsprüfung die Möglichkeit, die Güte eines Unternehmens selbst zu überprüfen. Damit erhält das Beteiligungsunternehmen die Möglichkeit, seinen Informationsrückstand gegenüber dem Eigentümerunternehmer weitgehend aufzuholen.[230] Eine Signalisierungsfunktion der Kapitalstruktur zum Beteiligungsunterneh-

---

[227] Vgl. präziser Ross (1977), S. 25 ff.
[228] Neben dieser Finanzierungsform wird weiter insb. die Kapitalerhöhung gegen Einlagen auf (negativen) Signalcharakter untersucht, vgl. z.B. Myers/Majluf (1984).
[229] Vgl. Ross (1977), Ross (1978), Leland/Pyle (1977), sowie Breuer (1998), S. 121 ff.
[230] Vgl. Tyebjee/Bruno (1984), S. 1056 ff.

men tritt damit in den Hintergrund.[231] Auch eine Signalisierung an andere Kapitalgeber scheint im privaten Beteiligungskapitalkontext eingeschränkt, da der private Charakter einer Beteiligungsfinanzierung das Unternehmen in der Regel von kapitalmarktgebundenen Publizitätspflichten entbindet. Damit dürfte die Finanzierungsstruktur nur sehr eingeschränkt beobachtbar sein. Auch das marktseitige Interesse an der Informationsverbreitung über das Unternehmen (z.B. durch Analysten) entfällt, so dass unternehmensextern nur eine sehr begrenzte Informationsdichte – und somit eine nur sehr begrenzte Signalisierungsfunktion – wahrscheinlich ist.

d) Auf Verhaltensbeeinflussung abzielende Modelle zur Erklärung der allgemeinen Unternehmensfinanzierung gehen in der Regel von einer passiven Beziehung zwischen Management und Eigentümern aus[232]. Es droht „Hidden Action" des besser informierten und opportunistischen Managements gegenüber den schlechter informierten Eigenkapitalgebern.[233] Dem kann durch Finanzierungsformen wie z.B. höherer Fremdkapitalaufnahme zur Vermeidung von nicht notwendigen Managementausgaben begegnet werden. Solche – eher indirekten Kontroll- und Steuermechanismen – scheinen bei einer Beteiligungskapitalfinanzierung ebenfalls nur eingeschränkt relevant: Eine Beteiligung geht in der Regel mit der Übernahme von Stimmrechtsanteilen des Beteiligungsunternehmens im Aufsichtsgremium des Unternehmens einher. Gleichzeitig kann es wichtige Entscheidungen aktiv steuern.[234]

e) Zusätzlich wird die Rolle der Kapitalstruktur zur Behandlung von „Hidden Information" und „Hidden Action" durch die im Rahmen von Beteiligungs-

---

[231] „[...] [T]he use of private equity capital may provide a mechanism for efficiently eliminating the asymmetric information problem", Pettit/Singer (1985), S. 57. Breuer (1998), S. 142, weist allerdings darauf hin, dass die Existenz direkter Informationsrechte die Signalisierungsfunktion der Kapitalstruktur nicht aufhebt, da de facto immer ein Informationsgehalt in der Kapitalstruktur gegeben ist.

[232] Vgl. Wright/Robbie (1998), S. 524.

[233] Vgl. Leland/Pyle (1977), S. 371 ff., Ross (1978), S. 777 ff.

[234] Vgl. Berger/Udell (1998), S. 631, Prowse (1998), S. 28.

finanzierungen übliche Vertragsgestaltung gemildert.[235] Dies betrifft besonders die Staffelung der Eigenkapitalgabe[236], die Nutzung wandelbarer Titel und die Syndikation von Beteiligungen sowie die für die Unternehmensführung gesetzten Incentives.[237] Damit erhält das Beteiligungsunternehmen die Möglichkeit, auf opportunistisches Verhalten des Unternehmers durch Entzug der Finanzierung oder durch harte finanzielle Sanktionen zu reagieren. Auch dieser Mechanismus schwächt die Bedeutung der Kapitalstruktur als Instrument zur Verminderung von Agency-Problemen zu Gunsten einer direkten Anreizgestaltung ab.[238]

3.2.3 Finanzierungstheoretische Eigenschaften des Untersuchungsobjekts „Mittelstand"

Auch der Forschungskontext mittelständischer Unternehmen weist Spezifika auf, die bei der Anwendung existierender Modelle zur Erklärung mittelständischen Finanzierungsverhaltens berücksichtigt werden müssen. Insbesondere gilt dies für **a)** die Existenz von Transaktionskosten und die Relevanz öffentlicher Kapitalmärkte für Transformation, Marktbewertung und Signalisierung, **b)** die Bedeutung von Agency Kosten aus „Hidden Information" und „Hidden Action" bzw. die Bedeutung der Kapitalstruktur als Lösungsansatz für diese Phänomene, **c)** die Bedeutung von Steuern und

---

[235] Vgl. Sahlman (1988), S. 23 ff., Sahlman (1990), S. 506 ff., Admati/Pfleiderer (1994), S. 371 ff., Kaplan/Strömberg (2003b), S. 286 ff., Gompers (2004), S. 15, sowie im Vergleich mit Frühphaseninvestoren Brettel et al. (2004), S. 443.

[236] Admati/Pfleiderer (1994), S. 377 ff., weisen allerdings darauf hin, dass neue Agency Probleme durch das Staging entstehen können. Diese umfassen zum Beispiel ein zu geringes Informationslevel des Beteiligungsunternehmens (da es einen Großteil der Finanzierung trägt, die Erträge aber mit dem Unternehmer teilen muss), Verhandlungsmacht des Beteiligungsunternehmens in späteren Runden, die suboptimale Nutzung von Beteiligungskapital durch den Unternehmer bewirken kann, oder Informationsasymmetrien zwischen Beteiligungsunternehmen und anderen externen Investoren, die ebenfalls zu suboptimalem Investment führen können.

[237] Vgl. Sahlman (1990), S. 506 ff., Gompers (1995).

[238] Nicht berücksichtigt sind dabei Agency-Kosten, in denen der Unternehmer Agent und das Beteiligungsunternehmen Prinzipal ist, d.h. in denen opportunistisches Verhalten vom Beteiligungsunternehmen droht; allerdings ist ein solcher Betrachtungswinkel selten und bisher wenig entwickelt, vgl. Barry (1994), S. 7.

Insolvenzkosten, sowie **d)** die Gültigkeit der Wertmaximierung als leitender Verhaltensmaxime.[239]

a) Zunächst existieren vielfältige Quellen für Transaktionskosten und Kapitalmarktzugangskosten, die mittelständische Unternehmen tragen müssen, wenn sie Zugang zum öffentlichen, standardisierten Kapitalmarkt suchen. Es existieren Skaleneffekte bei der Emission von Wertpapieren am öffentlichen Markt.[240] Durch sie ergeben sich aus Effizienzgesichtspunkten minimale Tranchengrößen von Wertpapieren, die der Annahme der beliebigen Teilbarkeit von Titeln entgegenstehen. Daraus folgt ein höherer oder prohibitiv hoher Preis für die öffentliche Aufnahme von Eigenkapital, der mittelständischen Unternehmen eine marktbasierte Finanzierung verteuert oder verbietet.[241] Zusätzlich bestehen für mittelständische Unternehmen durch Wissens- oder Prozessdefizite bedingte Zugangsbarrieren sowie regulatorische Schranken für den Zugang zum öffentlichen Kapitalmarkt.[242] Diese Kosten und Barrieren schließen eine an standardisierten Märkten stattfindende Finanzierung für mittelständische Unternehmen zu weiten Teilen aus.[243]

Mit Blick auf die Übertragbarkeit finanzierungstheoretischer Modelle folgt daraus, dass

- die Finanzierungsform nicht uneingeschränkt wählbar und die Anzahl der möglichen Instrumente geringer als bei großen Unternehmen ist[244],
- eine marktbasierte Transformation einer anfangs gewählten Finanzierungsform nur eingeschränkt möglich ist,

---

[239] Vgl. Berger/Udell (1998), S. 626, Ang (1991), S. 2 ff.,McConnell/Pettit (1984), S. 110 ff., Pettit/Singer (1985), S. 97 ff.

[240] Vgl. Berger/Udell (1998), S. 627.

[241] Vgl. Berger/Udell (1998), S. 627.

[242] Vgl. z.B. Ang (1991), S. 3.

[243] Vgl. z.B. Pettit/Singer (1985), S. 56.

[244] Vgl. Petty/Bygrave (1993), sowie für eine empirische Erfassung der Finanzierungsinstrumente des deutschen Mittelstands Audretsch/Elston (1997), S. 101 ff., sowie zu traditionellen Finanzierungsinstrumenten von Familienunternehmen bspw. Harvey/Evans (1995), S. 163.

- in der Regel keine Marktbewertung des Unternehmenswertes vorliegt und der Wert des Unternehmens bzw. seine Veränderung durch Aktivitäten des Unternehmens damit schwierig ermittelbar[245] oder unbekannt ist, und

- die gewählte Finanzierungsform häufig nicht beobachtbar und damit nicht unmittelbar als Signalisierungsinstrument geeignet ist.

b) Aus der geringen Relevanz standardisierter Kapitalmärkte ergeben sich auch Konsequenzen für die Relevanz von Agency-Kosten auf der Basis von „Hidden Information" und „Hidden Action".

- Für eine hohe Relevanz von „Hidden Information" spricht, dass mittelständische Unternehmen durch die üblicherweise nicht auf standardisierten Märkten stattfindenden Finanzierungen auch nicht den für marktnotierte Unternehmen vorgeschriebenen Publizitätspflichten unterliegen. Damit ist der (öffentliche) Informationsstand über mittelständische Unternehmen im Durchschnitt wesentlich schlechter als der für öffentlich notierte Unternehmen. Berger/Udell (1998)[246] nennen diese Informationsintransparenz die prägendste Eigenschaft mittelständischer Unternehmen. Der darauf aufbauenden Signalisierungsfunktion käme auf dieser Grundlage eine hohe Relevanz im mittelständischen Kontext zu.

- Parallel folgt aus der geringen Relevanz öffentlicher Kapitalmärkte für die Finanzierung mittelständischer Unternehmen allerdings auch, dass nicht von einer marktbasierten, standardisierten und anonymen Beziehung zwischen Manager und externen Kapitalgebern ausgegangen werden kann. Vielmehr besteht **oftmals Personalunion oder eine enge, persönliche,**

---

[245] Kaserer/Wagner (2005), S. 98 ff., erarbeiten bspw. eine Lösung dieses Problems über ein Modell zur Messung von Rendite und Risiko bei Private Equity-Investments auf der Basis von Buchwerten.

[246] Berger/Udell (1998), S. 617.

langfristige Beziehung.[247] „As a result, agency problems [of equity] in corporate governance and in choosing capital structure (e.g., free cash flow problems) that are driven by the separation of ownership and control are often irrelevant for small firms."[248]

- Auch zwischen **Eigentümern und Fremdkapitalgebern** ist die Relevanz von **„Hidden Information" oder „Hidden Action" nur eingeschränkt** zu bewerten: Zwar kann die Einheit von Eigentum und Leitung zu höheren Agency-Kosten von Fremdkapital führen, die aus einer höheren Risikoneigung der Eigenkapitalgeber und fehlender Kontrolle durch ein (risikoaverseres) nicht beteiligtes Management folgen.[249] Der eingeschränkte Kapitalmarktzugang gibt den **Banken** als Intermediären für die Fremdkapitalfinanzierung aber andererseits **Marktmacht**[250], die sie in die Formulierung von Kontrollklauseln und Offenlegungsbedingungen übersetzen können.[251] Damit ist die oben angesprochene Informationstransparenz für die tatsächlichen Kapitalgeber eher eingeschränkt relevant, da sie umfassend Einblick in benötigte Information nehmen können.[252]

c) Auch bei der Bewertung der **finanzierungsbezogenen Kosten durch Steuern und Insolvenz,** die insbesondere im Rahmen der Kanalisierungsfunktion[253] und zum Beispiel bei der Trade-Off-Theorie von Bedeutung sind, unterscheiden sich mittelständische Unternehmen von Großunternehmen[254]: Zunächst ist die Situation des mittelständischen Unternehmers durch eine

---

[247] Bereits oben wurde erwähnt, dass Eigentum und Leitung in über 60 % der Fälle in Personalunion ausgeübt werden; weiter wurde gezeigt, dass die durchschnittliche Eigentümerzahl gering ist.

[248] Berger/Udell (1998), S. 628, vgl. weiter Pettit/Singer (1985), S. 57, Randøy/Goel (2003), S. 619 ff.

[249] Berger/Udell (1998), S. 628.

[250] Vgl. Berger/Udell (1998), S. 643.

[251] Admati/Pfleiderer (1994), S. 371, vergleichen die Rolle deutscher Banken mit Blick auf ihre Informationslage und ihre Fähigkeit, Entscheidungen im Unternehmen zu beeinflussen, mit der von anderen „inside investors" wie z.B. privaten Beteiligungskapitalunternehmen; vgl. auch Cable (1985), S. 118 ff.

[252] Vgl. Berger/Udell (1998), S. 643, Swinnen et al. (2005), S. 2.

[253] Vgl. Breuer et al. (2003), S. 373.

[254] Vgl. McConnell/Pettit (1984), S. 115 ff.

geringere Diversifikation seines privaten Vermögens geprägt.[255] Etwaige Konkurskosten wirken damit auch auf das persönliche Vermögen des Unternehmers, und zwar in stärkerem Maße als bei einem (diversifiziert investierenden) Investor am Eigenkapitalmarkt. Im häufigen Fall der Einbindung von Familienmitgliedern in Eigentum oder Leitung ist der Gesamtverlust im Falle eines Konkurses zusätzlich noch weiter erhöht.[256] Auch sind insbesondere bei im Mittelstand stark verbreiteten Personengesellschaften der für einige Modelle der allgemeinen Finanzierungstheorie zentrale Optionscharakter[257] und das damit verbundene Risikoprofil des Eigenkapitals nicht uneingeschränkt gegeben, da der Eigentümerunternehmer durch die **Besicherung insbesondere von Bankverbindlichkeiten durch persönliche Bürgschaften** auch über die Eigenkapitaleinlage hinaus mit seinem Privatvermögen haftet. Weiter ist der (absolute) **Wert des Steuerschildes**, den Fremdkapital aufgrund der steuerlichen Absetzbarkeit der Zinszahlungen besitzt, durch die (absolut) geringere Profitabilität mittelständischer Unternehmen weniger relevant bzw. potenzielle Konkurskosten relativ gesehen höher.[258] Auch dies wirkt auf die vor allem im Rahmen der Trade-off-Theorie vorgenommene Abwägung zwischen Steuer- und Insolvenzkosten.

---

[255] Vgl. Ang (1991), S. 2, McMahon/Stanger (1995), S. 25 ff.

[256] Vgl. Agrawal/Nagarajan (1990), S. 1328, (für Unternehmen mit reiner Eigenkapitalfinanzierung, die allerdings in ihren Eigenschaften sehr ähnlich mittelständischen Unternehmen nach der oben aufgestellten Definition (relativ geringe Größe, Einheit Eigentum und Leitung, oft Familieneinfluss).

[257] Dieser Optionscharakter des Eigenkapitals geht aus der Zahlungsstruktur hervor, die Eigenkapitaltitel üblicherweise (d.h. im Fall der beschränkten Haftung eines Eigenkapitalgebers wie z.B. eines Aktionärs) besitzen. Bis zur Begleichung der Zinshöhe für Fremdkapitalbeteiligungen steht dem Eigenkapitalgeber dabei typischerweise kein Anteil an den Überschüssen des Unternehmens zu, nach Begleichung hat er Anspruch auf das gesamte Residuum. Andererseits ist seine Haftung auf die Einlage begrenzt, so dass der Zahlungsstrom einer Option entsteht. Diese Begrenzung wird durch die persönliche Haftung aufgehoben, es kann zu einer unbeschränkten Haftung kommen, vgl. Breuer (1998), S. 12 ff.

[258] Vgl. Ang et al. (1982), S. 221 ff. (schwerpunktmäßig für direkte Konkurskosten), weiter Barton/Matthews (1989), S. 1 ff., McConnell/Pettit (1984), S. 115 ff., Sogorb-Mira (2005), S. 448 ff.

d) Schließlich kann die Rationalverhaltensannahme und konkreter ihre Übersetzung in die Wertmaximierung als Handlungsprinzip[259] bei mittelständischen Unternehmen nur eingeschränkt gelten. Verschiedene Abweichungen sind zu berücksichtigen:

- Zunächst umfasst die Zielfunktion mittelständischer Unternehmer[260] neben dem möglichen finanziellen Ziel der Wertmaximierung auch eine Vielzahl **nicht-monetärer Zielparameter**, die einer Wertmaximierung durchaus entgegenstehen können.[261] Dazu zählen Kontrollüberlegungen, die Vermeidung spezifischer Risiken[262], soziale Ziele wie die Versorgung von Familienmitgliedern oder Mitarbeitern[263] sowie nicht-monetäre persönliche Ziele wie die Minimierung von Arbeitsaufwand, die Verwirklichung unternehmerischer Ideen[264] oder die Wahrung unternehmerischer Freiheit[265]. Die aus der Einheit von Eigentum und Leitung resultierende Machtposition ermöglicht dem Unternehmer, diese Ziele weitgehend umzusetzen. Empirische Studien zeigen, dass der Unternehmenswert in der Regel kein oder ein nur sehr eingeschränkt relevantes Ziel im Handeln mittelständischer Unternehmer ist.[266]

---

[259] Unter der Annahme funktionsfähiger Sekundärkapitalmärkte ist die Maximierung des Unternehmenswertes eine notwendige Voraussetzung zur Nutzenmaximierung des Unternehmers, unabhängig von der genauen Form seiner Präferenzen. Vgl. auch Fußnote 53.

[260] Auch diskutiert unter dem Stichwort „Small Enterprise Financial Objective Function", vgl. LeCornu et al. (1996) oder McMahon/Stanger (1995).

[261] Vgl. Agrawal/Nagarajan (1990), S. 1328 ff., Burkart et al. (2003), S. 2168, Ang (1991), S. 2 ff., Ang (1992), S. 186 ff., Barton (1989), S. 3 ff., Romano et al. (2000), S. 288, Barton/Matthews (1989), S. 2 ff., Barton/Matthews (1988) S. 26 ff., McMahon/Stanger (1995), S. 22 ff., Michaelas et al. (1998), S. 246 ff., Norton (1990), S. 230 ff., Norton (1991), S. 287 ff.

[262] Vgl. z.B. LeCornu et al. (1996), S. 10.

[263] Vgl. z.B. Burkart et al. (2003), S. 2168 ff., Demsetz/Lehn (1985), S. 1161 ff., LeCornu et al. (1996), S. 10, Leopold et al. (2003), S. 195 f.

[264] Rudolph/Fischer (2000), S. 52, sprechen vom „privaten Zusatznutzens aus der Unternehmensführung".

[265] Vgl. z.B. LeCornu et al. (1996), S. 10.

[266] So stellen LeCornu et al. (1996) bei ihrer Untersuchung der für KMU-Unternehmer relevanten finanziellen Ziele fest, dass 37 % ihrer Stichprobe die Maximierung des Nettoergebnisses des aktuellen Jahres angeben, 23 % Umsatz- oder Marktanteilwachs-

- Bei öffentlich finanzierten (Groß-)Unternehmen wird üblicherweise davon ausgegangen, dass das Unternehmen mit seinen Entscheidungen das Nutzenniveau des Eigentümers ausschließlich über die Veränderung des Anteilswertes beeinflusst. Es kann eine rein monetär bestimmte Nutzenfunktion des Eigentümers angenommen werden, die nur den Wert der Anteilstitel bzw. die Höhe und das Risiko der mit diesen Titeln verknüpften Zahlungsströme umfasst.[267] Nicht-monetäre Faktoren werden in der Regel ausgeschlossen bzw. es wird davon ausgegangen, dass der Eigentümer seine nicht-monetären Präferenzen durch den (optimierten) Wert der Anteilstitel am Markt befriedigen kann. Mittelständische Unternehmer können ihre nicht-monetären Ziele auch direkt, das heißt nicht über eine Wertmaximierung des Unternehmenswertes, sondern über ihre eigenen unternehmerischen Handlungen umsetzen. Die Wertmaximierung ist keine notwendige Voraussetzung zur Präferenzmaximierung.[268] Somit ist eine Optimierung des Unternehmenswertes nicht die einzige Möglichkeit für den Unternehmer, seine Konsumziele zu decken. Eine Nutzenfunktion für seine Entscheidungen über die Finanzierung des Unternehmens kann auch so angenommen werden, dass sie Nutzenkomponenten aus diesen nichtmonetären Aspekten direkt umfasst.[269]

- Weiter kann die oben dargestellte Risikokonzentration im persönlichen Vermögen des Eigentümerunternehmers dazu führen, dass er zur Risikoreduktion nicht-wertmaximierendes Verhalten, wie z.B. die Nichtdurchführung riskanter Projekte, zeigt.[270]

---

tum nennen, 20 % eine angemessene Entschädigung für ihren Aufwand, 13 % das Überleben des Unternehmens und nur 3 % Wertmaximierung.

[267] Vgl. McMahon/Stanger (1995), S. 22.

[268] Vgl. Demsetz/Lehn (1985), S. 1158 ff.

[269] Erste formale Definitionen solcher erweiterten Nutzenfunktionen für die Finanzierungsentscheidungen von KMU-Unternehmern finden sich bei McMahon/Stanger (1995), S. 30, LeCornu et al. (1996), S. 3.

[270] Vgl. Berger/Udell (1998), S. 628.

- Schließlich ist der Entscheidungsprozess, dem mittelständische Unternehmer allgemein folgen, nicht unbedingt rational. Vielmehr wird aufgrund begrenzter Fähigkeiten und Kenntnisse oft mit Hilfe von Heuristiken oder Intuition entschieden.[271] Dies kann ebenfalls zu nicht wertmaximierenden Entscheidungen führen.

Damit sind alle Modellansätze, die auf die Optimierung des Unternehmenswertes abstellen, daraufhin zu prüfen, ob sie in ihrer mit der Wertmaximierung eng definierten Verhaltensmotivation der tatsächlichen Handlungsmotivation mittelständischer Unternehmer gerecht werden.

3.2.4 Stand der Finanzierungstheorie zur Analyse von privatem Beteiligungskapital im Mittelstand

Sowohl für das Untersuchungsobjekt „privates Beteiligungskapital" als auch für den Mittelstand sind Spezifika festgestellt worden, die bei einer Übertragung der finanzierungstheoretischen Ansätze berücksichtigt werden müssen. Auch ist zu überprüfen, in welchem Maße die jeweiligen Ansätze ihre Erklärungskraft behalten, wenn sie an die geschilderten Begebenheiten angepasst werden.

Der großen Mehrzahl der Arbeiten, die eine Anpassung der **Trade-off-Theorie** an die oben geschilderten Begebenheiten mittelständischer Unternehmen versuchen, gelingt keine empirische Bestätigung der Relevanz dieses Erklärungsansatzes für den mittelständischen Beteiligungskontext (vgl. Tabelle 3). Dabei basieren ihre Ergebnisse auf breiten empirischen Erhebungen und unterschiedlichen Methoden:

[271] Vgl. LeCornu et al. (1996), Smith et al. (1988), Busenitz/Barney (1997), Jankowicz/Hisrich (1987).

Autor	Jahr	Argumentationsbasis	Empirische Basis	Theoretische Bezugspunkte: Trade-off Theorie	Pecking-Order-Theorie	Signalling-Ansätze	Agency-Konflikte	Produkt-Markt-Interaktion	Vertrags-theorie	Andere/keine Fundierung	Untersuchte Variablen/Einflussgrößen
Ang	1991	Sachlogische Argumentation	keine	x	x	x	x			x	Agency Kosten, Informationskosten, Konkurskosten, Transaktionskosten
Ang	1992	Sachlogische Argumentation	keine	x	x	x	x			x	Agency Kosten, Informationskosten, Konkurskosten, Transaktionskosten
Barton	1989	Deskripitve Ergebnisse Empirie	Fallstudien							x	Risikoneigung, Unternehmensziele, Präferenzen, Zugang zu Fremdkapital, Fähigkeiten
Barton et al.	1989	Sachlogische Argumentation	keine							x	Risikoaversion, Unternehmensziele, Finanzeigenschaften
Berger et al.	1998	Sachlogische Argumentation	keine	x	x		x				k.A.
Berggren et al.	2000	Ergebnisse Kausalmodell	großzahlig empirisch		x		x			x	Einstellung, Technologieintensität, Finanzstärke, Wachstumsbedarf
Burkart et al.	2003	Sachlogische Argumentation	keine				x				"Amenity"-Potenzial
Cassar et al.	2003	Ergebnisse Regression	großzahlig empirisch	x	x						Größe, Struktur der Aktiva, Profitabilität, Risiko
Chaganti et al.	1995	Ergebnisse Diskriminazanalyse	großzahlig empirisch							x	Unternehmensziele, Geschäftslage, Fähigkeiten, Strategie, Geschlecht, Lebenszyklus
Chittenden et al.	1996	Ergebnisse Regression	großzahlig empirisch	x	x						Profitabilität, Struktur der Aktiva, Größe, Unternehmensalter, Wachstum
Gallo et al.	1996	Deskriptive Ergebnisse Empirie	großzahlig empirisch							x	Industrie, Marktanteil, Familiengeneration, Alter, Profitabilität
Gallo et al.	2004	Deskriptive Ergebnisse Empirie	großzahlig empirisch							x	Präferenzen, Kontrollaversion, Risikoaversion, Wachstum
Geiseler	1999	Ergebnisse Regression	großzahlig empirisch	x	x	x	x			x	k.A.
Gregory et al.	2005	Ergebnisse Regression	großzahlig empirisch							x	Größe, Alter, Lebenszyklus
Hall et al.	2000	Ergebnisse Regression	großzahlig empirisch		x						Profitabilität, Struktur der Aktiva, Größe, Unternehmensalter, Wachstum
Hall et al.	2004	Ergebnisse Regression	großzahlig empirisch		x	x	x				Profitabilität, Struktur der Aktiva, Größe, Unternehmensalter, Wachstum
Holmes et al.	1991	Deskriptive Ergebnisse Empirie	großzahlig empirisch		x						Vertrautheit mit Finanzierungsinstrument
Hutchinson	1995	Sachlogische Argumentation	keine							x	Kontrollaversion, Risiko
LeCornu et al.	1996	Deskriptive Ergebnisse Empirie	Fallstudien							x	Unternehmensziele, Risiko
Matthews et al.	1994	Deskripitve Ergebnisse Empirie	Fallstudien							x	Einstellung, Konsequenzen einer Finanzierung
McConnell et al.	1984	Sachlogische Argumentation	keine	x	x	x					k.A.
McMahon et al.	1995	Sachlogische Argumentation	keine							x	Risiko, Liquidität, Diversifikaiton, Fungibilität, Flexibilität, Kontrollaversion, Accountability
Michaelas et al.	1998	Ergebnisse Regression	großzahlig empirisch	x			x				Profitabilität, Struktur der Aktiva, Größe, Unternehmensalter, Wachstum
Michaelas et al.	1999	Ergebnisse Regression	großzahlig empirisch	x			x				Profitabilität, Struktur der Aktiva, Größe, Unternehmensalter, Wachstum
Mishra et al.	1999	Ergebnisse Regression	großzahlig empirisch							x	Kontrollaversion
Norton	1990	Deskriptive Ergebnisse Empirie	großzahlig empirisch	x	x	x	x				Profitabilität, Struktur der Aktiva, Größe, Unternehmensalter, Wachstum
Norton	1991	Deskriptive Ergebnisse Empirie	großzahlig empirisch	x	x	x	x				Profitabilität, Struktur der Aktiva, Größe, Unternehmensalter, Wachstum
Pennings et al.	2001	Ergebnisse Kausalmodell	großzahlig empirisch							x	Einstellung, Vertrautheit, Performance, Anwendbarkeit
Pennings et al.	2003	Ergebnisse Kausalmodell	großzahlig empirisch							x	Einstellung, Vertrautheit, Performance, Anwendbarkeit
Petty et al.	1993	Sachlogische Argumentation	keine							x	k.A.
Randoy et al.	2003	Ergebnisse Regression	großzahlig empirisch								Familieneinfluss
Romano et al.	2000	Ergebnisse Kausalmodell	großzahlig empirisch							x	Größe, Industrie, Familieneinfluss, Alter des CEO, Planung, Unternehmensziele, Wachstumsbedarf
Sanchez-Vidal et al.	2005	Ergebnisse Regression	großzahlig empirisch		x						Profitabilität, Struktur der Aktiva, Größe, Unternehmensalter, Wachstum
Schäfer et al.	2004	Ergebnisse Regression	großzahlig empirisch		x					x	Risiko, Innovativität
Sogorb-Mira	2005	Ergebnisse Regression	großzahlig empirisch	x	x						Profitabilität, Struktur der Aktiva, Größe, Unternehmensalter, Wachstum
Swinnen et al.	2005	Ergebnisse Regression	großzahlig empirisch	x	x						Profitabilität, Struktur der Aktiva, Größe, Unternehmensalter, Wachstum
Van Auken et al.	1990	Ergebnisse Regression	großzahlig empirisch			x					Finanzstärke
Van Auken	2001	Deskriptive Ergebnisse Empirie	großzahlig empirisch							x	Vertrautheit
Van der Wijst et al.	1993	Ergebnisse Regression	großzahlig empirisch	x		x	x				Profitabilität, Struktur der Aktiva, Größe, Unternehmensalter, Wachstum
Vos et al.	1996	Ergebnisse Regression	großzahlig empirisch				x				Profitabilität, Struktur der Aktiva, Größe, Unternehmensalter, Wachstum
Watson et al.	2002	Ergebnisse Regression	großzahlig empirisch		x						k.A.

Abbildung 14: Arbeiten zum mittelständischen Finanzierungsverhalten

Chittenden et al. (1996) arbeiten mit Hypothesentests auf der Basis multipler Regressionen, Norton (1991) mit Befragungen von KMU-Managern[272], in denen er konkrete Motive bei der Finanzierungsentscheidung abfragt. Als Fazit über Autoren, Methoden und Kontexte hinweg kann – von wenigen Ausnahmen abgesehen[273] – zusammengefasst werden: „The M and M proposition on financial structure do not seem to apply to small firms.“[274]Mittelstandsspezifische Anpassungen der auf Myers (1984) zurückgehenden **Pecking-Order-Hypothese** bilden die größte Gruppe von Arbeiten (vgl. Tabelle 4).

Empirische Bestätigung	Keine Bestätigung/neutrale Ergebnisse
Cassar/Holmes (2003)	Chittenden et al. (1996)
Sogorb-Mira (2005)	Michaelas et al. (1999)
	Norton (1991)
	Swinnen et al. (2005)
	Van der Wijst/Thurik (1993)

Tabelle 3: TOT im mittelständischen Beteiligungskapitalkontext[275]

Verschiedene konzeptionelle Arbeiten nehmen den oben formulierten Gedanken der eingeschränkten Relevanz kapitalmarktbasierter Finanzierungsinstrumente auf und formulieren für KMU eine „modifizierte Pecking-Order-Hypothese“[276], die sich lediglich aus internen Mitteln, bankfinanziertem Fremdkapital und externer Beteiligungsfinanzierung bildet.[277]

---

[272] Dabei folgt er dem Vorgehen von Graham/Harvey (2001), die einen ähnlichen Fragebogen zur Analyse großer Unternehmen verwenden. Sie finden dabei Anzeichen für ein Vorgehen gemäß der Trade-off-Theorie und der Pecking-Order-Theorie.

[273] Vgl. z.B. Cassar/Holmes (2003).

[274] Chittenden et al. (1996), S. 66.

[275] Die aufgelisteten Arbeiten sind ausschließlich empirisch und umfassen neben Beiträgen für Zeitschriften nur ausgewählte Arbeitspapiere; mit „†“ gekennzeichnete Arbeiten berücksichtigen privates Beteiligungskapital explizit in ihren Untersuchungen.

[276] Ang (1991), S. 1, vgl. auch Carter/Van Auken (2005), der mit Blick auf begrenzte alternative Finanzierungsinstrumente für KMU von Bootstrap-Finance spricht.

[277] Vgl. z.B. Hall et al. (2004), S. 713, Chittenden et al. (1996), Watson/Wilson (2002), S. 561.

Beteiligungskapital steht dabei deshalb am Ende dieser Rangfolge, da es über die Verdünnung von Stimmrechtsanteilen negative Auswirkungen auf den im Mittelstand zentralen Aspekt der Unternehmenskontrolle hat.[278]

Empirische Arbeiten bestätigen die Relevanz einer solchen modifizierten Pecking-Order für Unternehmen mit mittelständischen Eigenschaften – ganzheitlich oder in Einzelaspekten –, in der Regel auf der Basis von Regressionsanalysen.

Empirische Bestätigung	Keine Bestätigung/neutrale Ergebnisse
Berggren et al. (2000)	Hall et al. (2004)†
Cassar/Holmes (2003)	Watson/Wilson (2002)
Chittenden et al. (1996)†	
Gallo et al. (2004)	
Hall et al. (2000)	
Hall et al. (2004)†	
Holmes et al. (2002)	
Holmes/Kent (1991)	
Norton (1991)	
Sánchez-Vidal/Martín-Ugedo (2005)	
Schäfer et al. (2004)†	
Sogorb-Mira (2005)	
Swinnen et al. (2005)	
Watson/Wilson (2002)	

Tabelle 4: POT im mittelständischen Beteiligungskapitalkontext[279]

Allerdings stellen Hall et al. (2004) fest, dass in einem länderübergreifenden Vergleich von KMU diese „modifizierte Pecking-Order" nicht ausreicht, um internationale Unterschiede im Finanzierungsverhalten zu erklären.[280] Sie schlussfolgern auf dieser Basis, dass soziale und kulturelle Faktoren über die die Pecking-Order treibenden Agency-Kosten hinaus einen wesentlichen Einfluss auf das Finanzierungsverhalten von KMU haben. Auch

[278] Vgl. z.B. Graf/Gruber (2001), S. 505, Schäfer et al. (2004), S. 240 ff.

[279] Die aufgelisteten Arbeiten sind ausschließlich empirisch und umfassen neben Beiträgen für Zeitschriften nur ausgewählte Arbeitspapiere; mit „†" gekennzeichnete Arbeiten berücksichtigen privates Beteiligungskapital explizit in ihren Untersuchungen.

[280] Vgl. Hall et al. (2004), S. 726.

Watson/Wilson (2002) finden, dass trotz ihrer empirischen Bestätigung einer Pecking-Order für kleine und mittlere Unternehmen kein abschließender Erklärungsanspruch erhoben werden kann und Faktoren wie insbesondere auch die nachfrageseitigen persönlichen Präferenzen des Unternehmers von zusätzlicher Bedeutung zu sein scheinen.[281]

Wie bereits dargestellt, ist die Bedeutung von **Agency Konflikten** und die Funktion der Kapitalstruktur als **Instrument zur Verhaltensbeeinflussung** bei diesen Konflikten durch die Einheit von Eigentum und Leitung und die Marktmacht von Fremdkapitalgebern nur eingeschränkt auf mittelständische Unternehmen übertragbar. Norton (1991) bestätigt diese Argumentation empirisch: „Contrary to [standard] financial theory, factors dealing with [...] agency costs or information asymmetry play little, if any, major role in affecting capital structure policy [in small firms].“[282] Randøy/Goel (2003) zeigen ebenfalls empirisch, dass Agency-basiere Verhaltensprobleme in Familienunternehmen weitgehend gelöst sind, da durch die übliche hohe Konzentration der Stimmrechtsanteile in der Hand der Eigentümer keine Verhaltenskontrolle notwendig ist.[283] Empirische Arbeiten, die eine verhaltensbeeinflussende Funktionalität der Kapitalstruktur bei mittelständischen Unternehmen feststellen, sind dementsprechend selten (vgl. Tabelle 5). Einige Agency-theoretische Argumentationsbestandteile finden sich bspw. bei Hutchinson (1995), S. 238, die allerdings lediglich konzeptioneller Natur sind und nicht empirisch überprüft werden.[284]

---

[281] Vgl. Watson/Wilson (2002), S. 577.

[282] Norton (1991), S. 287.

[283] Vgl. Randøy/Goel (2003), S. 620.

[284] Diese Aussage ist allerdings ausschließlich auf die Entscheidung über eine Finanzierung mit Beteiligungskapital zu verstehen. Nach Eingang der Beteiligung treten die bereits erwähnten Agency-theoretisch bedingten Probleme zwischen Eigentümer und Beteiligungsunternehmen auf, vgl. bspw. Groh/Gottschalg (2005), S. 26. So lässt sich bspw. die zu beobachtende hohe Verschuldung von Portfoliounternehmen über die sogenannte Free Cashflow-Hypothese erklären, in der Verschuldung zur Disziplinierung des internen Managements dient. Dies setzt allerdings voraus, dass die Verschuldungsentscheidung durch das Beteiligungsunternehmen getroffen wird. Eine solche Entscheidung liegt zeitlich nach der des Unternehmers über die Finanzierung mit

Empirische Bestätigung	Keine Bestätigung/neutrale Ergebnisse
Michaelas et al. (1999)	Norton (1991) Randøy/Goel (2003) Berggren et al. (2000) Vos/Forlong (1996)

Tabelle 5: Agency-Konflikte im mittelständischen Beteiligungskontext[285]

Es konnten darüber hinaus nur wenige **Arbeiten auf der Basis von Signalling[286], Produkt-Markt-Interaktion** oder **vertragstheoretischer Überlegungen** identifiziert werden, die eine spezifische Anpassung ihrer Hypothesen auf die mittelständischen Gegebenheiten versuchen.

3.2.5 Prüfung der Finanzierungstheorie zur Fundierung der Arbeit

Als Fazit sind insbesondere die Trade-off- und die Pecking-Order sowie in geringerem Maße die Agency-Ansätze unter Berücksichtigung der Eigenarten mittelständischer Unternehmen erweitert und konzeptionell zur Erklärung von **Finanzierungsverhalten im Mittelstand** übertragen worden.[287] Dies gilt auch für privates Beteiligungskapital als spezifischen Sonderfall unter den Beteiligungstiteln. Empirische Bestätigung hat im mittelständischen Kontext insbesondere die Pecking-Order-Hypothese erfahren. Somit besteht mit der

---

Beteiligungskapital liegt und ist somit separat von den hier dargestellten Überlegungen; vlg. Kühn (2006).

285 Die aufgelisteten Arbeiten sind ausschließlich empirisch und umfassen neben Beiträgen für Zeitschriften nur ausgewählte Arbeitspapiere; mit „†" gekennzeichnete Arbeiten berücksichtigen privates Beteiligungskapital explizit in ihren Untersuchungen.

286 Eine der wenigen Arbeiten mit KMU-Fokus und Signalling-Ansätzen ist Van Auken/Carter (1990); Norton (1991) findet hingegen keine Bestätigung für die Relevanz von Signalling-Ansätzen.

287 Diese Beobachtung deckt sich mit den Überlegungen bei Myers (1984), S. 576, der ebenfalls Trade-off-Theorie und POT als Erklärungsansätze auswählt, um Finanzierungsverhalten zu beschreiben in denen Manager und Eigentümer in Interessengleichheit handeln (wie z.B. im hier vorliegenden Falle, wo diese Interessengleichheit durch Personalunion oder Familienbande gewahrt ist, vgl. oben).

Finanzierungstheorie also eine mögliche Basis für die Erklärung des Nutzungsverhaltens von Finanzierungstiteln und spezieller von privatem Beteiligungskapital im Mittelstand. Eine theoretische Fundierung dieser Arbeit auf diesem Gebiet scheint zumindest möglich.

Mit Blick auf die Fragestellung der Arbeit muss diese Wahl nicht zwingend erfolgen, da sie durchaus auch **nachteilige Auswirkungen auf die Beantwortung der Forschungsfrage** haben kann: Die Wahl einer theoretischen Fundierung entspricht der Festlegung des dominanten Blickwinkels zur Analyse einer wissenschaftlichen Problemstellung. Die Entscheidung für oder wider eine spezifische Theorie bedeutet damit eine erste Festlegung für den Charakter der Antwort. Die gewählte theoretische Basis muss sich deshalb an ihrer **Eignung** für die gestellten Forschungsfragen messen lassen. Konkret **bezogen auf die Ziele dieser Arbeit** bedeutet dies, dass die theoretische Fundierung geeignet sein muss,

1. das Handeln eines mittelständischen Unternehmers zu erklären, d.h. ihn beeinflussende Faktoren beschreiben und erklärungsrelevant kombinieren zu können. Diese Anforderung ist notwendig, um überhaupt einen Erklärungsbeitrag der privaten Beteiligungskapitalnutzung zu leisten; es können nur dann Empfehlungen für die Gestaltung privater Beteiligungskapitalangebote und Rahmenbedingungen gegeben werden, wenn das zu Grunde liegende Modell und seine Aussagen erlauben, die Nutzung von Beteiligungskapital vorherzusagen;

2. möglichst nahe am tatsächlichen „mentalen Prozess“[288] orientiert zu sein, d.h. eine primär deskriptive[289] Herangehensweise an die Nutzungsent-

---

288 Abelson/Levi (1985), S. 12, sprechen vom „decision making process“ als Abfolge verschiedener mentaler Handlungen.

289 „Deskriptiv“ ist hier in Anlehnung an die „deskriptive Entscheidungstheorie“ zu verstehen, die beschreibt, „wie in der Realität Entscheidungen getroffen werden, und erklären [will], warum sie gerade so und nicht anders zu Stande kommen. Ihr Ziel ist es, empirisch gehaltvolle Hypothesen über das Verhalten von Individuen und Gruppen im Entscheidungsprozess zu finden, mit deren Hilfe bei Kenntnis der jeweiligen konkreten

scheidung zu verfolgen. Diese Anforderung grenzt sich gegenüber einer primär normativen Herangehensweise ab, die „rational richtiges“ Verhalten ermitteln möchte und damit an einem Rationalitätskonzept orientiert ist. Entsprechend den Forschungsziele scheint eine solche deskriptive Ausrichtung sinnvoll, da sich Entwicklungsimpulse für Anbieter oder öffentliche Förderer zunächst an den realen Motiven der Unternehmer orientieren müssen, auch wenn diese von Rationalitätsannahmen abweichen;

3. unmittelbar aus den ersten beiden Punkten folgende Anforderungen an die Einflussfaktoren, die durch die zu wählende theoretische Basis untermauert und einer Untersuchung zugänglich gemacht werden sollen: Die theoretische Basis muss zum einen die **wahrgenommenen** Einflüsse des mittelständischen Unternehmers aufnehmen können, d.h. dass Bewertungen von Eigenschaften oder Wahrscheinlichkeiten zunächst subjektive Größen sind. Weiter muss sie geeignet sein, als Rahmen auch stark heterogene Einflussgrößen (wie beispielsweise Finanzierungskosten und soziales Verantwortungsempfinden) zu kombinieren. Zusätzlich soll sie eine Grundlage bieten, um die zu betrachtenden Faktoren dennoch sinnvoll zu beschränken. Schließlich ergibt sich, dass die zu wählende theoretische Basis im optimalen Fall über ein ausgeprägtes empirisches Instrumentarium verfügt, um die Messung und Bewertung solch überwiegend latenter[290] Treiberfaktoren zu ermöglichen.

Im Einzelnen ergibt sich nun aus dem Abgleich dieser Ziele mit dem Status der Finanzierungstheorie im speziellen Kontext mittelständischer Unternehmen und privatem Beteiligungskapital:

Situation Entscheidungen prognostiziert bzw. gesteuert werden können.“, Laux (2003), S. 2.

[290] Der latente Charakter ergibt sich dabei zum einen aus der Betrachtung wahrgenommener Eigenschaften (und nicht „objektiver“ Eigenschaften) und zum anderen aus der Berücksichtigung sozialer und emotionaler Aspekte.

(1) Handlungserklärung: Für große Unternehmen ist die Erklärungskraft der verschiedenen Modelle der Kapitalstrukturtheorien oft und ausgiebig getestet und in vielen Fällen bestätigt worden.[291] **Für KMU** ist die Übertragung dieser Erkenntnisse – wie aus obigen Ausführungen hervorgeht – **nicht in so geschlossener Art und Weise und so umfassend erfolgt** wie bei großen Unternehmen. Vielmehr liegen mit der langfristigen und aktiven Beziehung zwischen Beteiligungsunternehmen und Mittelständler, der fehlenden Möglichkeit zur Nutzung öffentlicher Kapitalmärkte, der Einschränkung von Agency Überlegungen durch die Einheit von Eigentum und Leitung und durch die Abweichung vom Wertmaximierungsprinzip im Forschungskontext „Beteiligungskapital im Mittelstand" Spezifika vor, die bisher nur teilweise in finanzierungstheoretisch fundierten KMU-Erklärungsmodelle eingebettet worden sind. Zusätzlich sind die Erklärungsansätze auch **nur eingeschränkt auf den privaten Beteiligungskapitalbereich** angewendet worden, nur wenige mittelständisch orientierte Arbeiten berücksichtigen diese Finanzierungsform mit ihren spezifischen Konsequenzen für das Unternehmen explizit.[292] Somit ist für den Kontext dieser Arbeit nur eine eingeschränkte empirische Handlungsaufklärung durch die Kernansätze der Finanzierungstheorie festzustellen.[293] Von dieser Feststellung ausgehend haben verschiedene Autoren eine Reihe weiterer Erklärungsideen aufgegriffen, die von den oben dargestellten Besonderheiten mittelständi-

---

[291] Beispielsweise spricht Breuer (1998), S. 235, von einem „beachtlichen Erkenntnisstand"; abweichend existieren aber auch Stimmen, die die Widersprüchlichkeit vieler Aussagen der einzelnen Modelle bemängeln. Sie kritisieren, dass eine praktische Unterstützung der Kapitalstrukturwahl auch für große Unternehmen nicht möglich ist (z.B. Leland (1998), S. 1213), und dass die Analyse von Entscheidungen rein auf der Basis finanztheoretischer Variablen (d.h. ohne Beachtung von z.B. verhaltenspsychologischen Erkenntnissen) lediglich auf Branchen- nicht aber auf individueller Ebene zu Aussagen führen kann (z.B. Carleton/Silberman (1977), S. 820, Barton/Gordon (1987), S. 70, Barton/Gordon (1988), S. 623).

[292] Noch 1998 schreiben Wright/Robbie (1998), S. 522: „Venture Capital has until recently been a relatively neglected area in corporate finance. Even now, research is patchy and has not addressed the full scope of possibilities offered by a broad interpretation of the term venture capital.", vgl. weiter Fenn/Liang (1998), S. 1083, Barry (1994), S. 5.

[293] Vgl. z.B. Levin/Travis (1987), S. 30: „In private corporations, leverage theory does not always apply"; weiter z.B. Norton (1991), S. 287, Norton (1990), S. 232, Romano et al. (2000), S. 289, und LeCornu et al. (1996), S. 1 ff.

scher Unternehmen und ohne direkten Bezug zu den Funktionen der Finanzierung bzw. den wesentlichen Finanzierungstheorien **Einzelphänomene** aufnehmen und zur Erklärung beobachteter Kapitalstrukturwahlen anwenden: Solche Beiträge fokussieren dabei in isolierter Betrachtung insbesondere auf die Kontrollaversion der Eigentümer[294], Finanzierungsbeschränkungen[295] oder nicht-monetär bestimmte Nutzenfunktionen[296]. Obwohl hier im Einzelfall Erklärungsansätze erarbeitet und auch empirisch untermauert werden, entfällt durch die Loslösung dieser Ansätze vom gesamtheitlichen axiomatischen Überbau der Finanzierungstheorie jedoch der wesentliche Grund, sie von diesem theoretischen Startpunkt aus weiterzuentwicklen bzw. auf den hier gewählten Kontext anzuwenden. Vielmehr können die aufgegriffenen Einzelfaktoren auch in anders fundierte Modelle integriert weden, insbesondere wenn diese Fundierung eine bessere Erfüllung der gesetzten Forschungsziele ermöglicht.

(2) Orientierung am tatsächlichen mentalen Bewertungsprozess des Individuums Unternehmer: Diese Anforderung wird ebenfalls **nur eingeschränkt erfüllt**, da die Ausrichtung der Finanzierungstheorie wie beschrieben grundsätzlich eher normativ ist. Das Verhalten von Kapitalanbietern und -nachfragern folgt induktiv den Annahmen über ihre Nutzenfunktionen und Rationalitätsgrade. Es werden zwar zunehmend mehr aus empirischen Realitäten folgende Mechanismen in die kapitalstrukturtheoretische Analyse integriert[297], die empirische Analyse eines individualpsychologisch vielschichtigen Unternehmers, der kognitiven, affektiven und emotionalen Einflüssen unterliegt und in ein soziales Umfeld eingebettet ist, steht aber nicht im Mittelpunkt der Finanzierungstheorie. „Studies of capital

---

[294] Vgl. bspw. Mishra/McConaughy (1999), Gallo et al. (2004), Berggren et al. (2000),

[295] Vgl. bspw. Cressy/Olofsson (1997b), Carter/Van Auken (2005), Westhead/Storey (1997).

[296] Vgl. bspw. LeCornu et al. (1996), McMahon/Stanger (1995)

[297] Dies geschieht vor allem unter dem Schlagwort „Behavioral Finance“, unter dem Rationalitätsabweichungen von Kapitalgebern und -nehmern in finanzierungstheoretische Modelle integriert werden, vgl. Baker et al. (2004), S. 1. Allerdings stehen diese Integrationsbemühungen insbesondere für die Unternehmensfinanzierung noch am Anfang ihrer Entwicklung, vgl. Breuer et al. (2005), S. 161 ff.

structure focus on public corporations, not sole proprietors. These firms act as organizations, not individuals."[298] Die Person des Entscheiders als Individuum wird – wenn überhaupt – überwiegend als eine **„managerial black box"**[299] abgebildet.[300]

(3) Einflussfaktoren der Theorie: Nutzenfunktionen bzw. Präferenzfunktionen basieren in der Großzahl der Modelle der Finanzierungstheorie auf **objektiven Wahrscheinlichkeiten und objektiven Eigenschaften**. Zwar bestehen auch Ansätze, die subjektivere Bewertung von Zuständen und Wahrscheinlichkeiten zu integrieren[301], eine Anwendung auf KMU hat es aber bisher noch nicht gegeben. Weiter sind die **Einflussgrößen** in den Finanzierungsmodellen **überwiegend abstrakt** (z.B. Agency-Kosten, die wegen ihrer Abstraktheit schwer als existent zu bestätigen oder zu messen sind[302])[303] und die damit verbundenen empirischen Messvariablen eher **Beschreibungen exogener Rahmenbedingungen** (vgl. Tabelle 6, die die am häufigsten verwendeten empirischen Variablen der oben aufgelisteten empirischen Arbeiten zusammenfasst) als direkte Treiber für Handlungen.[304] Handlungsempfehlungen für Anbieter oder Förderer des Beteiligungskapitalmarktes sind auf dieser Basis nur indirekt abzuleiten.[305]

---

298 Myers (2001), S. 100.

299 Norton (1991), S. 287, weiter Norton (1990), S. 231 ff.

300 Vgl. auch Gibson (1993), S. 172.

301 Vgl. z.B. Kahneman/Tversky (1979).

302 Vgl. Breuer et al. (2003), S. 376.

303 Eine Übersicht über wesentliche Hypothesen und die zugehörigen exogenen Größen liefern Harris/Raviv (1991), S. 327 ff.

304 Diese Fokussierung auf exogene Proxygrößen folgt aus der Schwierigkeit, Änderungen in den eigentlichen Präferenzen oder Einstellungen unabhängig vom zu erklärenden Verhalten zu erfassen und zu identifizieren. Änderungen im Möglichkeitsraum oder Änderungen der exogenen Variablen sind jedoch direkt beobachtbar und exogen (vgl. Frey/Benz (2001) S. 10). Allerdings ermöglichen neue empirische Instrumentente wie bspw. Strukturgleichungsmodelle inzwischen durchaus die Messung von Präferenzen oder Einstellungen (vgl. den nächsten Punkt); ihre Anwendung auf Finanzierungsfragen ist jedoch noch im Anfangsstadium.

305 Breuer/Kleefisch (2003), S. 511, schreiben: „Modelle zur optimalen Finanzierung von Unternehmen sind ebenso wie Analysen unternehmerischer Investitionsentscheidungen sehr häufig von hohem formal-mathematischen Niveau und anders als Letztere gleichzeitig aber in der Regel von fehlender unmittelbarer praktischer Nutzbringung.

(4) Letztlich ist auch das **empirische Instrumentarium** der Finanzierungstheorie nicht primär auf die Fragestellungen dieser Arbeit ausgerichtet.[306] Hier liegt das Arbeiten mit durch **Fragebögen erhobene Primärdaten** nahe, sowie eine Messung zumindest teilweise **latenter Einflussgrößen**. Die Verbreitung solcher Methoden ist in der Finanzierungstheorie gering.

Aufgrund dieser Argumente wählt diese Arbeit die Finanzierungstheorie **nicht** als theoretische Grundlage, obwohl die Fragestellung im Kernbereich der Finanzierungstheorie liegt. Vielmehr wird im folgenden Teil mit der einstellungsbasierten Verhaltenstheorie[307] und konkret mit der **Theory of Planned Behavior (TPB)**[308] eine Grundlage vorgestellt, die ursprünglich aus der Verhaltenspsychologie stammt und insbesondere in der Konsumentenforschung breite Anwendung gefunden hat.

Nach einer kurzen Darstellung der Grundlagen (in den Abschnitten 3.3.1 und 3.3.2) erfolgt in den Kapiteln 3.3.3 und 3.3.4 die Übertragung dieses Ansatzes auf die hier vorliegende Fragestellung sowie seine Eignungsprüfung.

Dies ist eine Konsequenz des Umstands, dass viele Untersuchungen infolge des Abstellens auf bestimmte Einzelaspekte einen sehr kasuistischen und abstrahierenden Charakter haben […].“

306 Kühn (2006), S. 228, stellt in einer Metastudie zu Kapitalstrukturentscheidungen fest, dass Logit-Regression und OLS-Regression am häufigsten für Kapitalsrukturstudien verwendet werden.

307 „Attitude theory of behavior“, übersetzt nach Doll (1986a).

308 Vgl. Ajzen (1985), Ajzen (1991), Ajzen (2004).

Messgröße	Proxy für...	KMU-Anwendungen (beispielhaft)
Alter[309]	• Beschränkung der Finanzierungsinstrumente • Relevanz von Transaktionskosten	Hall et al. (2000), Hall et al. (2004)
FCF Intensität	• Beschränkung der Finanzierungsinstrumente • Intensität von Agency Konflikten, insbesondere zwischen Eigentümern und Managern	Swinnen et al. (2005)
Wachstum	• Beschränkung der Finanzierungsinstrumente • Intensität von Agency Konflikten, insbesondere zwischen Eigenkapital- und Fremdkapitalgebern	Hall et al. (2000), Hall et al. (2004), Cassar/Holmes (2003), Swinnen et al. (2005)
Profitabilität	• Beschränkung der Finanzierungsinstrumente • Relevanz von Transaktionskosten	Hall et al. (2000), Hall et al. (2004), Cassar/Holmes (2003), Swinnen et al. (2005)
Risiko/Volatitlität	• Wert des Steuerschildes vs. mögliche Konkurskosten • Intensität von Agency Konflikten	Cassar/Holmes (2003), Chen/Jiang (2001)
Größe	• Beschränkung der Finanzierungsinstrumente • Relevanz von Transaktionskosten • Grad der Informationsintransparenz	Hall et al. (2000), Hall et al. (2004), Cassar/Holmes (2003), Swinnen et al. (2005)
Tangibilität Aktiva	• Intensität von Agency Konflikten, insbsondere zwischen Eigenkapital- und Fremdkapitalgebern (im Liquidationsfall, Höhe des Ausfallrisikos)	Hall et al. (2000), Hall et al. (2004), Cassar/Holmes (2003), Sogorb-Mira (2005), Swinnen et al. (2005)
Einzigartigkeit (F&E, Marktanteil)	• Höhe der Konkurskosten • Relevanz von Transaktionskosten	Titman/Wessels (1988)

Tabelle 6: Übersicht Messvariablen in KMU-Finanzierungsarbeiten

[309] Vgl. zur Wirkung des Unternehmensalters auf Finanzierungsentscheidungen im Rahen des Lebenszykluskonzeptes auch Gregory et al. (2005).

3.3 Einstellungsbasierte Verhaltenstheorie

3.3.1 Grundlagen der einstellungsbasierten Verhaltenstheorie

Die einstellungsbasierte Verhaltenstheorie „introduces a conceptual framework for the prediction of specific action tendencies, a framework that deals with a limited set of dispositional antecedents assumed to guide specific action tendencies [...].“[310] Dieser konzeptionelle Rahmen verbindet zunächst die zentralen Begriffe **Einstellung und Verhalten**, ergänzt um das zwischengeschaltete Konstrukt **Verhaltensabsicht.**[311]

Einstellung ist dabei vielfältig definiert (vgl. Tabelle 7), und die unterschiedlichen Definitionen sind Gegenstand theoretischer Diskussion[312]. Verschiedene Grundaussagen über Einstellung lassen sich jedoch zusammenfassen:

- Einstellung ist eine Verdichtung verschiedener bewertungsrelevanter Wahrnehmungskomponenten zu einem **zusammenfassenden Urteil** über einen Gegenstand wie z.B. ein Produkt, eine Dienstleistung, eine Handlung oder eine Person.

- Nach der so genannten Drei-Komponenten-Theorie[313] umfassen diese Wahrnehmungskomponenten **affektive** (d.h. die grundlegenden Antriebskräfte des Menschen wie z.B. Triebe oder Motivationen betreffende), **kognitive** (d.h. die Zielorientierung und die Handlungsprogramme betreffende) und **verhaltensorientierte** Bestandteile.[314] Diese drei Dimensionen sind im Allgemeinen innerhalb der Einstellung einer Person konsistent, d.h. das Fühlen, Denken und Handeln gegenüber einem Objekt

---

310 Ajzen (1988), S. 112.
311 Vgl. Kroeber-Riel/Weinberg (2003), S. 168 ff.
312 Vgl. Olson/Zanna (1993), 119 f.
313 Vgl. Kroeber-Riel/Weinberg (2003), S. 170.
314 Vgl. Trommsdorf (1998), S. 143 ff.

wird im Rahmen der Einstellungsbildung aufeinander abgestimmt und ist konsistent.[315]

Autor	Definition von „Einstellung" als...
Fishbein (1967c), S. 257	„...**learned predispositions** to respond to an object or class of objects in a favorable or unfavorable way."
Vgl. Fishbein/Ajzen (1975), S. 29.	„...a persons **function of his beliefs** about the object and the implicit evaluative response associated with those beliefs"
Greenwald (1989), S. 432	„...the **affect** associated with a mental object"
Ajzen (1989), S. 241.	„... an individual's **dispositions** to respond favorably or unfavorably to an object, person, institution, or event, or to any other discriminable aspect of the individual's world."
Kruglanski (1989), S. 139	„...a special type of **knowledge**, notably knowledge of which content is evaluative or affective"
Triandis (1991), S. 485	„...a state of a person that **predisposes** a favorable or unfavorable response to an object, person or idea."
Eagly/Chaiken (1993), S. 1	„...a **psychological tendency** that is expressed by evaluating a particular entity with some degree of favor or disfavor."
Kroeber-Riel/Weinberg (2003), S. 169	„... subjektiv **wahrgenommene Eignung** eines Gegenstandes zur Befriedigung einer Motivation"
Arentzen/Winter (1995a), S. 926	„Subjektiv **wahrgenommene Eignung** eines Gegenstands (Produkt, Person, Situation usw.) zur **Befriedigung von Bedürfnissen**. [...] Komponenten: a) Kognitive (erkenntnismäßige) Komponente, die sich in den Vorstellungen, Kenntnissen und Meinungen gegenüber einem Objekt äußert; b) affektive (emotionale) Komponente, die sich auf eine gefühlsmäßige, mit dem Objekt verbundene Haltung bezieht; c) konative (handlungsbezogene) Komponente, die sich auf eine grundsätzliche Handlungstendenz [...] bezieht. I.d.R. sind alle drei Komponenten konsistent aufeinander abgestimmt: Die Konsistenz von Denken, Fühlen und Handeln gegenüber dem Objekt kennzeichnet eine Einstellung."

Tabelle 7: Definitionen des Konzepts „Einstellung"

- Nicht alle Attribute eines Gegenstands wirken als Einflussfaktoren auf die Einstellungsbildung. Vielmehr sind solche relevant, die für den Einstellungsträger **abrufbar** sind.[316]

---

[315] Vgl. Triandis (1975), S. 11.

Die Bedeutung des Einstellungskonzeptes folgt unter anderem aus der Überlegung, dass die motivationale und kognitive Bewertung der Einstellung die Möglichkeit bieten kann, Verhalten zu modellieren und – beispielsweise im Rahmen der Konsumentenforschung – zu prognostizieren: Dies wird als Einstellungs-Verhaltens-Übereinstimmung[317] **(„Attitude-Behaviour-Relationship“)** bezeichnet. Eine Handlung wird (zunächst) dann mit höherer Wahrscheinlichkeit ausgeführt, wenn die generelle Bewertung der wahrnehmungsrelevanten Komponenten gegenüber dieser Handlung positiv ist.

Allerdings ist diese Beziehung nicht unstrittig[318], verschiedene Aspekte sind Gegenstand einer intensiven Diskussion und zeigen sich in empirischen Untersuchungen von Bedeutung für eine hohe Übereinstimmung von Einstellung und Verhalten:

Dieser Zusammenhang ist vor allem dann relevant, je höher die **Kompatibilität** von gemessener Einstellung und Objekt der Einstellung (d.h. dem Verhalten) ist: [319] Einstellung und Verhalten müssen auf einem korrespondierenden Level an Allgemeingültigkeit oder Spezifität definiert werden, um angemessen hohe Korrelationen zwischen den beiden Größen zu erhalten.[320] Dabei wird jedes Verhalten als aus einer Aktion, einem Handlungsgegenstand („target“), einem Kontext und einer Zeit bestehend begriffen. Kompatibilität zwischen gemessener Einstellung und gemessenem Verhalten herrscht dann, wenn diese Parameter möglichst deckungsgleich sind.[321] Weiter ergibt sich bei solchem Verhalten ein hoher Zusammenhang zwischen Einstellung und Verhalten, wenn der Handelnde **kognitiv involviert** ist und

---

316 Oder auf Englisch „salient“, Fishbein (1967b), S. 392.
317 Kroeber-Riel/Weinberg (2003), S. 170 ff.
318 Ein bekannter Widerspruch erfolgte bereits 1934 durch LaPiere (1934).
319 Z.B. Ajzen/Fischbein (1977), weiter auch Olson/Zanna (1993), S. 123 ff.
320 Ajzen/Fishbein (1980), S. 28 ff.
321 Eagly/Chaiken (1993), S. 163.

seine Entscheidung zu einem gewissen Ausmaß gedanklich steuert oder ganz bewusst seinen verfestigten Meinungen (Einstellungen) folgt.[322]

In der Weiterentwicklung der Einstellungs-Verhaltensmodelle zeigt sich zusätzlich, dass verschiedene andere Größen neben der Einstellung auf das Verhalten wirken und gegebenenfalls sogar gegen die Einstellungsrichtung auf das Verhalten wirken können. Um diese Größen in eine Verhaltensmodellierung einzubeziehen, wurde die Verhaltensabsicht oder **Intention** („behavioral intention") als Mediatorgröße[323] in die Einstellungs-Verhaltensbeziehung eingefügt. Auf die Intention können neben der Einstellung auch andere Einflussfaktoren wirken und somit auch Handlungssituationen abgebildet werden, in denen die ausschließliche Betrachtung von Einstellung und Verhalten nicht ausreichend ist.[324] Die bedeutendsten[325] dieser zusätzlichen Einflüsse sind **Normen, Kompetenzeinschätzungen (d.h. Fähigkeiten, Kenntnisse, Chancen und Ressourcen), Zwänge**, denen der Unterscheider unterliegt, **Gewohnheiten sowie Erfahrungen bzw. vergangenes Verhalten.**[326]

Konkret bestehen innerhalb der einstellungsbasierten Verhaltenstheorie verschiedene Ansätze, die Verhaltens-Einstellungsbeziehung, die Bildung der Einstellung aus Wahrnehmungskomponenten[327] und die Integration möglicher anderer Wirkgrößen in einem Modell zu vereinen. In einer Metaanalyse identifiziert Doll (1986b) die Modelle von Fishbein[328] und Rosenberg[329],

---

[322] Vgl. Kroeber-Riel/Weinberg (2003), S. 175.

[323] Ein Mediator vermittelt die Wirkung einer exogenen Variable auf eine endogene. Ein Beispiel ist die Mediation von Kundenzufriedenheit auf die Weiterempfehlungsabsicht durch den Loyalitätsgrad des Kunden, vgl. Eggert et al. (2005), S. 102.

[324] Dieser Ergänzungsbedarf ging aus dem Suffizienzanspruch der Theorie hervor: Während dieser Anspruch bei Fishbein/Ajzen (1975) noch vertreten wird, ist er nach empirischem Widerspruch z.B. durch Eagly/Chaiken (1993) für die TPB nicht explizit aufrecht erhalten worden (vgl. Jonas/Doll (1996), S. 22 ff.). Damit können Faktoren wie z.B. Gewohnheit in bestimmten Situationen zusätzlich integriert werden.

[325] Weiter werden die Selbstwahrnehmung des Entscheiders (vgl. Biddle et al. (1987)), eine interne Norm des Entscheiders (vgl. Schwartz/Tessler (1972))

[326] Zum Beispiel Bentler/Speckart (1979), Doll (1990)

[327] Für eine Übersicht vgl. Bagozzi (1985), S. 44 ff.

[328] Vgl. Fishbein (1967a), Fishbein (1967b).

sowie die Modelle von Ahtola[330], das Adequacy-Importance-Modell[331], die Gruppen der Idealobjekte[332] und die der Komponentenmodelle[333], das Informationsintegrationsmodell von Anderson[334] sowie das kriteriumsabhängige Wahlmodell von Albert et al. als zentrale Konzepte.[335]

Neben der unterschiedlichen Struktur sind die Ansätze auch unterschiedlich stark verbreitet, und haben in der praktischen Anwendung (insbesondere im Rahmen der Marktforschung[336]) eine unterschiedliche Bedeutung. Das Modell von Fishbein[337] und dessen Erweiterung[338] zur **Theorie des geplanten Handelns (TPB)**[339] gilt beispielsweise als ein „dominant standard"[340] unter diesen Konzepten:[341] Es ist zunächst die am stärksten entwickelte Theorie und gilt als die geschlossenste Grundlage[342]. Das Modell ist weiter empirisch breit getestet und vielfach bestätigt, es existiert ein überprüftes Wissen zur Operationalisierung und Messung der zentralen Konstrukte.[343] Schließlich ist es robust in seiner Spezifikation auch bei der Verletzung von Annahmen: „Although numerous instances were identified in which researchers overstepped the boundary conditions initially proposed [...], the predictive

329 Vgl. Rosenberg (1956).
330 Vgl. Ahtola (1975).
331 Vgl. Albert et al. (1987).
332 Vgl. Dubois (1975), Trommsdorff (1975).
333 Feger (1979), Dohmen (1983)
334 Anderson (1971), Anderson (1982)
335 Vgl Doll (1986b), S. 2 ff.; vgl. auch Eagly/Chaiken (1993), S. 155 ff., und Kroeber-Riel/Weinberg (2003), Doll (1986a), S. 47 ff.
336 Vgl. Kroeber-Riel/Weinberg (2003), S. 168.
337 Fishbein/Ajzen (1975), Ajzen/Fischbein (1977), Ajzen/Fishbein (1980), S. 4 ff., Fishbein (2004).
338 Die Erweiterung besteht – neben einigen definitorischen Anpassungen – insbesondere in der Ergänzung um das Konstrukt der subjektiven Handlungskompetenz. Damit erschließt sich die TPB auch Verhalten, die von Fähigkeiten und Möglichkeiten abhängen, und erreicht eine verbesserte Prognosefähigkeit, vgl. Doll (1987), S. 7 ff.
339 Vgl. Ajzen (1985), Ajzen (1989), Ajzen (1991), Ajzen (2004)
340 Olson/Zanna (1993), S. 131, weiter Armitage/Christian (2003), S. 192.
341 Abweichend urteilen z.B. Trommsdorf (1998), S. 143 ff., und Kroeber-Riel/Weinberg (2003), S. 177 ff.
342 Vgl. Eagly/Chaiken (1993), S. 168 ff.
343 Vgl. bereits früh: Bettman et al. (1975), S. 5 ff., aktueller z.B. Sheppard et al. (1988), S. 332 ff.

utility remained strong across conditions."[344] Eine nähere Prüfung auf die Eignung für die vorliegende Fragestellung ist deshalb sinnvoll.

3.3.2 Theorie des geplanten Handelns

Eine Handlung V_i wird nach der Theorie des geplanten Handelns dann ausgeführt, wenn hohe **Intention** VI_i zur Ausführung besteht.[345] Intention ist dabei Ergebnis dreier Größen: **Einstellung** A_i, **soziale Norm** SN_i und **subjektive Handlungskompetenz** SK_i.[346] Einstellung ist ein Konstrukt, das aus der Bewertung von Konsequenzen folgt, die der entsprechenden Handlung[347] zugeordnet werden. Diese **Konsequenzen** werden über ihren **Eindruckswert** beschrieben, dem Produkt aus ihrer subjektiven Bewertung[348] und ihrer subjektiven Eintrittswahrscheinlichkeit[349]. Dabei werden die kognitiven Komponenten der Einstellung in Form der Eintrittswahrscheinlichkeiten und die affektiven Komponenten in Form der subjektiven Bewertungen miteinander verknüpft.

Soziale Norm ist das Resultat der vermuteten Bewertung dieser Handlung durch wesentliche **Normträger**, gewichtet mit der **Wichtigkeit der Meinung** des jeweiligen Normträgers.[350] Subjektive Handlungskompetenz bildet ab, wie der Handlungsträger seine **Kenntnisse und Fähigkeiten sowie die Chancen und Hindernisse zur Ausführung der Handlung** bewertet.[351] Beide Konstrukte werden ebenfalls durch die Verknüpfung von affektiven (also emotional bewertenden) und kognitiv bewertenden Einschätzungen gebildet.

---

[344] Sheppard et al. (1988), S. 325.
[345] Vgl. Ajzen (1985), Ajzen (1989), Ajzen (1991), Ajzen (2004).
[346] Vgl. Ajzen (1985), Ajzen (1989), Ajzen (1991), Ajzen (2004).
[347] Das Einstellungskonstrukt der TPB ist damit in seiner Definition auf Handlungen als Objekte beschränkt. Es ist also enger gefasst als allgemeine Einstellungsdefinitionen (die bspw. Objekte, Personen o.Ä. umfassen), vgl. Ajzen (1985), S. 12.
[348] Als Übersetzung des Originalbegriffs „evaluation".
[349] Als Übersetzung des Originalbegriffs „belief strength".
[350] Vgl. Ajzen (1985), S. 31, Ajzen (2004), S. 793 ff.
[351] Vgl. Ajzen (1985), S. 32, Ajzen (2004), S. 793 ff.

Die Handlungsintention ist das Vehikel, durch das aus dem rein mentalen Ergebnis einer gebildeten Einstellung, der Norm und der Kompetenzeinschätzung eine beobachtbare Handlung wird: Sie motiviert eine Absicht, die wiederum die Handlung auslöst als Mediatorvariable.[352] Formal stellen sich die beschriebenen Zusammenhänge wie folgt dar:[353]

$$V_i \sim VI_i = f(A_i, SN_i, SK_i)$$

$$A_i = \sum_{h=1}^{x} b_h * e_h; \quad SN_i = \sum_{j=1}^{y} b_j * m_j; \quad SK_i = \sum_{l=1}^{z} b_l * c_l$$

V_i = Verhalten i	b_j = Annahmestärke, dass $Person_j$ V_i bejaht
VI_i = Verhaltensintention zu V_i	m_j = Wichtigkeit der Meinung von j
A_i = Einstellung zu V_i	SK_i = Subjektive Kompetenz zu i
b_h = Annahmestärke, dass V_i Konsequenz h bringt	b_l = Wichtigkeitseinschätzung der Ressource i für V_i
e_h = Bewertung von h	c_l = Bewertung, Ressource i zu besitzen
SN_i = Soziale Norm zu i	

Abbildung 15: Formaldefinition TPB

Eine Handlung unterwirft sich bei Anwendung der TPB verschiedenen Verhaltens- und Situationsannahmen:[354]

- Es wird von einem zumindest teilweise kognitiv geprägten, auf Informationen über Konsequenzen basierten Handeln ausgegangen. Unbewusste Handlungen, Gewohnheitshandlungen und Affekthandlungen sind nicht berücksichtigt.[355]

- Der Entscheider ist im Augenblick der Einstellungsbildung in der Lage, die für ihn relevanten[356] Attribute zu erkennen und zu bewerten. Die aus seiner Sicht dafür notwendigen Informationen liegen vor.[357]

---

[352] Baron/Kenny (1986), S. 1180.

[353] Die Darstellung folgt Taylor/Todd (1995), S. 140, und Ajzen (2006), S 9 ff.

[354] Über die dargestellten, eher das Verhalten betreffenden Annahmen, gelten weiter einige eher formale Axiome, die aus der mathematischen Struktur des Modells folgen, vgl. Diederich/Orth (1987), S. 5 ff.

[355] Vgl. Ajzen (1991), S. 198 ff.

[356] Bzw. „salient beliefs".

[357] Vgl. Ajzen (2004), S. 794.

- Die Einstellung bleibt bis zur tatsächlichen Handlung über die Zeit stabil. Weiter sind die gemessene Einstellung und die zu erklärende Handlung kompatibel.[358]

- Eindruckswerte der verschiedenen Handlungskonsequenzen sind wenigstens teilweise kompensatorisch.[359]

- Die Ausführung des Verhaltens ist zumindest teilweise von Kenntnissen oder Ressourcen abhängig.[360]

3.3.3 Übertragung der TPB und Haupthypothesen der Arbeit

Für die Fragestellung dieser Arbeit bedeutet die Übertragung der TPB: Die Nutzungsintention (und nicht Erwartungsnutzenmaximierung) ist zentrale Determinante menschlichen Verhaltens. Es wird angenommen, dass ein mittelständischer Unternehmer eine Finanzierungsalternative dann nutzt, wenn er ihr gegenüber eine hohe Nutzungsintention hat. Für den privaten Beteiligungskapitalkontext lautet die zentrale Hypothese der TPB entsprechend:[361]

H 1:	Die Nutzungsintention (NINT) gegenüber privatem Beteiligungskapital steht in positiv proportionalem Zusammenhang[362] zur tatsächlichen Nutzung (NUTZ).

---

[358] Vgl. Ajzen/Fischbein (1977), S. 889 ff.

[359] Vgl. Trommsdorf (1998), S. 146 ff.

[360] Diese Annahme ist notwendig, um die Anwendung der TPB gegenüber ihrer Vorform, der Theory of Reasoned Action (TRA), nach Fishbein (1967b), Fishbein (2004), Fishbein/Ajzen (1975) und Fishbein (2004) abzugrenzen; die TRA ist lediglich ohne die subjektive Kompetenz formuliert und damit lediglich auf rein willentliches Handeln ausgerichtet.

[361] Ajzen (1985), Ajzen (1989), Ajzen (1991), Ajzen (2004).

[362] Die Hypothesen werden positiv proportional formuliert; es gilt also gleichzeitig die negative Wirkannahme; d.h. zum Beispiel hier: Je negativer die Intention, desto geringer die Nutzung. Der Einfachheit halber werden diese alternativen Formulierungen nicht aufgeführt.

Damit wird eine **alternative Modellierung für die Präferenzfunktion des Unternehmers** betrachtet: Während die Ansätze der Kapitalstrukturtheorie zur Modellierung der unternehmerischen Präferenzfunktion primär auf finanzielle Nutzenmaximierung abstellen („Unternehmer führen ein Finanzierungsverhalten aus, wenn die positiven und negativen Konsequenzen für die Struktur der Zahlungsströme und den (Informations-)Effizienzgrad des Marktes zu einem höheren Unternehmenswert führen"), erweitert das TPB-Modell diese Betrachtung um eine anders geartete Verhaltensmotivation („Unternehmer führen ein Finanzierungsverhalten aus, wenn sie eine positive Einstellung zu diesem Verhalten haben, eine positive Reaktion ihres Umfelds erwarten und sich das Verhalten zutrauen"). Entsprechend lauten die zugehörigen Grundhypothesen für die Einstellungswirkung, für die soziale Norm und für die Handlungskompetenz:[363]

H 2:	Je positiver die Einstellung (EINS) gegenüber der Nutzung von privatem Beteiligungskapital, desto größer die Intention, privates Beteiligungskapital zu nutzen.

sowie[364]

H 3:	Je positiver die soziale Norm (SOZN) gegenüber privatem Beteiligungskapital, desto größer die Intention, privates Beteiligungskapital zu nutzen.

und[365]

H 4:	Je positiver die subjektive Handlungskompetenz (SUBK) gegenüber privatem Beteiligungskapital, desto größer die Intention, privates Beteiligungskapital zu nutzen.

---

363 Ajzen (1985), Ajzen (1989), Ajzen (1991), Ajzen (2004).
364 Ajzen (1985), Ajzen (1989), Ajzen (1991), Ajzen (2004).
365 Ajzen (1985), Ajzen (1989), Ajzen (1991), Ajzen (2004).

Diese Verhaltensmotivation ergänzt einen kognitiv geprägten Ansatz um ein Aggregat genereller, emotionaler und kognitiver Wahrnehmungen über ein Finanzierungsinstrument.[366] Neben das konkrete, zahlungsstrom- und marktstrukturspezifische Optimierungskalkül wird eine allgemeine, subjektiv geprägte Bewertung der Finanzierungsoption „privates Beteiligungskapital" gestellt. Ein solcher Ansatz untersucht schwerpunktmäßig, wann eine Finanzierungsform zunächst „generell"[367] eine für den mittelständischen Unternehmer relevante Alternative im Rahmen seiner Präferenzen sein kann. („Welche Faktoren entscheiden, ob ich grundsätzlich gewillt bin, meinen Kapitalbedarf mit privatem Beteiligungskapital zu finanzieren?"). Abbildung 16 fasst den Bewertungsprozess der TPB in Anwendung auf die private Beteiligungskapitalnutzung zusammen[368].

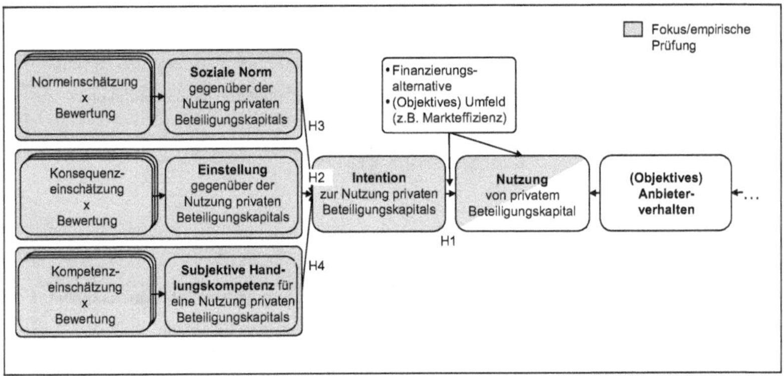

Abbildung 16: TPB in Anwendung auf private Beteiligungskapitalnutzung

---

[366] Jankowicz/Hisrich (1987), S. 45 ff., sprechen in diesem Zusammenhang von „Intuition" bei der Entscheidung über Fremdkapitalaufnahme, Achleitner et al. (2005a), S. 290, und Achleitner et al. (2005b), S. 18, sprechen von „weichen Faktoren".

[367] Pennings et al. (2003), Pennings/Leuthold (2001) sprechen in diesem Zusammenhang von der Frage, ob privates Beteiligungskapital im „Choice-Set" des Unternehmers einen Platz hat; Matthews et al. (1994) bezeichnen die Untersuchung als Entscheidung über die „generelle Option" Fremdkapital zu oder nicht zu nutzen.

[368] Die Darstellung orientiert sich an Matthews et al. (1994), S. 358, und Pennings et al. (2003), S. 74.

3.3.4 Prüfung der TPB als theoretische Fundierung

Nachdem eine finanzierungstheoretische Fundierung der Arbeit oben ausgeschlossen wurde, ist im vorherigen Abschnitt die TPB als alternative Grundlage auf die Fragestellung der Arbeit übertragen worden. Die abschließende Eignungsprüfung dieser alternativen Grundlage fällt insbesondere für den vorliegenden Kontext aus drei Gründen positiv aus:

1. Für mittelständische Unternehmer mit ihren von der Wertmaximierung abweichenden Zielen ist eine **breitere Berücksichtigung von Verhaltenskomponenten** eine adäquate Ergänzung bestehender Überlegungen. Der individual-psychologische Ansatz der TPB erscheint geeignet, diese Verhaltenskomponenten in ein empirisches Modell zu integrieren.

2. Wie beschrieben wird im Beteiligungskapitalbereich häufig ein Prozessmodell der Beteiligung angewendet, in das eine **Anbahnungsphase** einbezogen ist. Während dieser Phase sind in der Regel noch keine spezifischen Eigenschaften der Finanzierung definiert[369], dennoch werden unabhängig von diesen spezifischen Gestaltungsmerkmalen ca. 90 % der möglichen Beteiligungen in dieser Phase nicht realisiert[370], auch auf Grund von Ablehnungen durch den Kapitalnachfrager. Somit legitimiert sich dieser Betrachtungsansatz neben seiner für den mittelständischen Kontext angemessenen breiten Verhaltensgrundlage auch über die Existenz einer Phase im Beteiligungsprozess, in der ein Bewertungsmodell gefordert ist, das dem mittelständischen Unternehmer "generelle" Urteile noch vor der Betrachtung spezifischer Zahlungsstrom- und Transaktionscharakteristika ermöglicht.

3. Schließlich zeigt die Fundierung durch die TPB zudem verschiedene **Stärken, gemessen an den oben aus den Forschungsfragen abgeleitten**

---

[369] Sie werden erst in der Strukturierungs- oder der Transaktionsphase festgelegt, vgl. Schefczyk (2004), S. 45.

[370] Vgl. die Mittelwertangaben über mehreren Studien zu Abbruchquoten von Beteiligungsverhandlungen nach Prozessschritten bei Schefczyk (2004), S. 45.

Anforderungen: Zunächst hat sich die einstellungsbasierte Verhaltenstheorie für eine Vielzahl komplexer Handlungen und auch speziell für die Erklärung unternehmerischen Verhaltens von KMU-Unternehmern als **erklärungsrelevant** erwiesen (vgl. Abbildung 17).[371] Ihre Anwendung führt zu Modellen, die signifikante Effekte identifizieren, Varianzerklärungsbeitrag haben und prognosetaugliche Aussagen ermöglichen.[372] Weiter werden Nutzungsintention und Verhalten in der TPB explizit[373] **auch auf nicht-monetäre Faktoren zurückgeführt**: Einstellung bündelt als Konzept neben kognitiven Handlungstreibern auch potenziell erklärungsrelevante emotionale Aspekte; durch die Einführung von „sozialer Norm“ und „subjektiver Kompetenz“ werden das soziale Umfeld und die internen und externen Ressourcen des Unternehmers einbezogen. Gleichzeitig basiert die Verhaltensmodellierung auf subjektiven Wahrnehmungen der Unternehmer. Zusätzlich sind die Konsequenzen, die als Treiberkonstrukte in das Modell einfließen, **Größen, die durch Maßnahmen von Anbietern und Förderern direkt adressiert** werden können. Schließlich ist im Rahmen der TRA/TPB ein breites **Instrumentarium zur empirischen Erfassung** der zentralen Konstrukte (Intention, Einstellung, sozialer Norm und subjektiver Kompetenz) entwickelt

---

371 Vgl. Romano et al. (2000), Pennings et al. (2003), Pennings/Leuthold (2001), Maula et al. (2005), Kelley/Buultjens (2003), Hailu et al. (2004), Stevens et al. (2005), Davidsson (1991), Wiklund (2001), Wiklund et al. (2003), Sharma et al. (2003), Utsch (2004), Grundstén (2004), Krueger et al. (2000), Autio et al. (1997), Autio et al. (2001), Bird (1988), Zander (2004), Verhees (2005), East (1993), Fletcher/Hastings (1983), Fletcher/Hastings (1984), Karjaluoto et al. (2002), Autere/Autio (2000), Shih/Fang (2004), Kanler/Todd (1998), Grandon/Mykytyn (2004), Riemenschneider/McKinney (2002), Barton (1989)..

372 Dabei dürfen verschiedene Messprobleme allerdings nicht ignoriert werden (vgl. Bagozzi (1984)); dies betrifft insbesondere die Skalierungsanforderungen für die Eindruckswertbildung (vgl. Bagozzi (1984), S. 295 ff.) und Endogenitätsprobleme wie insbesondere den sogenannten „Halo-Effekt“ (vgl. Doll (1986c)). Zur Behandlung dieser Probleme in der empirischen Untersuchung dieser Arbeit vgl. 0)

373 „Explizit“ soll hier ausdrücken, dass theoretisch in Erwartungsnutzentheorie oder Prospect Theory grundsätzlich jede Konsequenz einer Entscheidung berücksichtigt werden kann, wenn eine Nutzenbewertung der Konsequenz möglich ist. Die TRA/TPB gibt aber eine inhaltliche Vorgabe, welche Konstrukte zur Bewertung beitragen. Sie ist damit konkreter als die allgemein formulierten Nutzenmaximierungstheorien.

worden.[374] Die Theorie ist ein zentrales empirisches Instrument innerhalb der Konsumenten- Verhaltensforschung.[375] Dies gilt vor allem in der Kombination mit kausalanalytischen Verfahren, da so auch dem latenten Charakter der meisten Erklärungsvariablen Rechnung getragen werden kann.

Das Forschungsmodell dieser Arbeit wird damit aus der Verhaltenspsychologie abgeleitet und hat trotz der thematischen Nähe – bewusst gewählte – von der Finanzierungstheorie abweichende Wurzeln. Dennoch steht die TRA/TPB durchaus in konzeptioneller Nähe zur Erwartungsnutzentheorie und damit zu den klassischen Finanzierungstheorien: Die Bildungsregel für die zentralen Konstrukte beider Theorien (Erwartungsnutzen bzw. Einstellung, Norm und Kompetenz) ist strukturell verwandt[376], da beide auf einer additiven Aggregation der Produkte von Bewertung und Wahrscheinlichkeit basieren. Damit sollte eine Übertragung von Erkenntnissen in die klassische finanzierungstheoretische Form **als ergänzender Beitrag zur unternehmerischen Präferenzmodellierung** zumindest möglich sein. Identifizierte Treiber der mittelständischen Nutzungsintention können als konkrete Spezifikation einer kapitalnehmerseitigen Präferenzfunktion in bestehende Optimierungsmodelle bspw. im Rahmen der Transformationsfunktion[377] überführt werden. Eine solche Betrachtung kann demnach

---

[374] So umfasst z.B. alleine die 3. Auflage des Marketing Scales Handbook (Bruner et al. (2001)) 29 Skalenvorlagen für Einstellung, 6 für Intentionsmessung, und 5 für die Normmessung sowie mehrere Instrumente zur Messung von Kompetenzwahrnehmungen. Speziell für die TPB entwickelt Ajzen (2006) weiter spezifische Messvorschriften und Operationalisierungsvorschläge.

[375] Vgl. Kroeber-Riel/Weinberg (2003), S. 311 ff.

[376] Vgl. für eine formalanalytische Überführung Etter (1975), der TRA/TPB und Erwartungsnutzentheorie als „isomorph" bezeichnet.

[377] Die Transformationsfunktion scheint deshalb für eine solche Übertragung besonders interessant, weil auf ihr (und auf der Kanalisierungsfunktion) basierende Modelle die direkten Eigenschaften der Finanzierungstitel (wie z.B. Höhe, Zeitpunkt und Risiko der verknüpften Zahlungen) in den Mittelpunkt stellen. Informationsübermittlungs- und Verhaltensbeeinflussungsfunktion fokussieren hingegen eher auf die Wirkung einer gewählten Finanzierung auf das Umfeld. Eine Übertragung in diesem Rahmen könnte

geeignet sein, auch Anregungspunkte für die finanzierungstheoretische Betrachtung der mittelständischen Finanzierungsentscheidung zu erbringen.

Trotz dieser Ähnlichkeit und der potenziellen Konsolidierung mit finanzierungstheoretischen Modellen ist die TPB als gewählte Betrachtungsgrundlage eigenständig und von der Finanzierungstheorie verschieden. Da diese Theoriewahl somit vom Standardbetrachtungswinkel für Finanzierungsentscheidungen abweicht, ist eine Untersuchung auf Gültigkeit und Restriktionen sowie ein Rückvergleich gegen die Finanzierungstheorie notwendig. Deshalb wird – nachdem im Folgenden ein weiter ausgestaltetes Forschungsmodell entwickelt wird – diese theoretische Übertragung der TPB auf den mittelständischen Finanzierungskontext in zwei Schritten geprüft: Zum einen wird eine großzahlige empirische Prüfung der Modellanpassung und der tatsächlichen Varianzaufklärungsfähigkeit der TPB durchgeführt (Kapitel 6). Zum andern wird in Kapitel 7 auf Grundlage der empirischen Ergebnisse untersucht, welche Unterschiede und Einschränkungen[378] sich im Vergleich zu einer finanzierungstheoretischen Fundierung ergeben haben.

---

die unten als zentraler Begriff einzuführenden Konsequenzen einer Finanzierung analog der anderen transformationsrelevanten Eigenschaften der Finanzierung aufnehmen.

[378] An Restriktionen werden dort insbesondere diskutiert: 1) Der partielle Modellcharakter ob der fehlenden expliziten Modellierung der angebotsseitigen Teilnahmebedingungen; 2) der partielle Modellcharkter ob der Fokussierung auf privates Beteiligungskapital (bei Abstraktion von alternativen Finanzierungsformen); 3) die in der TPB nicht beleuchtete Berücksichtigung von Wirkbeziehungen zwischen den Treibervariabeln. Zusätzlich ist auf den linearen Charakter des angenommenen Modells zu verweisen.

Arbeit	Kontext	Theoriebezug	Berücksichtigte Variabeln: Verhalten	Intention	Einstellung	Soz. Norm	PCB	Weitere
A) FINANZVERHALTEN VON UNTERNEHMERN								
Matthews (1994)	Fremdkapitalnutzung KMU	TRA	x		x	x		Past Experience, Risikoneigung
Hailu et al (2004)	Fremdkapitalnutzung KMU	TPB	x	x	x	x	x	
Romano et al. (2000)	Kapitalstrukturwahl KMU	TRA (erweitert)	x					Strukturvariablen
Kelly/Buultjens (2003)	Beteiligungskapitalnutzung KMU	TRA			x			
Maula et al. (2005)	Beteiligungsinvestment Business Angels	TRB (erweitert)	x			x	x	Past Experience, weitere Strukturvariablen
Pennings (2003), Pennnigs/Leuthold (2001)	Hedging-Verhalten KMU	TRA	x	x	x	x		
Stevens et all. (2005)	CFO Entscheidungsverhalten	TPB		x	x	x		
B) ANDERES UNTERNEHMERISCHES VERHALTEN VON KMU-UNTERNEHMERN								
Davidsson (1991)	Wachstumsverhalten KMU	TRA (erweitert)		x			x	Perceived Need
Wicklund (2001), Wicklund et al. (2003)	Wachstumsverhalten KMU	TPB			x	x	x	
Sharma et al. (2003)	Nachfolgeentscheidung KMU	TPB	x	x	x	x	x	Desirability, Feasibility
Utsch (2004)	Gründungsverhalten	TRA (erweitert)			x	x	x	
Grundstén (2004)	Entrepreneurial Intention	TPB (erweitert)		x	x	x	x	Desirability, Feasibility
Krueger et al. (2000)	Entrepreneurial Intention	TPB	x	x	x	x	x	
Autio et al. (1997)/ (2001)	Entrepreneurial Intention	TRA (erweitert)	x	x	x			
Autere/Autio (2000)	Gründungsverhalten	TPB	x	x	x			
Bird (1988)	Entrepreneurial Intention	TRA (erweitert)	x	x		x		Intuitive and rational thinking, context
Zander (2004)	Entrepreneurial Intention	TRA (erweitert)	x	x	x	x	x	Desirability, Feasibility
Verhees (2005)	Radikale Produktinnovation	TPB		x	x	x		
Grandon/Mykytyn (2004)	Electronic-Commerce-Nutzung	TPB	x	x	x	x	x	
Riemenschneider/McKinney (2002)	Electronic-Commerce-Nutzung	TPB	x	x	x	x	x	
C) FINANZVERHALTEN VON PRIVATEN INDIVIDUEN								
East (1993)	Investment (Asset Management)	TPB	x	x	x	x	x	Past Experience, Personal Norm
Fletcher/Hastings (1983)	Investment (Versicherung)	TRA	x	x	x	x		
Kahler/Todd (1998)	Investment (Pensionsinvestment)	TPB	x	x	x	x	x	
Karjalouto et al. (2002)	Electronic Banking Usage	TRA (erweitert)	x		x	x	x	Past Experience
Shih/Fang (2004)	Electronic Banking Usage	TBP	x	x	x	x	x	
Kidwell	Money Management Tendencies	TPB	x	x	x	x	x	

Abbildung 17: Themenverwandte Anwendungen der TPB/TRA

4 Ableitung des Forschungsmodells

4.1 Vorgehen

Die Erarbeitung des dem im vorherigen Kapitel dargestellten Ansatz entsprechenden detaillierten Forschungsmodells ist in **zwei Schritte** unterteilt. Zunächst werden – über die bisher dargestellten Grundhypothesen der TPB hinaus – detaillierte **Hypothesen über kausale Zusammenhänge** auf Treiberebene entwickelt. Dafür werden in Abschnitt 4.2 literaturgestützt insgesamt elf Variablen ermittelt, die im Rahmen der TBP-Fundierung als potenzielle Einflussfaktoren einer Bewertung von privatem Beteiligungskapital durch den mittelständischen Unternehmer gelten können. Diese Variablen werden auf der Grundlage theoretischer und empirischer[379] Beiträge auf Anwendbarkeit auf die Fragestellung und ihre Wirkrichtung hin diskutiert und in Hypothesen überführt.[380] Jede diese Größen ist dabei bereits im Finanzierungskontext untersucht und beschrieben worden.[381] Dennoch unterscheidet sich die Behandlung hier aufgrund verschiedener Aspekte von allen nach Wissen des Autors bestehenden Beiträgen: Im vorliegenden Fall werden die Modellvariablen:

- auf ihre Wirkung im Kontext der TPB untersucht;
- in einem gemeinsamen Modell erfasst und getestet, so dass Aussagen über die relative Stärke zueinander möglich sind;

---

379 Dazu wird auch auf empirische Arbeiten zurückgegriffen, die SMEs außerhalb Deutschlands zum Untersuchungsobjekt haben; dies scheint gerechtfertigt, da SME-Unternehmer sowohl im Vergleich mit den USA als auch im innereuropäischen Vergleich sehr ähnlich agieren, vgl. Bancel/Mittoo (2003), S. 1.

380 Die relevanten Einflussgrößen („salient beliefs") über privates Beteiligungskapital werden literaturgeleitet entwickelt und durch Experteninterviews überprüft. Alternative Vorgehen umfassen zum Beispiel die Selbstangabe solcher Größen durch die Befragungsobjekte (vgl. z.B. Sutton et al. (2003), S. 234). Davon wird hier aber aus praktischen Gründen abgesehen.

381 Deshalb ist auch der unten gewählte empirische Ansatz einer eher konfirmatorisch ausgelegten, großzahligen Untersuchung angemessen: Es handelt sich um eine neu übertragene, aber weit entwickelte Theorie und die Einflussgrößen sind bereits bekannt. Dementsprechend wird auf eine Fallstudien-basierte Ableitung des Forschungsrahmen verzichtet und eine literaturgestützte Erarbeitung des Forschungsmodells gewählt.

- in wahrgenommenen Ausprägungen und nicht in objektiver Form auf ihre Wirkung im Zusammenhang einer Beteiligungsfinanzierung untersucht;

- kausalanalytisch untersucht, so dass eine Trennung zwischen angegebener Wichtigkeit und tatsächlichem Erklärungsgehalt möglich ist.

Darüber hinaus wird in Abschnitt 4.3 untersucht, welche **Operationalisierungen** für die Variablen existieren und wie ihre Messung in dieser Arbeit vorgenommen werden soll. Auch hier kann auf Vorlagearbeiten aufgebaut werden, wobei wiederum eine Prüfung auf die Anwendbarkeit im hier vorliegenden Kontext in Form eines Pre-Tests durchgeführt wird. Ergebnis beider Schritte ist das Forschungsmodell in Abbildung 18.

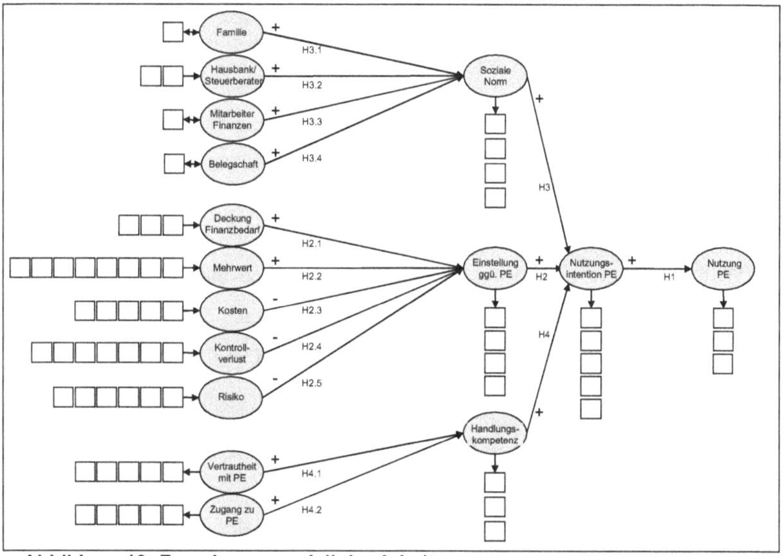

Abbildung 18: Forschungsmodell der Arbeit

4.2 Detaillierung des Kausalmodells

4.2.1 Hypothesen zur Einstellungsbildung

Grundhypothese dieser Arbeit ist die von der TPB geforderte, bereits im Rahmen der Hypothese H1 oben beschriebene Beziehung, dass die Durchführung eines Verhaltens positiv von der Intention abhängt, dieses Verhalten durchzuführen.[382]

Weiter folgt aus dem TPB-Grundmodell, dass die Nutzungsintention gegenüber privatem Beteiligungskapital von drei Größen abhängt, nämlich von Einstellung (Grundhypothese H2), sozialer Norm (Grundhypothese H3) und subjektiver Kompetenz (Grundhypothese H4).[383]

In diesem Kontext ist Einstellung wiederum abhängig von der Bewertung verschiedener Konsequenzen einer privaten Beteiligungskapitalfinanzierung. Insgesamt fünf Konsequenzen sind auf der Basis der untersuchten Literatur[384] beim mittelständischen Entscheiden über eine private Beteiligungskapitalfinanzierung als wesentlich und relevant identifiziert:

1) Wahrgenommene Deckung des Finanzbedarfs: „Kapitalnehmer werden bei der Inanspruchnahme von Venture Capital nach dem Abbau von finanziellen [...] Defiziten streben. Finanzielle Defizite, z.B. betriebliche Ressourcenknappheit, lösen beschränkte markt- und risikobezogene Diversifikationsmöglichkeiten und erhöhte Insolvenzrisiken aus, die es durch Eigenkapitalzufuhr [...] zu beseitigen gilt."[385] Die Befriedigung dieses finanziellen Defizits durch die ausreichende Deckung des Kapitalbedarfs der Unternehmung stellt die Kernabsicht jeder Finanzierungstätigkeit dar.[386] Wenn privates Beteiligungskapital demnach zur Deckung eines situativ

---

[382] Vgl. Ajzen (1985), Ajzen (2004), Ajzen (2006).
[383] Vgl. Ajzen (1985), Ajzen (2004), Ajzen (2006).
[384] Die einzelnen Quellenangaben finden sich im Folgetext jeweils bei der Diskussion der einzelnen Faktoren.
[385] Schefczyk (2004), S. 36, weiter z.B. Leopold et al. (2003), S. 11 ff.
[386] Vgl. Breuer (1998), S. 7.

entstandenen finanziellen Ressourcendefizits nachgefragt wird, kann grundsätzlich vermutet werden, dass die Einstellung gegenüber privatem Beteiligungskapital zunächst dann umso besser ist, je geeigneter es dem Unternehmer erscheint, diesen Ressourcenbedarf zu decken.

Die Eignung zur reinen – noch losgelöst von weiteren potenziellen Konsequenzen wie Kontroll- oder Risikoaspekten zu verstehenden – Befriedigung des finanziellen Ressourcenbedarfs hängt dabei zuerst an den drei Grundeigenschaften **Kapitalmenge, Überlassungsdauer und Zweckeignung** der Finanzierungsquelle.[387] Bereits oben wurde im Rahmen des aktuellen mittelstandsrelevanten Angebots an Beteiligungskapital dargestellt, dass entlang dieser Kriterien aus objektiver Sicht durchaus Einschränkungen in der Eignung bestehen. Diese spiegeln sich auch in der subjektiven Bewertung durch mittelständische Unternehmen wider und führen zu einem uneinheitlichen Bewertungsbild: Insbesondere kleine Unternehmen empfinden dabei die üblichen Tranchengrößen bei Beteiligungsfinanzierungen als zu groß für ihren Bedarf.[388] Sie bewerten die mengenbezogene Eignung der aktuellen Angebote als „höchstensfalls eingeschränkt".[389] Bezüglich der Beteiligungsvolumina zwischen 1 und 5 Mio. EUR wird eine strukturelle Lücke im üblichen Angebot erkannt.[390] Weiter ergeben Befragungen in der Regel zeitliche Anforderungen von einer mindestens 10-jährigen Überlassung. Diese geht über den üblichen Anlagehorizont eines Beteiligungskapitalfonds (ca. 3-5 Jahre)[391] hinaus. Auch die Zweckfreiheit des gewährten Kapitals wird im Rahmen von Investitions- und Beschränkungsvorschriften zu den Geschäftsaktivitäten teilweise eingeschränkt.[392] Im Gesamtblick geben ca. 40 % der Unternehmer[393] an,

---

[387] Vgl. Büschgen (2001), S. 126, Schefczyk (2004), S. 37.
[388] Vgl. KfW (2003b).
[389] Vgl. KfW (2003b), S. 8.
[390] Vgl. auch Achleitner et al. (2005c), S. 2.
[391] Vgl. KfW (2003b), S. 10, BVK (2005a), S. 21, Peacock/Cooper (2000), S. 69.
[392] Vgl. Kaplan/Strömberg (2003b).
[393] Beispielsweise Achleitner et al. (2005b).

Beteiligungskapital in seiner üblichen Menge, zeitlichen Überlassung und Zweckbindung als für ihren momentanen Finanzbedarf geeignet anzusehen.

Auch bei einer weiteren Differenzierung der Finanzierungsziele über die dargestellten Grundkriterien hinaus bleibt die gemischte Eignungsbewertung durch mittelständische Unternehmer bestehen: Richter et al. (2004) ermitteln die Verringerung der Finanzierungskosten, Verbesserung des Ratings, langfristige Finanzierung von Investitionen, Erhöhung der Eigenkapitalquote, Befriedigung des kurzfristigen Kapitalbedarfs, Refinanzierung bzw. Ablösung langfristiger Kredite und Risikodiversifikation durch neue Finanzierungsquellen als spezifischere Finanzierungsziele, die durch die Auswahl der Finanzierungsinstrumente gedeckt werden sollen.[394] Auch entlang dieser Kriterien ist die Eignungsbewertung von Beteiligungskapital zur Deckung der Finanzierungsziele demnach heterogen.

Die Wahrnehmung der Eignung von Beteiligungskapital, um das finanzielle Defizit des Betriebes zu decken und die primären Finanzierungsziele zu erreichen, ist also gemischt. Es steht daher zu vermuten, dass die Einstellung umso positiver ausfällt, je besser die Konsequenz „Deckung Finanzbedarf" ausgeprägt ist:

H 2.1:	Je positiver die empfundene Eignung[395] von privatem Beteiligungskapital, den Finanzbedarf des Unternehmens (FINB) zu decken, desto positiver die Einstellung zu privatem Beteiligungskapital.

2) Wahrgenommene Mehrwertleistungen: „Haben die Private Equity-/Venture Capital-Investoren außer Kapital auch professionelles Know-how im Umgang mit Strategie, dem Aufbau, der Entwicklung, Planung,

---

[394] Vgl. Richter et al. (2004), S. 34 ff., Poutziouris (2001), S. 286, erstellen eine ähnliche Auflistung; sie umfasst: Finance growth, finance acquisition program, pass on company, develop new products/markets/expand, repay borrowings, groom balance sheet, realize capital, diversify wealth, buy-out shareholders.

[395] Hier und bei allen folgenden Konsequenzhypothesen jeweils gemessen am Eindruckswert, jeweils in der Wahrnehmung des Entscheiders.

Organisation und Erfolgskontrolle von KMU, so entstehen zusätzlich besondere Wachstums- und Erfolgsvoraussetzungen, die die Chance enthalten, in planbaren Zeiträumen einen erheblichen ‚Added Value' zu erzeugen. Den eigentlichen Reiz macht also erst die Verbindung von KMU mit Private Equity/Venture Capital aus […].“[396] Damit stellt sich im Rahmen der Einstellungsbildung die Frage, wie mittelständische Unternehmer ein über die Kapitalgabe hinausgehendes Engagement als Konsequenz der Private-Equity-Finanzierung wahrnehmen und bewerten.

Empirische Arbeiten zeigen, dass **Leistungen** über die Beteiligungskapitaleinlage hinaus auch bei mittelständischen Beteiligungsfinanzierungen **üblicher und wesentlicher Bestandteil des Angebots des Beteiligungsunternehmens** sind[397]: Nach BVK (2005a)[398] erhalten ca. 50 % der befragten Unternehmer über die eigentliche Finanzierung hinaus Beratungsleistungen. Diese umfassen neben dem Zugang zu neuen Kapitalquellen insbesondere Beratung in der Handhabe neuer Finanzierungsinstrumente (wie Leasing oder Factoring), die Verbesserung von Liquiditäts- und Finanzbedarfsplanung und die steuerliche Optimierung[399]. Weiter zeigen ca. 40 % der Unternehmen mit Private-Equity-Beteiligung an, Unterstützung bei allgemeinen Managementaufgaben zu erhalten. Dies umfasst den verbesserten Zugang zu allgemeiner Marktinformation, Entscheidungsunterstützung oder Hilfe bei Markt- und Absatzplanung. 15 % der Unternehmen nehmen auch bei Personalbedarf Unterstützung durch Beteiligungsunternehmen in Anspruch. Dieses Bild deckt sich mit Aussagen zur Aktivität von Beteiligungskapitalmanagern.[400]

---

[396] Leopold et al. (2003), S. 9, weiter auch Achleitner (2001), S. 517 ff.

[397] Für eine Strukturierung dieser Leistungen vgl. Berg/Gottschlag (2004), S. 1 ff.; für eine Übertragung in den mittelständischen Kontext vgl. Gröne (2005), S. 37.

[398] Ähnliche Zahlen finden sich bei Hummel/Helwig (2004), S. 32.

[399] Zur Bedeutung der steuerlichen Optimierung von Buy-outs vgl. z.B. Kaplan (1989b).

[400] Vgl. MacMillan et al. (1989), S. 33 ff., Sapienza/Timmons (1989), S. 76 ff., Landström (1990), S. 349 ff. und für Deutschland Brettel et al. (2006), S. 1035 ff., Meier (2005), S. 83 ff., weiter Brinkrolf (2002), S. 12 ff., Schefczyk (2004), S. 338 ff., und mit Fokus auf die Frühphasenbetreuung Brettel (2004), S. 67, Brettel et al. (2000), S. 68,

Die **Bewertung dieser Leistungen** durch Mittelständler ist allerdings gemischt:[401] Zwar melden mittelständische Unternehmen selbst durchaus einen Bedarf für diese Leistungen an: Mehr als 75 % geben Unterstützungsbedarf bei Marketing-, Vertriebs- und generellen Fragen der Unternehmensführung an. Etwa 60 % begrüßten Hilfe bei der Finanzierung.[402] Eine grundsätzliche **Wertschätzung** dieser Dienstleistungen kommt auch im Vergleich der Zusammenarbeit mit Beteiligungsunternehmen und der Zusammenarbeit mit anderen Kapitalgebern zum Ausdruck. So bewerten 66 % der Unternehmer die Zusammenarbeit mit einem Beteiligungsunternehmen besser als die Beziehung zu einer Geschäftsbank, 56 % besser als die Beziehung zu einer Genossenschaftsbank und 55 % besser als die Kooperation mit einer Sparkasse.[403]

Allerdings werden diese Ergebnisse durch eine nicht zu vernachlässigende Zahl von Arbeiten konterkariert, die die Post-Investment-Aktivitäten von Beteiligungsmanagern negativ bewerten: Becker/Hellmann (2002) präsentieren auf Fallstudienbasis eine solche **ablehnende Haltung** eines mittelständischen Unternehmers: „We were in need of external capital but did not want any hands-on involvement or interference with management. We chose [our Private Equity provider] solely because they offered the best terms."[404] Auf großzahliger Basis ermitteln Achleitner et al. (2005c), dass bereits 43 % einer Stichprobe von befragten Mittelständlern, die noch **keine Erfahrung** mit privatem Beteiligungskapital hatten, „**fehlende Kenntnisse**" der Beteiligungsunternehmen über Geschäftsmodell und Industriebedingungen feststellen.[405] Dieser Aspekt wird verstärkt durch die Bewertung von Mittelständlern, die bereits über **eigene Erfahrung mit privatem Beteiligungskapital** verfügen: Noch 33 % der Befragten bezeichneten auch

---

[401] Vgl. Sapienza (1992), S. 18 ff.
[402] Vgl. Baier/Pleschak (1996) für junge Unternehmen, weiter auch EVCA (2005a), S. 7.
[403] Vgl. BVK (2005a), S. 17.
[404] Becker/Hellmann (2002), S. 16.
[405] Vgl. Achleitner et al. (2005c), S. 2.

auf der Grundlage dieser Erfahrung die Kenntnisse der Private-Equity-Unternehmen als unzureichend.[406]

Systematische Erhebungen der **Erfahrungs- und Ausbildungssituation von Mitarbeitern in Beteiligungsunternehmen** liefern weitere Anhaltspunkte für diese negative Bewertung: funktionale Erfahrung der Mitarbeiter[407] und Erfahrung im Beteiligungsgeschäft[408] sind wichtige Faktoren für eine erfolgreiche Beteiligung. Weitere Faktoren sind die zeitliche Intensität, mit der sich das Beteiligungsunternehmen einbringt, sowie die inhaltliche und geographische Nähe zum Portfoliounternehmen.[409] Die Erfassung der tatsächlichen Fähigkeiten und Tätigkeiten von Beteiligungsmanagern ergibt, dass teilweise relevante Erfahrung fehlt oder wenig Zeit für die Betreuung des Investments aufgebracht wird.[410] Dies wird weiter unterstützt durch die **gemischten Ergebnisse der Mehrwert-Aktivitäten** der Beteiligungsunternehmen: Sowohl positive[411] als auch negative Folgen[412] sowie Wirkungslosigkeit[413] sind – in Abhängigkeit von Sample und Stichprobe – bereits nachgewiesen worden.

Aus Sicht der TBP-Maßgaben zur Formation von Kompetenzeindrücken ist anzumerken, dass eine negative Bewertung der Mehrwertdienstleistungen aus zwei Motiven erfolgen kann: Entweder führen die Leistungen zu Verbesserungen (wie z.B. einer Steigerung des Unternehmenswertes), aber der Entscheider handelt nicht rational (z.B. im Sinne der Wertmaximierung) und bewertet die Verbesserung als nicht relevant für seine Präferenzen; oder die Dienstleistungen führen nicht zu einer Verbesserung und sind – da sie

---

406 Vgl. Achleitner et al. (2005b), S. 17.
407 Vgl. unter anderem bei Schefczyk (2004), S. 284 ff., weiter Gorman/Sahlman (1989), Hummel/Helwig (2004).
408 Vgl. unter anderem (und tw. für informelles Beteiligungskapital) bei Brettel (2004), S. 200 ff., Gorman/Sahlman (1989), S. 234 ff., Dotzler (2001), S. 6 ff.
409 Vgl. unter anderem Schefczyk (2004), S. 338 ff., Lerner (1995), S. 307 ff..
410 Beispielsweise Gorman/Sahlman (1989), Dotzler (2001), Lerner (1995).
411 Z.B. Sapienza/Timmons (1989), Landström (1990), Schefczyk (2004), Schefczyk (1999), Meier (2005).
412 Z.B. Brinkrolf (2002).
413 Z.B. MacMillan et al. (1989), Fredriksen et al. (1991), Fredriksen et al. (1997).

Ressourcen binden – somit ineffizient. Im Rahmen des TBP-Ansatzes ist deshalb die Aufspaltung der Eindruckswerte interessant. Sie liefert einen Einblick, ob mögliche negative Bewertungen aus der „belief"-Komponente („Wahrscheinlichkeit, dass die dargestellten Mehrwerte erbracht werden, ist gering") oder der „evaluation"-Komponetene („Leistungen werden negativ bewertet") der Einstellungsbildung stammen. Da bei vorherigen Untersuchungen keine Trennung dieser Bewertungsdimensionen vorgenommen wurde, können sich zusätzliche Erkenntnisse für die oben geführte Diskussion um den Effekt einer privaten Beteiligungskapitalfinanzierung ergeben.

Als Hypothese soll der Zusammenhang positiv formuliert abgetestet werden:

H 2.2:	Je positiver die Einschätzung des Mehrwertes (MERW) einer Finanzierung mit privatem Beteiligungskapital, desto positiver ist die Einstellung zu privatem Beteiligungskapital.

3) Wahrgenommene Finanzierungskosten: „Zentrale Merkmale jedes Beteiligungstitels sind bedingte Ansprüche auf Ausschüttungen von Gewinnbestandteilen [...]."[414] Unabhängig von der Art der Übertragung (beispielsweise als laufende Gewinnbeteiligung oder als veräußerbarer Anteil am Unternehmenswert) stellt sich diese Beteiligung als Entlohnung für Kapital und Risikoübernahme für den Kapitalgeber und als Finanzierungskosten für den Kapitalnehmer dar.

Über diese reine Entlohnung der Kapitalgabe hinaus existieren viele weitere Kostenbestandteile, die auf Grund von Transaktionskosten oder Informationsbeschaffungskosten auf die eigentlichen Kapitalkosten zu addieren sind. Diese Elemente umfassen z.B. Suchkosten zur Identifikation eines geeigneten Beteiligungspartners, Anbahnungskosten z.B. für die Aufnahme von Verhandlungen, Verhandlungskosten z.B. für Gutachten oder Prüfungen,

[414] Breuer et al. (2002), S. 6.

Entscheidungskosten, Vereinbarungskosten, Kontroll- und laufende Kosten, Anpassungskosten an strukturelle Veränderungen sowie Beendingungskosten.[415] Diese Kosten fallen in mittelständischen Beteiligungssituationen häufiger auf den Unternehmer zurück, da er sich wegen der geringen Markttransparenz für mittelständische Beteiligungen oft aktiv um das Zustandekommen der Beteiligung bemühen muss und damit die Kosten selbst trägt.

Für die Hypothesenbildung stellt sich die Frage, in welchem Maße die Kosten einer Finanzierung als relevant wahrgenommene Entscheidungsparameter sind. Diese Überlegung ist mit der Effizienzannahme über die für Mittelständler relevanten Kapitalmärkte verknüpft. Kann ein (überwiegend) effizienter Markt vorausgesetzt werden, dann entsprechen die Kosten der Finanzierung dem marktüblichen Preis für Kapitalmenge und übernommenes Risiko.[416] Privates Beteiligungskapital ist unter diesem Blickwinkel fair bepreist und Kostenunterschiede zu anderen Instrumenten sind lediglich die Konsequenz von mehr Risikoübernahme. Unter Berücksichtigung von (bereits angesprochenen) Transaktionskosten, Informationsunterschieden und (z.B. angebotsseitiger) Marktmacht sind die geforderten Finanzierungskosten sehr wohl ein relevanter Entscheidungsparameter. Beteiligungskapital kann im Vergleich zu anderen Instrumenten auch risikoadjustiert teurer bzw. günstiger sein und sich in eine Preisrangfolge der Finanzierungsinstrumente einordnen.

Poutziouris (2001) stellt zunächst die grundsätzliche **Bedeutung der Finanzierungskosten in der Bewertung** durch mittelständische Unternehmen heraus.[417] Allerdings bewerten die Unternehmen seiner Stichprobe die Kosten lediglich als viertwichtigsten Faktor (von sechs) für die Finanzierungsentscheidung. Die Bedeutung im Vergleich zu anderen

[415] Vgl. Fischer (2004), S. 300 f.
[416] Vgl. Modigliani/Miller (1958), Modigliani/Miller (1963).
[417] Vgl. Poutziouris (2001), S. 287.

Finanzierungseigenschaften ist damit – innerhalb eines gewissen Rahmens – anscheinend nicht prädominant. Andererseits wird privates Beteiligungskapital generell und in Übereinstimmung mit den Aussagen der mittelständisch angepassten Pecking-Order-Theorie eher als teure Finanzierungsalternative wahrgenommen[418]: Bei Richter et al. (2004) bewerten 34 % der Befragten privates Beteiligungskapital als zu teure Finanzierungsalternative.[419] Bei Achleitner et al. (2005b) geben 67 % der befragten Unternehmen, die eine Beteiligung eingegangen sind, hohe Renditeforderungen als Schwierigkeit einer Beteiligungsfinanzierung an.[420] Damit kann von einer Relevanz der Finanzierungskosten ausgegangen werden. Im Rahmen der Einstellungsbildung gilt:

H 2.3:	Je höher die wahrgenommenen Kosten (KOST) einer privaten Beteiligungskapitalfinanzierung, desto negativer ist die Einstellung zu privatem Beteiligungskapital.

4) Wahrgenommener Kontrollverlust: Neben den Kosten der Finanzierung ist der mögliche Verlust an Kontrolle über das Unternehmen die zweite negativ bewertete Konsequenz, die aus den Vorlagemodellen dieser Arbeit folgt.[421] Demsetz/Lehn (1985) und Burkart et al. (2003) erarbeiten, dass in eigentümergeführten Unternehmen die Abgabe von Kontrolle einen nichtmonetär begründeten Disnutzen trägt, der bspw. aus dem Verlust der Möglichkeit zur Versorgung von Familienmitgliedern und aus Freude an der Weiterführung einer Familientradition folgt.[422] Schöning (2007) benennt die

[418] Vgl. bspw. Hall et al. (2004), Chittenden et al. (1996).
[419] Vgl. Richter et al. (2004), S. 34.
[420] Vgl. Achleitner et al. (2005b), S. 9.
[421] Dreux (1990), S. 225, spricht von den „fundamental issues capital, liquidity and control"; vgl. weiter Mishra/McConaughy (1999), Gallo et al. (2004), Berggren et al. (2000).
[422] Vgl. Demsetz/Lehn (1985), S. 1158, Burkart et al. (2003), S. 2168; vgl. auch Holmes/Kent (1991).

daraus folgende Angst vor einem Kontrollverlust als den Hauptgrund für die eher zögliche Verbreitung von Beteiligungskapital im Mittelstand.[423]

Poutziouris (2001) untersucht **zwei Dimensionen**, um den Kontrollverlust bei privatem Beteiligungskapital zu beschreiben: Er identifiziert und belegt Kontrollverlust durch **Stimmrechtsverluste** („dilution") und durch den **Verlust von Management-Kontrolle** („Loss of management freedom").[424] Achleitner et al. (2005b) finden beide Formen des Kontrollverlustes auch bei deutschen Mittelständlern:[425] Etwa 30 % haben im Rahmen der Finanzierung eine Minderheitsbeteiligung und ca. 30 % eine Mehrheitsbeteiligung an den Stimmrechten an den Finanzierungspartner abgegeben.[426] Allerdings finden auch ca. 40 % aller Beteiligungskapitalfinanzierungen ohne Stimmrechtsverluste statt. Verlust von Management-Kontrolle wird von deutschen Mittelständlern bei Beteiligungskapitalfinanzierung ebenfalls und in verschiedenen Formen wahrgenommen: Etwa 20 % der Unternehmen sehen ihre Freiheit durch Abstimmungspflichten bei operativen Entscheidungen eingeschränkt, ein Viertel vermerkt umfassende Informationspflichten.[427]

In welchem Maße diese Kontrollverluste Relevanz für das Finanzierungsverhalten von Mittelständlern haben, ist empirisch strittig: Chittenden et al. (1996), Cressy/Olofsson (1997b), Mishra/McConaughy (1999) und Berggren et al. (2000) finden empirisch eine hohe Relevanz beider Dimensionen für das Finanzierungsverhalten und Auswirkungen einer Kontrollaversion auf die Finanzierungsstruktur. Mit Blick auf Informationspflichten identifizieren weiter Richter et al. (2004) für deutsche Mittelständler zu umfangreich

---

[423] Vgl. Schöning (2007), S. 233.
[424] Vgl. Poutziouris (2001), S. 287.
[425] Vgl. Achleitner et al. (2005b), S. 8.
[426] International stellen Kaplan/Strömberg (2003b), S. 16, fest, dass Beteiligungsunternehmen im Durchschnitt ca. 50 % der Anteile übernehmen und den Unternehmern im Durchschnitt ca. 30 % der Stimmanteile bleiben (Zahlen für Spätphasenfinanzierungen).
[427] Achleitner et al. (2005b), S. 9.

wahrgenommene Informationsanforderungen gegenüber den Kapitalgebern als den zweitwichtigsten Grund für das Scheitern von Finanzierungen.[428]

Geiseler (1999) stellt in einer Untersuchung bei deutschen Mittelständlern andererseits nur einen geringen Einfluss der Stimmrechtsverluste auf die Finanzierungsentscheidung fest. Ähnliche Ergebnisse präsentieren auch Murray/Wright (1996). In ihrer US-Erhebung haben „persönliche Chemie" und „Geschwindigkeit der Entscheidung" höheren Einfluss auf das Zustandekommen einer Beteiligungsfinanzierung als die Höhe des geforderten Stimmanteils.[429] Neuere Arbeiten zeigen außerdem eine steigende Bereitschaft, neue Gesellschafter in das Unternehmen zu integrieren.[430]

Aus **theoretischen Überlegungen** lassen sich folgende Gedanken zur Relevanz eines Kontrollverlustes im Rahmen einer privaten Beteiligungskapitalfinanzierung für die Einstellungsbildung beim mittelständischen Unternehmer zusammenfassen:

- Aus der agency-theoretischen Sicht wird wie bereits erörtert die **Kontrollübertragung** generell als **Instrument** interpretiert, **opportunistisches Verhalten zu verhindern,** das aufgrund möglicher Informationsasymmetrien zwischen dem potenziell besser informierten mittelständischen Unternehmer und den externen Kapitalgebern droht.[431] Auf der Basis dieser Argumentation beruhte die Bewertung des Kontrollverlustes durch den Unternehmer auf einer Abwägung:[432] Zum einen mindert die Abgabe von Kontrolle die Agency Kosten und ermöglicht damit das Zustandekommen der Finanzierung. Auf der anderen Seite erhöht sich sein Arbeitsleid bzw. es sinkt seine Möglichkeit, opportunistisch von den Kapitalgebern zu profitieren. Die Auswirkung von

428 Vgl. Richter et al. (2004), S. 34, sowie – unter Berücksichtigung des Frühphasenfokus – Achleitner et al. (2004), S. 49 ff.
429 Vgl. Murray/Wright (1996), S. 14 ff.
430 Vgl. Reimers (2004), S. 43, Geiseler (1999), S. 352.
431 Vgl. dazu die Darstellungen im Rahmen der theoretischen Fundierung.
432 Vgl. Hellmann (1998), S. 60.

Kontrollklauseln kann also positiv oder negativ durch den Unternehmer wahrgenommen werden.

- Eher verhaltenswissenschaftlich begründete Ansätze der Entrepreneurial-Behavior-Forschung leiten eine ausschließlich negative Bewertung von Kontrollverlusten ab: Durch **sozial** – z.B. Versorgungspflichten gegenüber Familienmitgliedern[433] – und **emotional** – z.B. Traditionsbewusstsein oder Verbundenheit mit den vorgehenden Generationen[434] – **bedingte Aspekte** wird der Abgabe von Kontrolle ein Disnutzen zugeschrieben, der den Nutzen von Wachstumschancen und Wertsteigerungsmöglichkeiten teilweise deutlich zu überwiegen scheint.[435] Hutchinson (1995) zeigt, dass die Furcht vor Kontrollverlust dazu führen kann, dass Eigentümerunternehmer keine externen Shareholder im Unternehmen zulassen, unabhängig von den daraus resultierenden Konsequenzen für den Unternehmenswert.[436] Dem entspricht auch, dass in Krisensituationen eine deutliche Steigerung der Bereitschaft zu erkennen ist, Kontrolle an externe Investoren abzugeben;[437] die Abgabe von Kontrolle dient dann der Wahrnehmung der oben genannten Interessen (nämlich durch Abwendung einer Unternehmensinsolvenz). Hellmann (1998) weist darauf hin, dass der Unternehmer insbesondere dann in der Lage ist, diese Kontrollaversion durchzusetzen, wenn er über Verhandlungsmacht gegenüber dem Kapitalgeber verfügt. Dies ist vor allem dann der Fall, wenn er mit mehreren Beteiligungsunternehmen über die Finanzierung verhandeln kann. Gleichzeitig stellt er aber fest, dass Unternehmen auch freiwillig Kontrollansprüche im Rahmen von Beteiligungsfinanzierungen aufgeben. Hier wird Kontrollverlust als negativ wahrgenommene Konsequenz berücksichtigt:

---

433 Vgl. z.B. Dreux (1990), S. 229.
434 Vgl. z.B. Gersick et al. (1997).
435 Vgl. z.B. Demsetz/Lehn (1985), Burkart et al. (2003), Ward (1987), Gersick et al. (1997).
436 Hutchinson (1995), S. 233 ff., ähnlich Berger/Udell (1998), S. 628, und Barton (1989), S. 3 ff.
437 Vgl. Rudolph/Fischer (2000), S. 52.

H 2.4:	Je höher der empfundene Kontrollverlust (KONT) durch eine Beteiligungskapitalfinanzierung eingestuft wird, desto negativer die Einstellung zu privatem Beteiligungskapital.

5) Wahrgenommenes Risiko für die Unternehmensentwicklung: Es existieren unterschiedliche Risikokonzeptionen, insbesondere in der Finanzierung und in der strategischen Managementforschung.[438] Ein eher verhaltenswissenschaftlich entlehntes Risikokonzept stammt von Sitkin/Pablo (1992): Risiken einer Handlung werden demnach umso höher wahrgenommen, a) je höher die Unsicherheit der zukünftigen Ergebnisse wird, b) je wahrscheinlicher extreme Ergebnisse als Konsequenzen werden, oder c) je mehr Handlungseinschränkungen aus einer Handlung entstehen, die die Zielerreichung gefährden.[439] Unter Maßgabe dieser Konzeptualisierung ergibt sich eine Reihe von Faktoren, die als Risikokonsequenzen einer Beteiligungskapitalfinanzierung für den mittelständischen Unternehmer aufgefasst werden müssen:

- Zunächst finden sich verschiedene Hinweise, dass eine Beteiligungskapitalfinanzierung zu einer Erhöhung der Schwankung in der Unternehmensleistung führt. Indizien dafür bestehen für das Ergebnis, den Cashflow und die Produktivität.[440]

- Weiter sind aus mittelständischer Sicht verschiedene Bedenken über eine Einschränkung der Zielerreichbarkeit dokumentiert: Solche Faktoren umfassen zum Beispiel die Sorge vor der Abwanderung von Personal sowie eine Einschränkung des Handlungsspielraums durch hohe Zinslasten als Folge der im Rahmen einer Beteiligung oftmals folgenden intensiven Aufnahme von weiterem Fremdkapital.[441]

---

[438] Vgl. bspw. Sitkin/Pablo (1992), Pennings/Smids (2000).
[439] Vgl. Sitkin/Pablo (1992), S. 10 ff.
[440] Vgl. Long/Ravenscraft (1993a), Lichtenberg/Siegel (1989), BVK (2005a), S. 8 f.
[441] Vgl. Poutziouris (2001), S. 283 ff.

- Extreme Ereignisse sind aus Unternehmenssicht insbesondere Überschuldung und Insolvenz. Wright et al. (1996) sowie Kaplan/Stein (1993) stellen fest, dass durch verschiedene Aktivitäten von Beteiligungsunternehmen[442] die Wahrscheinlichkeit von Überschuldung und Insolvenz im Rahmen einer Beteiligung steigen kann. Ein großer Anteil von Mittelständlern gibt weiter an, dass aus einer privaten Beteiligungskapitalfinanzierung eine Unsicherheit aus falschen Entscheidungen durch die Beteiligungsmanager folgt.[443] Dies kann zum einen der oben dargestellten, gemischten Leistungsbilanz von Beteiligungskapitalmanagern entspringen und zum anderen mit der ebenfalls aufgezeigten Erfahrungssituation von Mitarbeitern von Beteiligungsfirmen zusammenhängen. In jedem Fall stellt dies eine weitere Komponente in der mittelständischen Risikowahrnehmung einer Beteiligung dar.

Auf dieser Basis wird als Hypothese formuliert:

H 2.5:	Je höher das empfundene Risiko einer Beteiligungskapitalfinanzierung für die Unternehmensentwicklung bewertet wird (RISK), desto negativer ist die Einstellung zu privatem Beteiligungskapital.

Dadurch sind mit der wahrgenommenen Deckung des Finanzbedarfs, den wahrgenommenen Mehrwertleistungen, den wahrgenommenen Finanzierungskosten, dem wahrgenommenen Kontrollverlust und den wahrgenommenen Risikoauswirkungen fünf relevante („salient“) Hauptkonsequenzen einer Beteiligungsfinanzierung identifiziert worden, deren Auswirkungen auf die Einstellungsbildung in dieser Arbeit untersucht werden.

---

442 Diese umfassen neben dem angesprochenen Leverage auch „managerial actions“, vgl. Wright et al. (1996), S. 33 ff.

443 Z.B. Poutziouris (2001), S. 287.

4.2.2 Hypothesen zur sozialen Norm

Nach den Maßgaben der TPB bildet die soziale Norm nach der Einstellung den zweiten Einflussfaktor auf die Nutzungsintention gegenüber Beteiligungskapital.[444] Dieser Zusammenhang ist oben in der Grundhypothese H2 formuliert worden.

Soziale Norm bildet sich nach den Maßgaben der TPB als Aggregation der wahrgenommenen Einflüsse aller wesentlichen Normträger im Umfeld des Entscheiders. Dabei ist eine Unterteilung in **zwei unterschiedliche Gruppen von Einflussträgern** möglich[445]: Die eine Gruppe wird als **„decision making unit"**[446] definiert und umfasst mit „advisors, employees, and other important people, particularly those responsible for financial decisions"[447] alle Einflusspersonen, die durch Expertise oder Erfahrung auf die Entscheidung einwirken. Ihr Einfluss beruht damit auf ihrer **professionellen Kompetenz** und sie haben eine beratende Rolle. Von wesentlichem Einfluss bei Beteiligungskapitalfinanzierungen sind bei deutschen mittelständischen Unternehmen Intermediäre[448], insbesondere Banken und Steuerberater/Wirtschaftsprüfer als unternehmensexterne Berater[449], sowie die Finanzabteilung als interne Berater:

- Über 40 % aller mittelständischen Beteiligungen kommen über die Vermittlung von **Banken** zu Stande, 45 % aller Mittelständler geben Banken als primäre Informationsquelle für die Mechanismen einer Beteiligungskapitalfinanzierung an.[450] Reimers (2004)/Reimers (2003)

---

[444] Vgl. Ajzen (1985), Ajzen (2004), Ajzen (2006).

[445] Eine solche Zweiteilung der Normträger in zwei Gruppen („dimensions") findet sich z.B. bei Burnkrant/Page (1988), S. 77 ff., van de Putte/Hoogstraten (1997), S. 323 ff., die die soziale Norm zweidimensional unterteilt in „authorities" und „peers" modellieren.

[446] Vgl. Moriarty/Bateson (1982), S. 182, Pennings et al. (2003), S. 73.

[447] Pennings et al. (2003), S. 73.

[448] Vgl. Wright/Robbie (1998), S. 529, Murray/Wright (1996), S. 14.

[449] Auch losgelöst vom speziellen Kontext der Beteiligungsfinanzierung spielen Banken und Steuerberater die wichtigste Rolle als Berater der mittelständischen Finanzentscheider, vgl. Richter et al. (2004), S. 34.

[450] Vgl. Achleitner et al. (2005b), S. 11.

ermittelt, dass über 60 % der Unternehmer sich bei einer Finanzierung mit Beteiligungskapital auf den Rat einer Bank verlassen.[451] Der Bankkontakt wird nach Segbers/Siemens (2005) dabei hauptsächlich vom Geschäftsführer selbst übernommen, so dass er direkt einer möglichen Beeinflussung durch diesen potenziellen Normgeber ausgesetzt ist.

- Zwar vermitteln **Steuerberater** nur ca. 20 % aller privaten Kapitalbeteiligungen; sie sind aber für ca. 50 % aller Mittelständler primäre Informationsquelle bei Verständnisfragen.[452] Dies bestätigt sich bei Reimers (2004)/Reimers (2003), wonach über 80 % aller befragten Unternehmer sich bei Beteiligungskapitalfinanzierungen auf einen Steuerberater oder Wirtschaftsprüfer verlassen.[453]

- Leopold et al. (2003) beschreiben die Situation, in der ein primär technisch geprägter Unternehmer in Finanzentscheidungen nahezu vollständig auf seine internen **Finanzmitarbeiter** angewiesen ist.[454]

Der Unternehmer sollte grundsätzlich gewillt sein, den Ratschlägen dieser Normträger zu folgen, da nach Hustedde/Pulver (1992) und Wright/Robbie (1998) der Erfolg einer Beteiligung höher ausfällt, wenn der Unternehmer Rat von Banken oder anderen Beratern gesucht hat.[455] Die entsprechenden Hypothesen lauten:

H 3.1:	Der Einfluss externer Berater (EXTB) des Unternehmers steht in positiv proportionalem Zusammenhang zur sozialen Norm.

---

[451] Vgl. Reimers (2004)/Reimers (2003), S. 95; dies deckt sich mit internationalen Erhebungen, vgl. z.B. Hustedde/Pulver (1992), S. 370 ff., Berger/Udell (1998), S. 643.
[452] Vgl. Achleitner et al. (2005b), S. 11, Achleitner et al. (2005c), S. 2.
[453] Vgl. Reimers (2004)/Reimers (2003), S. 95.
[454] Vgl. Leopold et al. (2003), S. 195 f.
[455] Vgl. Hustedde/Pulver (1992), S. 370, Wright/Robbie (1998), S. 529; Leopold et al. (2003), S. 193, beschreiben abweichend allerdings den Fall, dass der Einfluss externer Berater bei KMU zu groß wird und damit ein spezielles Risiko für eine Beteiligung darstellt.

und

H 3.2:	Der Einfluss interner Berater (INTB) des Unternehmers steht in positiv proportionalem Zusammenhang zur sozialen Norm.

Die zweite Gruppe von Einflussträgern, die über die soziale Norm auf die Nutzungsintention gegenüber Beteiligungskapital wirkt, wird von Matthews et al. (1994) als **„soziale Einflüsse"** bestimmt und „reflects an owner's perceptions of what is deemed acceptable behavior by his reference group, which consists of friends or family."[456] Im Gegensatz zur ersten Gruppe haben diese Normträger keinen professionellen, sondern einen **sozialen Einfluss** auf den Unternehmer. Auch der Einfluss dieser Personen auf das Entscheidungsverhalten bei KMU ist empirisch klar untermauert:

- Dreux (1990), S. 238, führt verschiedene **Ansprüche der Familie** an das Management des Familienunternehmens auf. Diese umfassen neben den finanziellen Versorgungsaspekten[457] auch Fragen nach Berufsmöglichkeiten für Familienmitglieder, die Behandlung von interpersonellen Familienauseinandersetzungen und Kompatibilität von Finanzierungsentscheidungen mit Familienwerten.[458]

- Tagiuri/Davis (1992), S. 43 ff., verdichten eine Vielzahl von spezifischen Zielen von Familienunternehmen auf sechs Faktoren, unter denen der Faktor „Finanzielle Sicherheit und Vermögensvorteile für den Eigentümer und dessen Familie" die Familie als sozialen Einfluss betrifft. Weitere vier Faktoren[459] zielen auf die **Belegschaft** ab. Nur ein Faktor „Entwicklung

[456] Matthews et al. (1994), S. 361.
[457] Leopold et al. (2003), S. 195, sprechen von der „Familienversorgungsanstalt".
[458] Vgl. auch Gallo et al. (2004).
[459] „Zufriedenheit, Stolz und Produktivität der Angestellten", „Arbeitsplatzsicherheit im Unternehmen", Personalwachstum, soziale Vorteile und Unabhängigkeit", „Guter Gemeinschaftssinn im Unternehmen".

neuer Produkte sowie Qualitätsprodukte“ betrifft Ziele, die unabhängig von diesen beiden sozialen Einflussgrößen sind.[460]

Dementsprechend kann formuliert werden:

H 3.3:	Der Einfluss des Familienumfeldes des Unternehmers (FAMI) steht in positiv proportionalem Zusammenhang zur sozialen Norm.

und

H 3.4:	Der Einfluss der Belegschaft des Unternehmers (BELG) steht in positiv proportionalem Zusammenhang zur sozialen Norm.

4.2.3 Hypothesen zur Handlungskompetenz

Letzte Wirkgröße der TPB ist die subjektive Handlungskompetenz.[461] Die positiv-proportionale Beziehung zwischen der wahrgenommenen Handlungskompetenz und der Intention zur Beteiligungskapitalfinanzierung ist in der Grundhypothese H4 beschrieben worden. Wie ebenfalls bereits dargestellt, setzt die wahrgenommene Handlungskompetenz sich theoriekonform aus Einschätzungen des Unternehmers über seine eigene Kompetenz bezüglich seiner Fähigkeiten und seiner sich bietenden Möglichkeiten zusammen.[462] **Vertrautheit mit dem Instrument** (als Summe der Fähigkeiten) und **Zugang zum Instrument** (als Maß der Möglichkeiten) können als zwei Dimensionen von Treibern der Kompetenzwahrnehmung vermutet werden.

Cassar/Holmes (2003) erarbeiten, dass die mangelnde Kenntnis von und **Vertrautheit** mit Finanzierungsoptionen ein wesentlicher Faktor der Finanzierungsentscheidung mittelständischer Unternehmer ist, und dass aus mangelnder Vertrautheit Entscheidungen hervorgehen, die durch finanzie-

---

460 Vgl. auch Wiedmann (2002), S. 129.
461 Vgl. Ajzen (1985), Ajzen (2004), Ajzen (2006).
462 Liska (1984), S. 63, weiter Ajzen (2004), S. 794.

rungstheoretische Argumente nicht erklärt werden können.[463] Dieser Aspekt ist dabei auch für eine Beteiligungsfinanzierung von Relevanz: „Another dimension of the empathy gap related to family companies being antithetic to venture capital [and private equity] options is simply because they feel less knowledgeable and comfortable about deal structures.“[464, 465] Gibson (1992) und Van Auken (2001) zeigen, dass eine Beschränkung in der Kapitalstruktur kleiner Unternehmen oftmals aus mangelnder Kenntnis alternativer Instrumente resultiert.

Diese Hypothese wird durch verschiedene Untersuchungen für den deutschen Mittelstand gestützt: Nach Achleitner et al. (2005b) fühlen sich nur 3 % der Mittelständler sehr gut und nur 23 % eher gut über Beteiligungskapital informiert.[466] Diese Ergebnisse sind deckungsgleich mit einer großen Strukturerhebung des Instituts für Mittelstandsforschung, nach welcher sich lediglich ca. 30 % aller mittelständischen Unternehmer mit Mezzanine-Kapital vertraut fühlen.[467] Vertrautheit ist nach diesen Erhebungen eine Einflusskomponente in der mittelständischen Bewertung von privatem Beteiligungskapital. Darauf aufbauend wird formuliert:

H 4.1:	Je höher die wahrgenommene Vertrautheit (VERT) mit privatem Beteiligungskapital, desto positiver die wahrgenommene Handlungskompetenz.

Während das Vertrautheitskonstrukt auf die internen Ressourcen (nämlich Wissen und Verständnis) abzielt, sind auch die externen Ressourcen, also die Möglichkeit und die Unterstützung von außen im Rahmen der subjektiven Handlungskompetenz, von Bedeutung. Im privaten Beteiligungs-

---

[463] Vgl. Cassar/Holmes (2003), S. 124, sowie Holmes/Kent (1991).

[464] Poutziouris (2001), S. 289, weiter Cassar/Holmes (2003), S. 124.

[465] Allgemeiner wird auch eine Grundorientierung zu Finanzierungsfragen, die unabhängig von konkreten Instrumenten ist, vorgebracht, vgl. z.B. Loix et al. (2005).

[466] Vgl. Achleitner et al. (2005b), S. 7, sowie Richter et al. (2004), S. 34, und Achleitner et al. (2005c), S. 2.

[467] Vgl. Impulse/IfM (2004b), S. 32.

kapitalkontext übersetzt sich diese Überlegung in die Frage nach **Zugang zum Beteiligungskapitalmarkt**: Aston Business School (1991) und Westhead/Storey (1997) gehen von empfundenen „financial constraints“ aus. Ein Unternehmer hat demnach dann einen beschränkten Zugang zum Beteiligungskapitalmarkt, wenn er

- versucht, zusätzliche Mittel zu erhalten, aber kein Angebot erhält;
- zwar ein Angebot bekommt, dieses aber in seinen grundsätzlichen Konditionen und Bedingungen inakzeptabel ist; oder
- er davon absieht sich trotz Bedarf um zusätzliche Mittel zu bemühen, weil er davon ausgeht, dass er kein Angebot bekäme oder etwaige Konditionen inakzeptabel wären.[468]

Cressy/Olofsson (1997b) zeigen empirisch, dass solche Zugangsbeschränkungen gerade im mittelständischen Umfeld ein relevanter Faktor für die Gestaltung der Finanzierung sind. Deskriptiv ist eine solche Relevanz auch für den deutschen Mittelstand und privates Beteiligungskapital festgestellt und insbesondere für die ersten beiden Aspekte konkretisiert worden: Nach Richter et al. (2004) ist das Finden eines Kapitalgebers für ca. 12 % der deutschen KMU ein Problem, 66 % sehen diesen Faktor als unproblematisch.[469] Weiter geben etwa 50 % der mittelständischen Unternehmer nach Achleitner et al. (2005b) an, dass die grundsätzlichen Konditionen (insb. die Rendite) als Hindernis einer Beteiligung aufgefasst werden.[470] Zugang zu Beteiligungskapital wird dementsprechend von mittelständischen Unternehmern als unterschiedlich stark gegeben wahrgenommen.

---

[468] Vgl. Westhead/Storey (1997), S. 198, Aston Business School (1991), S. 1 ff.
[469] Vgl. Richter et al. (2004), S. 34.
[470] Vgl. Achleitner et al. (2005b), S. 12.

Im Gegensatz zu klassischen angebotsseitigen Erklärungen wird der Zugang auf Basis der gewählten theoretischen Fundierung allerdings nicht als direkte Einflussgröße auf die Finanzierung begriffen. Vielmehr ist die Wirkung im Modell dieser Arbeit indirekt und untersucht entsprechend der theoretischen Fundierung die Wirkung auf den Unternehmer: "The proposition is not that financial contextual variables determine the capital structure, but that these variables affect the managerial choice of the financing mix of the firm".[471] Mit Bezug zur subjektiven Handlungskompetenz lautet die letzte Wirkhypothese damit:

H 4.2:	Je höher der wahrgenommene Zugang (ZUGA) zu privatem Beteiligungskapital, desto positiver die wahrgenommene Handlungskompetenz.

Außer den unmittelbar in der Hypothesenbildung ermittelten Variablen wurden die oben bereits im Rahmen der Finanzierungstheorie als zentral dargestellten (Proxy-)Größen Unternehmensgröße, Alter, Wachstum, Profitabilität, Tangibilität der Aktiva, Anteil des freien Zahlungsmittelflusses, Reinvestitionsrate, das Risiko bzw. die Schwankung der Ergebnisse, der Marktanteil und die F&E-Intensität sowie zusammengesetzte Größen zur Messung der Unternehmensleistung (PERF), der Risikoaversion (RISA) und der Innovativität (INOV) des Unternehmers miterfasst. Diese zusätzlichen Daten eröffnen zum einen die Möglichkeit, weitere Wirkbeziehungen mit dem TPB-Modell zu vergleichen. Zum anderen dienen sie als Kontroll- und Gruppierungsvariablen.

4.3 Erarbeitung des Messmodells

4.3.1 Vorgehen zur Operationalisierung der Konstrukte

Die hier aufgestellten Hypothesen beziehen sich auf latente, d.h. nicht direkt messbare Größen. Zu einer statistischen Untersuchung ist ihre **Operationali-**

---

471 Barton/Matthews (1989), S. 5

sierung notwendig. Operationalisierung ist die Zuordnung manifester Größen, sogenannter **Indikatoren**[472], für die angenommen wird, dass sie in Abhängigkeit vom Zustand der latenten Variable bestimmte messbare Werte annehmen.[473] Damit können die Zusammenhänge zwischen den latenten Konstrukten durch die Messung der manifesten Items überprüft werden.[474] Bei **reflektiven Konstrukte** verursacht die latente Variable die Ausprägung der Indikatoren, bei **formativen Indikatoren** ist der Faktor Funktion der Indikatoren.[475] Unter Berücksichtigung dieser Maßgabe wurde das Messmodell durch folgenden Prozess entsprechend den Messempfehlungen[476] für latente Phänomene entwickelt[477]:

1. **Operationalisierung:** Identifikation einer Grundgesamtheit geeigneter Messitems und ihre Zuordnung zu Konstrukten anhand von Vorlagearbeiten; Aufstellung einer formativen oder reflektiven Spezifizierungshypothese.[478]

2. **Validierung** und ggf. Kürzung des Rohmessmodells durch Experten-Interviews.

---

472 Alternativ wird der englische Begriff Items bedeutungsgleich verwendet.

473 Vgl. DeVellis (2003), S. 15, Backhaus et al. (2005), S. 350 ff.

474 Diese Verbindung wird auch als Korrespondenzhypothese bezeichnet, vgl. Hodapp (1984), S. 43.

475 Vgl. Homburg/Giering (1996), S. 6 ff., Fornell (1987), S. 415 ff.

476 Vgl. z.B. Churchill (1979), S. 66 ff., Diamantopoulos (1994), Homburg/Giering (1996), S. 11 ff., Rossiter (2002), S. 306 ff., Jarvis et al. (2003), S. 199 ff., Zinnbauer/Eberl (2004), S. 567, Fassot/Eggert (2005), S. 43.

477 Dabei basiert die Messung durchaus auf existierenden Vorlagen, so dass eine komplette Durchführung dieses Prozesses nicht unbedingt notwendig gewesen wäre. Der neue Kontext der Messung sowie die Erweiterung der Vorlagen um relevant erscheinende Items macht jedoch eine möglichst umfassende Prüfung ratsam, vgl. z.B. Rossiter (2002), S. 309.

478 Teilweise wird die Spezifizierungshypothese zusätzlich durch den sogenannten Tetrad-Test überprüft (vgl. Bollen/Ting (2000)). Dies geschieht hier nicht, da a) die Stichprobengröße nur Konstrukte mit 3-5 Indikatoren zur Prüfung zulässt (vgl. Bollen/Ting (2000), S. 9 ff.) und somit die zentralen formativen Konstrukte nicht untersucht werden können, da b) Vorlagen, Operationalisierungspraxis und Struktur der TPB die reflektive Messung der anderen Konstrukte deutlich nahe legen und c) selbst eine (unwahrscheinliche) Fehlspezifikation unter PLS hauptsächlich die Qualität des Messmodells, nicht aber die (hier relevanten) Aussagen des Kausalmodells beträfe, vgl. Binder/Eberl (2005).

3. **Durchführung eines qualitativen und quantitativen Pre-Tests** mit einer eigenen Stichprobe zur Prüfung des Messmodells.

4. **Festlegung des finalen Messmodells.**[479]

1) Operationalisierung: Die dazu vorgenommene Sammlung potenziell geeigneter Messmodelle basiert insbesondere auf drei Quellen[480]:

- Arbeiten zu Finanzfragen, insbesondere der Nutzung von Finanzinstrumenten,
- Arbeiten zur Operationalisierung der TRA/TPB, insbesondere für die zentralen Konstrukte Intention, Einstellung, soziale Norm und subjektive Kompetenz,[481]
- Arbeiten zu verwandten Fragen unternehmerischen Verhaltens, insbesondere zur Wachstumsmotivation und zur unternehmerischen Einstellung.

Die Spezifizierung wurde weitgehend von den Vorlagen übernommen bzw. gegebenenfalls anhand der üblichen Spezifizierungsleitlinien[482] festgestellt. Auf dieser Grundlage ergibt sich zusammengefasst die in Tabelle 8 dargestellte Ausgangslage für die Messung der Variablen.

---

[479] Teilweise wird zusätzlich eine zweite Bestätigung des Messmodells mit einer weiteren Stichprobe durchgeführt (z.B. bei Homburg/Giering (1996), S. 11 ff.). Diese Bewertung erfolgt in der vorliegenden Arbeit im Rahmen der Hauptbefragung, weil a) dort ohnehin eine umfassende Bewertung des Messmodells erfolgt, b) eine dritte Befragung aus forschungsökonomischen Gesichtspunkten heraus wenig sinnvoll erscheint.

[480] Eine solche Kombination verschiedener Grundlagen für die Operationalisierungen ergibt – wie empirisch nachgewiesen – die besten Reliabilitätswerte, vgl. dazu allerdings die Maßgaben von Churchill/Peter (1984), S. 367.

[481] Vgl. insbesondere Ajzen (2006), S. 4 ff., Bruner et al. (2001), S. 48 ff., Ajzen/Krebs (1994), S. 251 ff., Fishbein/Ajzen (1975), S. 53 ff., Shimp/Kavas (1984), S. 795 ff., Jaccard et al. (1986), S. 464 ff.

[482] Vgl. z.B. Jarvis et al. (2003), S. 199 ff., Fassot/Eggert (2005), S. 43 ff., Eberl (2004), S. 15 ff.

Variable	Vorlagen/Grundlage	Anpassungsgrad	Anpassung der Indikatoren	Anpassung der Skalierung	Spezifikation	Items
FINB	Schefczyk (2004)	Hoch	Eigene Umsetzung des Konzepts von Schefczyk	eigene Entwicklung	Formativ	3
MERW	Brettel et al. (2006); Sapienza (1992); MacMillan et al. (1989); Berg/Gottschlag (2004)	Gering	Integration von Items auf Basis der Überlegungen von Berg und Berg/Gottschalg	keine	Formativ	8
KOST	Antonczyk et al. (2006); Kaplan/Strömberg (2003a)	Hoch	Eigene Umsetzung von Kaplan/Strömberg	eigene Entwicklung	Formativ	5
KONT	Antonczyk et al. (2006); Poutziouris (2001); Fenn et al. (1995); Kaplan/Strömberg (2003a)	Mittel	Erweiterung der Itemliste bei Poutziouris; Integration von Items nach Fenn und Kaplan/Strömberg	7-stufige statt 5-stufige Skalierung	Formativ	7
RISK	Sitkin/Pablo (1992); Wright et al. (1994); Kaplan/Strömberg (2003b)	Hoch	Eigene Umsetzung des Konzepts bei Sitkin/Pablo. Integration von Items von Kaplan/Strömberg und Wright et al.	eigene Entwicklung	Formativ	6
FAMI	Shimp/Kavas (1984); Ajzen (2006)	Gering	Dekomposition der sozialen Norm entsprechend Shimp/Kavas. Formulierung der Items entsprechend Ajzen. Eigene Selektion der potenziell relevanten Normträger auf Basis des Pretest	keine	Single	1
BELG	Shimp/Kavas (1984); Ajzen (2006)	Gering		keine	Single	1
INTB	Shimp/Kavas (1984); Ajzen (2006)	Gering		keine	Single	1

Variable	Vorlagen/Grundlage	Anpassungsgrad	Anpassung der Indikatoren	Anpassung der Skalierung	Spezifikation	Items
EXTB	Shimp/Kavas (1984), Ajzen (2006)	Mittel		keine	Formativ	2
VERT	Pennings et al. (2003), Pennings/Smids (2000)	Gering	Integration von Items aus dem Hilfenkonstrukte von Franke/Lüthje	7-stufige statt 9- bzw. 5-stufige Skalierung	Reflektiv	5
ZUGA	Westhead/Storey (1997), Franke/Lüthje (2000)	Mittel	Eigene Umsetzung der Konzepts bei Westhead/Storey, Integration von Items aus dem Hürdenkonstrukte von Franke/Lüthje	eigene Entwicklung, 7-stufige statt 5-stufige Skalierung	Reflektiv	5
SOZN	Ajzen (2006), Shimp/Kavas (1984)	Gering	Inhaltliche Anpassung der (allgemein formulierten) Items bei Ajzen an den Beteiligungskontext	keine	Reflektiv	4
SUBK	Ajzen (2006), Davidsson (1991)	Gering	Inhaltliche Anpassung der (allgemein formulierten) Items bei Ajzen an den Beteiligungskontext	keine	Reflektiv	3
EINS	Ajzen (2006)[483], Pennings et al. (2003), Pennings/Leuthold (2001)	Gering	Inhaltliche Anpassung der (allgemein formulierten) Items bei Ajzen an den Beteiligungskontext	Likert-Skala anstelle eines semantischen Differenzials	Reflektiv	4
INTE	Ajzen (2006), Pennings et al. (2003), Pennings/Leuthold (2001)	Gering	Inhaltliche Anpassung der (allgemein formulierten) Items bei Ajzen an den Beteiligungskapitalkontext, Ergänzung zwei weiterer qualitativer Items auf Basis von Anregungen aus dem Pretest	keine	Reflektiv	5
NUTZ	Romano et al. (2000)	Gering	Ergänzung der beiden qualitativen Items auf Basis von Anregungen aus dem Pretest,	7-stufige statt metrischer Skalierung	Reflektiv	3

Tabelle 8: Vorlagen der verwendeten Messmodelle

2) und 3) Validierung: Es wurden insgesamt zehn Experteninterviews geführt, sieben mit mittelständischen Unternehmern und drei mit Beteiligungskapitalanbietern. Die Interviews führten in geringem Maße zu Umformulierungen und Anpassungen der Items, um die Verständlichkeit des Bogens zu erhöhen. Im September 2006 wurden im Rahmen eines quantitativen Pretests 60 Antworten[484] von Probanden erhoben und die Messmodelle anhand der unten beschriebenen Güteprüfungen analysiert. Die Messqualität war generell gut, allerdings traten vereinzelt Probleme mit der Verständlichkeit der Items auf, die zu Einschränkungen in der Diskriminanzvalidität und der Reliabilität einzelner Indikatoren führten. Dementsprechend wurden einzelne Formulierungen zusätzlich geschärft.

4) Das finale Messmodell ist im Rahmen der Gütebewertung dargestellt. Die Definition der zusätzlich abgefragten (überwiegend manifesten) Strukturvariablen erfolgte entsprechend bestehender empirischen Arbeiten zur KMU-Finanzierung[485], die Skalierung und Messung folgt Kühn (2006)[486]. Der Fragebogen findet sich in Anhang 2.

4.3.2 Spezifika des verwendeten Messmodells

Obwohl in vielen Arbeiten zur TPB umfangreiche Vorschriften und Leitlinien zur Operationalisierung und Methode existieren,[487] gibt es individuelle

---

[483] Bei der Wahl dieser Vorlagen wird aus der Vielzahl der Messskalen zur Einstellungsmessung – bereits bei der Vorstellung der Theory of Reasoned Action stellen Fishbein/Ajzen (1975), S. 53, eine Vielzahl von Messkonzepten dar – ein üblicher und relativ einfacher Weg zur Einstellungsmessung gewählt und die Diskussion um die Mehrdimensionalität von Einstellung (vgl. z.B. Mendler et al. (1989)) zu Gunsten der Einstellungsmessung gemäß der TBP-Vorgaben entschieden. Die guten Messergebnisse (vgl. unten), die durch die faktoranalytische Untersuchung auch auf ausreichende Eindimensionalität prüfen, bestätigen diese Entscheidung.

[484] Diekmann (1995), S. 416, und Fowler (1995), S. 115, fordern ca. 15-35 Befragte, Schumann (2000), S. 76, 20 bis 30 Pre-Test-Teilnehmer. Der durchgeführte Pretest ist demnach sehr ausführlich.

[485] Z.B. Chittenden et al. (1996), S. 62, Hall et al. (2004), S. 717, Cassar/Holmes (2003), S. 716 ff., Romano et al. (2000), S. 309 f.

[486] Vgl. zur Definition der Kennzahlen Anhang 2; ähnlich Chen/Jiang (2001), S. 22 f.

[487] Vgl. insbesondere van de Putte et al. (1996), van de Putte/Hoogstraten (1997), Shimp/Kavas (1984), Bagozzi (1984), Taylor/Todd (1995), Baron/Kenny (1986), Ajzen (2006), Gable/Chin (2001), Burnkrant/Page (1988).

Gestaltungspunkte, deren Behandlung im vorliegenden Messkontext unter Abwägung verschiedener Aspekte bewertet werden muss, da sie sich einer starren Anwendung existierender Regeln entziehen. Insbesondere gilt dies für

- die **Verwendung von 1-Item-Messungen** zur Erfassung der Einschätzungen über die Meinungen der Normträger (also der Familie, der externen und internen Berater und der Belegschaft). 1-faktorielle Operationalisierungen werden teilweise kritisch gesehen.[488] Dabei gilt aber, dass die Anzahl der notwendigen Indikatoren allein in Abhängigkeit von der spezifischen Eigenschaft jedes Konstruktes bewertet werden sollte.[489] Bergkvist/Rossiter (2007) zeigen auf, dass 1-Item-Messungen in geeignetem Kontext zu validen und teilweise sogar besseren Messungen als Multi-Item-Konstrukte führen können. Für die Messung des Normträgereinflusses wird hier ein einzelnes Item als ausreichend angesehen – gemessen an den bei Rossiter (2002) und Bergkvist/Rossiter (2007) definierten Bedingungen für 1-Item-Messungen und übereinstimmend mit den Untersuchungen über die optimale Umsetzung der sozialen Norm in Strukturgleichungsmodellen bei Shimp/Kavas (1984) und Burnkrant/Page (1988). Zusätzlich stützt die Diskussion im Pre-Test dieses Vorgehen, da eine multiple Messung des Normträgereinflusses von allen Testteilnehmern als redundant empfunden wurde.

- Der Einsatz von Strukturgleichungsmodellen ermöglicht verschiedene, verbesserte Modellierungen in der Bildung von Einstellung, Norm und Handlungskompetenz.[490] Die Aggregation von Konsequenzen, Norm- und Kompetenzeinschätzungen erfolgt dabei nicht zwingend durch eine einfache linear-additive Zusammenfassung der Items, sondern z.B., wie bereits dargestellt, durch die **Dekomposition in einzelne Konsequenz-Konstrukte** z.B. für Deckung des Finanzbedarfs, Mehrwert oder Risiko.

[488] Vgl. z.B. Peter (1979), S. 16, und Churchill (1979), S. 66 ff.
[489] Vgl. Rossiter (2002), S. 309 ff., Bergkvist/Rossiter (2007), S. 175 ff., sowie weiter Diamantopoulos (2005), Finn/Kayande (2005).
[490] Für eine Übersicht vgl. Bagozzi (1985), S. 53 ff.

Dieser „decomposition approach“[491] wirkt verschiedenen Problemen in der Gewichtung der Konsequenzen entgegen[492] und sorgt für eine bessere Aufklärung der den zentralen TPB-Konstrukten zu Grunde liegenden Ursachen.[493] Damit führt dieser Ansatz zu einer Verbesserung der Ergebnisqualität. Gable/Chin (2001) weisen darauf hin, dass die so erhaltenen Ergebnisse durch die empirisch vorgenommene Schätzung von Einflussgewichten in der Strukturmodellanalyse immer mindestens so gut sind wie die linear-additiven Schätzungen nach der Standardform der TPB.[494]

- Die **Skalenwahl** bei der Bildung von Eindruckswerten (d.h. bei der multiplikativen Verknüpfung von Wichtigkeits- und Wahrscheinlichkeitsbewertung von Konsequenzen) bedingt verschiedene Annahmen über die zugrundeliegenden mentalen Strukturen der Konsequenzen und ist Gegenstand methodischer Diskussion.[495] Tendenziell besteht die Gefahr einer Fehlbewertung von Korrelationen, wenn eine unangemessene Skalierung gewählt wird und nicht wenigstens Ratioskalierung vorliegt und damit ein klarer Nullpunkt identifizierbar ist.[496] In dieser Arbeit wurde auf die von Ajzen (2006) empfohlene 1- bis 7-Skala für die Einflussstärken von Normträger und Wichtigkeitsbewertung bzw. Skalierung von -3 bis +3 für alle anderen Konstrukte zurückgegriffen.[497] Dies ist sinnvoll[498],

---

[491] Taylor/Todd (1995), S. 140, Wilkie/Pessemier (1973), S. 436, sprechen von „disaggregation“.

[492] Vgl. zur Kritik der Gleichgewichtung z.B. Shimp/Kavas (1984).

[493] Vgl. Taylor/Todd (1995), S. 152, Wilkie/Pessemier (1973), S. 436 ff., Burnkrant/Page (1988), S. 66 ff.

[494] Vgl. Gable/Chin (2001), S. 254; dieser Ansatz wirkt auch der Kritik von Kroeber-Riel/Weinberg (2003), S. 201 ff., entgegen.

[495] Vgl. z.B. Bagozzi (1984), S. 296 ff., van de Putte/Hoogstraten (1997), S. 320 ff., Ajzen (1991), S. 191 ff., Doll (1987), Orth (1986a), S. 12 ff., Doll (1987), S. 7 ff.

[496] Vgl. Bagozzi (1984), S. 296.

[497] Weiter gelten 7-stufige Skalierungen für Verhaltens- und Einstellungsmaße als angemessen, vgl. Laatz (1993), S. 139.

[498] Neben der Sinnhaftigkeit des hier gewählten Vorgehens sprechen auch praktische Gründe gegen alternative Behandlungen: vorgeschlagene Modellanpassungen (wie bspw. von Orth (1986b)) haben sich nicht durchsetzen können und stehen außerhalb des Kontexts der TRA-/TPB-Forschung; das von van de Putte/Hoogstraten (1997), S. 320 ff., entwickelte Vorgehen, nur Bewertungsindikatoren (und keine Wichtigkeitsindikatoren) zu nutzen, bedeutet einen absichtliche Verringerung der Informationseffizienz.

da a) so Ratio-Skalen angenommen werden können[499], b) hiermit die niedrigste Einschätzung potenzieller Korrelationen erfolgt (und nicht wie z.B. bei der generellen Skalierung von 1 bis 7 eher eine Überschätzung)[500], das Vorgehen also konservativ ist, c) die sich ergebenden Einschätzungsstrukturen „predictions consistent with attitude theory and common sense“[501] ergeben, sowie d) dieses Vorgehen der Operationalisierungspraxis entspricht[502].

- Die Wahl der **Labels** für die Skalenendpunkte erfolgt nach Ajzen (2006) und wurde auf ausreichende Spannweite im Pre-Test überprüft. Für die Konsequenzen der Einstellungsbildung wurde in Übereinstimmung mit Ajzen (2006) wegen einer Häufung der Antworten in den Extrembereichen jeweils ein „extrem“ vor die äußeren Labels gestellt und die Skalen entsprechend in positive bzw. negative Richtung ausdifferenziert. In der Hauptbefragung wurde damit eine gute Verteilung der Antworten erreicht. Die Mittelpositionen der Bewertungsskalen wurden jeweils mit „neutral“ überschrieben, so dass Konsequenzen und Normträger positiv, negativ oder neutral, d.h. ohne Bewertung, sein können.[503]

Schließlich ist eine empirische Entwicklung von vollständig verhältnisskalierten Messmodellen operativ kaum leistbar (vgl. Orth (1986a), S. 13).

[499] Zunächst können 7-stufige Skalierungen in sozialpsychologischen Untersuchungen als metrisch aufgefasst werden, vgl. Backhaus et al. (2005), S. 5. Weiter umfassen die Labels auf die Frage „Eigenschaft vorhanden/nicht vorhanden“ per Wortlaut einen Nullpunkt, der Nicht-Vorhandensein des zu messenden Sachverhaltes beschreibt. Damit kann über die Intervallskalierung hinaus von Ratio-Skalierung ausgegangen werden. Backhaus et al. (2005), S. 5, weisen allerdings darauf hin, dass „streng genommen“ der Nachweis dieser Eigenschaften notwendig sei, in der empirischen Praxis davon aber abgesehen werde.

[500] Vgl. Bagozzi (1984), S. 307.

[501] Ryan/Bonfield (1980), S. 123.

[502] Vgl. z.B. bei Taylor/Todd (1995), Gable/Chin (2001), S. 253 ff., Pavlou/Fygenson (2006), S. 18 ff.

[503] Die Beschriftung von Endpunkten und Mittelwert liefert tendenziell reliablere Daten, vgl. Christian (2003), S. 12.

5 Befragungsdesign, Stichprobe und Methode

5.1 Vorgehen

Anschließend an die Entwicklung des Forschungsmodells geht der folgende Abschnitt auf die operative und methodische Umsetzung der Untersuchung ein und stellt die statistische Methode zur Auswertung dar: Zunächst steht in Abschnitt 5.2 das Design der Befragung zur Datengenerierung im Vordergrund. In diesem Zusammenhang wird das verwendete Messinstrument „Fragebogen" genauer beschrieben (Kapitel 5.2.1), und das Vorgehen zur Erhebung der Daten dargestellt (Kapitel 5.2.2). Im anschließenden Abschnitt werden die Eigenschaften der erhaltenen Stichprobe zusammengefasst (Kapitel 5.3.1) und mögliche Verzerrungen der Datenbasis diskutiert (Kapitel 5.3.2).

Im Methodenteil 5.4 wird aus den verschiedenen Verfahren der multivariaten Datenanalyse die Varianzanalyse als Verfahren mit der besten Eignung im vorliegenden Kontext bestimmt (Kapitel 5.4.1), der varianzanalytische Partial-Least-Square-Ansatz genauer dargestellt (Kapitel 5.4.2) und die im Rahmen dieses Verfahrens notwendigen Prüfgrößen zur Gütebeurteilung der erhaltenen Ergebnisse aufgezeigt (Kapitel 5.4.3).

5.2 Design der Hauptbefragung

5.2.1 Gestaltung des Fragebogens

Bei technischer und inhaltlicher Gestaltung des Fragebogens wurde den üblichen Qualitätsaspekten[504] Rechnung getragen. Insbesondere wurden

- durch die Verwendung **codierter Zugänge** die zugesicherten Anonymität gewahrt und sichergestellt, dass jeder Teilnehmer aus der Befragungsgesamtheit stammt und nur einmalig antworten konnte.

---

[504] Vgl. Porst (2000), S. 2 ff., Sutton et al. (2003), S. 234 ff.

- die **Reihenfolge** von Fragen und Indikatoren der Fragen im Fragebogen **zufällig** gestaltet und vereinzelt **umgekehrt skalierte Items** verwendet, um Gewöhnungseffekten vorzubeugen.[505]

- **technisch die Möglichkeit eingeschränkt**, die Seiten des Fragebogens zu wechseln, wenn wesentliche Items unbeantwortet waren, um **unvollständige Antworten** zu vermeiden.[506] Zusätzlich wurden, wenn angebracht, **Konsistenzprüfungen** der Antworten verwendet, und die Teilnehmer um Überprüfung unplausibler Eingaben gebeten.

An den Beginn des Fragebogens wurde eine Auflistung üblicher privater Beteiligungsinstrumente und -anbieter gestellt, um ein einheitliches Begriffsverständnis über privates Beteiligungskapital sicherzustellen. Des Weiteren wurden abgefragte Finanzkennzahlen, wo erforderlich, durch Definitionen ergänzt.[507]

5.2.2 Ablauf der Hauptbefragung

Die **Hauptbefragung** erfolgte von Oktober bis Dezember 2006. Es wurden effektiv[508] 3.557 Unternehmen angeschrieben, die entsprechend der oben umrissenen Fragestellung folgenden **Kriterien** genügen mussten:

- **a)** Mittelständische Unternehmen, d.h. Unternehmen mit weniger als 500 Mitarbeitern oder weniger als 50 Mio. EUR Jahresumsatz, ohne Zugehörigkeit zu einem Konzern,

- **b)** wirtschaftliches Grundinteresse bzw. grundsätzlicher Bedarf für Kapital: keine Zugehörigkeit zu Wirtschaftszweigen mit öffentlichem Auftrag (z.B. Verwaltung), Sozial- (z.B. Erziehung) oder Versorgungsauf-

---

505 Vgl. zu Primacy- and Recency-Effekten Laatz (1993), S. 135.

506 Damit wurde zu Gunsten der Datenqualität entschieden, auch wenn dies zu einer höheren Abbruchquote führt, vgl. Schonlau et al. (2002), S. 45.

507 Vgl. Anhang 2.

508 D.h. ohne Berücksichtigung von ca. 500 nicht adressierbaren Emails, z.B. durch veraltete Adressen.

trag (z.B. sonstige öffentliche Dienstleistungen), keine Existenzgründung, d.h. größer 5 Mitarbeiter und IHK-Mitglied (bzw. gewerbliches Unternehmen), sowie

- **c)** Unternehmen in einem Lebenszyklus außerhalb der Frühphasenfinanzierung, d.h. Unternehmen mit einem Alter von über zehn Jahren.[509]

Zusätzlich wurde durch eine Frage im Fragebogen sichergestellt, dass die Unternehmer Wachstum, Geschäftsausweitung, Akquisitionen, Nachfolge oder Verbesserung der Eigenkapitalquote anstreben und sich so in einem Lebenszyklusstadium für privates Beteiligungskapital im engeren Sinne befinden.

Die **Anschreiben** waren persönlich an die Geschäftsführer gerichtet. Die Teilnehmer wurden drei Mal per E-Mail angeschrieben und zur Antwort per Online- oder Papierfragebogen eingeladen. Ein Teil der Teilnehmer wurde statt durch eine dritte Erinnerungsmail telefonisch angesprochen.[510]

5.3 Beurteilung der erhaltenen Stichprobe

5.3.1 Rücklaufquote und Qualität der erhaltenen Antworten

Insgesamt antworteten 322 Teilnehmer, dies entspricht einer **Bruttorücklaufquote von 9,1 %.** 41 Bögen mussten aus der Auswertung ausgeschlossen werden, da sie mehreren der oben beschriebenen definitorischen Abgrenzungsregeln nicht genügten oder nicht bis zum Ende ausgefüllt waren. Auf eine Schätzung fehlender Werte wurde verzichtet, da durch die technische Gestaltung kaum unausgefüllte Antworten entstanden.

[509] Alle diese Kriterien wurden sowohl durch Filter in der Sample-Erzeugung als auch durch Abfrage im Fragebogen selbst überprüft.

[510] Dies geschah, um a) Gründe für die Nichtantwort ausschließen zu können (z.B. technische Probleme), b) eine Basis für einen Test auf Non-respondant Biases zu bekommen und c) weitere allgemeine Hinweise auf die Funktionalität des Fragebogens zu gewinnen (z.B. Verständnisprobleme).

Abbildung 19 zeigt einen Überblick über die Entwicklung der Rücklaufquote während der Befragungsdauer.[511]

5.3.2 Prüfungen auf Repräsentativität und Verzerrungen

Die **Qualität der Stichprobe** ist weiter auf Repräsentativität[512] sowie auf mögliche methodische oder durch das empirische Vorgehen bedingte Verzerrungen („biases“) hin abgesichert.

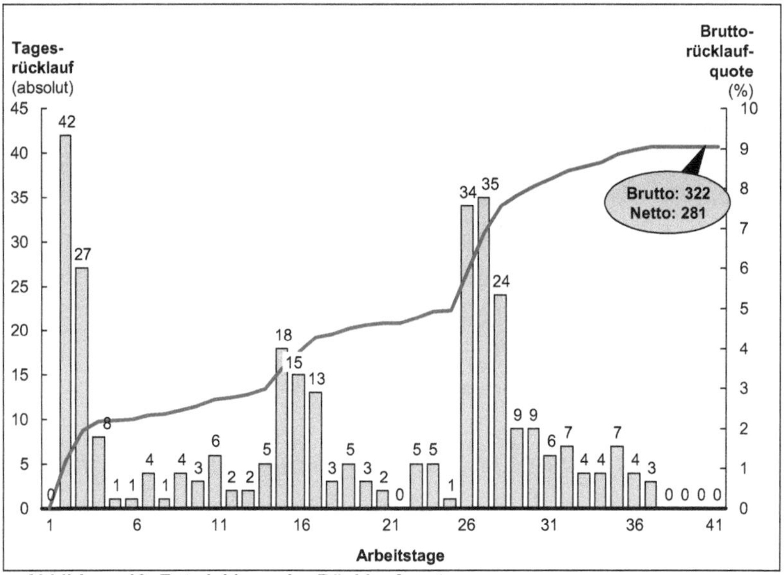

Abbildung 19: Entwicklung der Rücklaufquote

Zur Repräsentativitätsprüfung wird die Stichprobe dafür in Bezug auf die **regionale-, die Industriezweig- und die Größenverteilung** gegen die Gesamtheit aller mittelständischen Unternehmen in Deutschland sowie gegen das Befragungssample verglichen. Insgesamt fällt diese Beurteilung positiv aus: Entlang aller Kriterien beträgt die Abweichung – mit wenigen im

---

[511] Die in der Abbildung zu erkennenden Ausschläge in den Rückläufen einzelner Tage erklären sich durch die an diesem Tag versandten Erinnerungsmails.

[512] Eine Stichprobe ist repräsentativ, wenn „aus den Ergebnissen einer Stichprobe in Bezug auf die Verteilung aller Merkmale (innerhalb bestimmter statistischer Fehlergrenzen) auf die Verteilung dieser Merkmale in der Grundgesamtheit geschlossen werden kann.“, Schnell et al. (2005), S. 284, weiter bspw. Schumann (2000), S. 84.

Folgenden zu diskutierenden Ausnahmen – weniger als 5 Prozentpunkte[513] (vgl. Abbildung 20 und Abbildung 21). Dies kann insgesamt als irrelevante Einschränkung der Repräsentativität der Stichprobe gewertet werden.

Die angesprochenen Ausnahmen zeigen insbesondere im Vergleich gegen die Verteilung aller Unternehmen in Deutschland in Einzeldimensionen Abweichungen. Sie betreffen eine acht Prozentpunkte umfassende Überrepräsentation von Unternehmen aus Baden-Württemberg, eine 16 Prozentpunkte umfassende Überrepräsentation von Unternehmen mit 20 bis 99 Mitarbeitern und eine 19 Prozentpunkte umfassende Überrepräsentation von Unternehmen im verarbeitenden Gewerbe.

Diese Abweichungen erscheinen allerdings durch den vorgenommenen unvollkommenen Vergleich erklärbar, indem die Gesamtheit aller Mittelständler als Vergleichsgrundlage wegen der oben beschriebenen Einschränkungen (Ausschluss von Existenzgründungen, bestimmter Finanzierungsanlass) nicht der – unbekannten – Zielpopulation entspricht. Betrachtet man die Verteilung bestehender privater Beteiligungskapitalbeteiligungen in Deutschland, so zeigt sich, dass dort eine Häufung von Beteiligungen in Baden-Württemberg[514] und im verarbeitenden Gewerbe existiert.[515] Somit scheinen die beobachteten Verzerrungen durch die Unterschiede zwischen Vergleichspopulation und Gesamtpopulation erklärbar.

Als weiteres Indiz für eine ausreichende Repräsentativität kann auch die erhaltene **Rücklaufquote** dienen. Sie liegt mit ca. 9 % im Rahmen der üblichen Rückläufe von Befragungen mittelständischer Unternehmern.[516]

---

[513] Gemessen an der jeweiligen Grundgesamtheit.
[514] BVK (2004b), S. 17.
[515] BVK (2004b), S. 16.
[516] Vgl. als Metastudie Newby et al. (2003), Alpar/Spitzer (1989) sowie als Beispiele mit vergleichbaren Rücklaufquoten und ähnlichem Befragungsdesign und -kontext z.B. Barnir/Smith (2002), Segbers/Siemens (2005) oder Del Aguila-Obra/Padilla-Meléndez (2006).

Auch die unten beschriebenen strukturellen Kennzahlen zum Finanzierungsverhalten entsprechen grundsätzlich den Ergebnissen, die bei vorherigen Befragungen zu Beteiligungskapital im Mittelstand erzielt wurden.

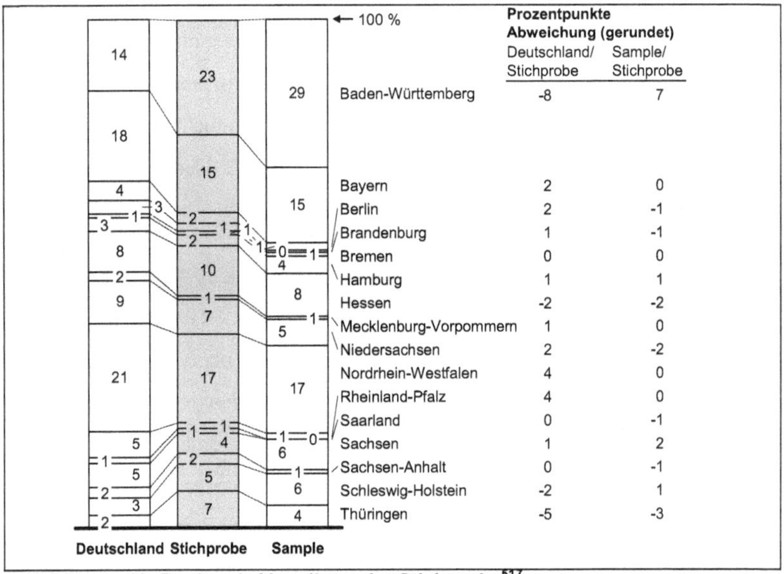

Abbildung 20: Regionale Verteilung der Stichprobe[517]

Neben der Prüfung auf Repräsentativität soll auch eine Beeinflussung der erhaltenen Ergebnisse durch verschiedene methodisch bedingte **Verzerrungen ausgeschlossen** werden.[518] Im vorliegenden Kontext sind insbesondere der sogenannte „Nonresponse Bias“[519], der Abdeckungsfehler oder „Channel Bias“ und der sogenannte „Common Method Bias“[520] relevant[521].

---

[517] Daten nach Statistisches Bundesamt (2005), S. 483 ff., und IfM (2001), S. 1, sowie eigene Berechnungen.

[518] Verzerrungen sind systematische Fehler in der Messung, die auf die Validität der erhaltenen Ergebnisse wirken, vgl. Bagozzi/Yi (1991), S. 426, Cote/Buckley (1987)., S. 315.

[519] Armstrong/Overton (1977), S. 396, und umfassend bspw. Homburg/Krohmer (2003).

[520] Vgl. z.B. Bagozzi et al. (1991), Podsakoff et al. (2003).

- Ein Nonresponse Bias liegt dann vor, wenn sich die Antworten der Teilnehmer an der Befragung signifikant von denen der Nicht-Teilnehmer unterscheiden und somit keine repräsentativen Aussagen über die Grundgesamtheit getroffen werden können.[522]

- Der „Channel-Bias“ oder Abdeckungsfehler entsteht als Sonderfall des Nonresponse Bias, wenn durch die Auswahl des Kommunikationsmediums Teilnehmer mit einem spezifischen Antwortverhalten aus der Stichprobe ausgeschlossen oder über- bzw. untergewichtet werden. Hier ist ob der Internet-basierten Befragung auf einen Channel-Bias zu prüfen.[523]

- Ein Common Method Bias besteht, wenn Varianz in der Datenbasis nicht aus den Beobachtungen, sondern aus systematischen Messfehlern folgt. Dies kann verschiedene Ursachen haben, wobei im vorliegenden Fall durch die Fokussierung auf Eigentümerunternehmer als einzige Quelle für die erhobenen Daten vor allem der sogenannte Single-Source-Bias[524] relevant ist. Diese Verzerrung folgt aus der Schätzung von endogener und exogener Variable durch dieselbe Person, da diese z.B. versucht, in sich konsistente Antworten zu geben.[525] Ein Common Method Bias ist im vorliegenden Kontext von besonderer Bedeutung, da Einstellungsmessungen im Vergleich mit anderen Konstrukten stärker einem Common Method Bias unterliegen als andere Konstrukte.[526]

---

[521] Die darüber hinaus übliche Überprüfung auf einen „Informant Bias“ (vgl. z.B. Reinartz et al. (2004), S. 297) wird hier nicht durchgeführt, da die Stichprobe bewusst auf den mittelständischen Unternehmer als „Informant“ begrenzt wird. Einzig seine Präferenzen und Wahrnehmungen sind für die Bildung seiner Nutzungsintention relevant, so dass eine Überprüfung auf einen Informant Bias nicht sinnvoll ist, vgl. Meier (2005), S. 161 f.

[522] Vgl. Armstrong/Overton (1977), S. 397 ff., Kanuk/Berenson (1975), S. 449.

[523] Vgl. Dillmann/Bowker (2001), S. 159 ff.

[524] Vgl. Podsakoff et al. (2003), S. 879 ff.

[525] Vgl. Podsakoff/Organ (1986), S. 534.

[526] Vgl. Podsakoff et al. (2003), S. 880.

Zur **Überprüfung auf einen potenziellen Nonresponse Bias** werden die Antworten, die zu einem frühen Zeitpunkt der Befragung eintrafen, mit späten Antworten verglichen.[527] Der Vergleich erfolgt hier durch einen Mann-Withney-U-Test für zwei unabhängige Stichproben[528] und für ein Signifikanzniveau von 5 %. Bei 3.8 % aller untersuchten Indikatoren (d.h. bei 3 von 80) ergaben sich signifikante Unterschiede in der Verteilung von frühen und späten Antworten. Damit kann ein Unterschied zwischen frühen und späten Antworten weitgehend ausgeschlossen werden. Der Nonresponse Bias scheint auf dieser Grundlage für die weitere Untersuchung wenig relevant.

Zum Ausschluss eines möglichen **Abdeckungsfehlers oder „Channel Biases“** können zwei Argumente verwendet werden: Zum einen ist die Verbreitung von Internetzugängen im deutschen Mittelstand mittlerweile so hoch[529], dass in der Regel nicht mehr von einem Abdeckungsfehler ausgegangen werden muss, wenn eine Onlineumfrage verwendet wird.[530] Zweitens sind 47 der insgesamt 281 erhaltenen Antworten (also ca. 17 %) zurückgefaxte Ausdrucke des Fragebogens. Durch einen Vergleich von Papier- und Onlineantworten kann analog geprüft werden, in welchem Maße eine Verzerrung durch die Kanalwahl „Internet“ droht. Auf Basis eines weiteren Mann-Withney-U-Tests zeigen sich 11 der 80 Indikatoren bei 5 % signifikant verschieden. Auch diese Anzahl ist – in Kombination mit den zitierten Abdeckungszahlen – ausreichend gering um einen Abdeckungsfehler für die Stichprobe auszuschließen, insbesondere da die Abweichungen

---

[527] Dieses Vorgehen basiert auf der Annahme, das späte Teilnehmer zunächst unwillig zur Teilnahme sind und erst durch Reminder überredet wurden. Sie sind dementsprechend ursprüngliche Nonrespondants, die doch geantwortet haben. Vgl. Armstrong/Overton (1977) und Kanuk/Berenson (1975).

[528] Dieser nicht-parametrische Test ist im vorliegenden Fall angemessen, da er – im Gegensatz zum oftmals üblichen T-Test – keine Normalverteilung der Rohdaten erfordert. Im Rahmen der unten beschriebenen Methodenwahl wird dargestellt, dass die Rohdaten des Samples keine Normalverteilungsannahme erfüllen, so dass ein Ausweichen auf den Mann-Withney-U-Test notwendig ist.

[529] Nach Impulse/IfM (2004b), S. 42, haben 89 % aller mittelständischen Betriebe in Deutschland einen Zugang zum Internet, 86 % eine eigene Emailadresse, sowie 59 % eine eigene Homepage.

[530] Vgl. Dillmann/Bowker (2001), S. 164.

nicht innerhalb eines Konstruktes sondern über alle Messgrößen verteilt auftreten.

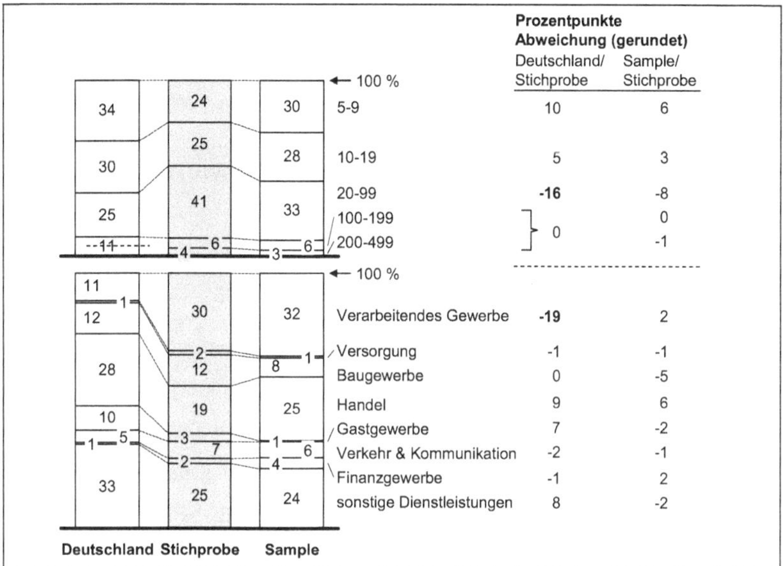

Abbildung 21: Größen- und Industriezweigverteilung der Stichprobe[531]

Die potenzielle Verzerrung durch den **Common Method Bias** kann über das Harman's One-Factor-Testverfahren analysiert werden.[532] Durch eine explorative Faktorenanalyse werden die Indikatoren dazu zunächst verdichtet. Von einem Common Method Bias muss dann ausgegangen werden, wenn nur ein Faktor mit einem Eigenwert größer als 1 extrahiert, oder mehr als 50 % der Kovarianz durch die zwei stärksten Faktoren erklärt wird.[533] Eine Anwendung dieses Vorgehens führt bei der verwendeten Stichprobe zu 65 Faktoren, von denen die stärksten beiden ca. 34 % der

---

[531] Daten nach Statistisches Bundesamt (2005), S. 483 ff., und IfM (2001), S. 1, sowie eigenen Berechnungen.

[532] Vgl. Podsakoff et al. (2003), S. 889; Reinartz et al. (2004), S. 297 ff., schlagen alternativ die Überprüfung auf Common Method Biases über eine zweite Quelle vor. Sie weisen aber gleichzeitig darauf hin, dass dieses Vorgehen im Falle mittelständischer Unternehmen unangebracht ist, da der Eigentümerunternehmer häufig die einzige Informationsquelle darstellt oder keine Validierung seiner Aussagen durch einen Mitarbeiter wünscht.

[533] Vgl. Podsakoff et al. (2003), S. 889.

Kovarianz erklären.[534] Damit kann auch der Einfluss eines möglichen Common Method Biases als gering angesehen werden.

Insgesamt fällt damit sowohl die Prüfung auf Repräsentativität als auch auf Verzerrungen negativ aus: Es kann davon ausgegangen werden, dass die Stichprobe für die Zielpopulation **repräsentativ** und **nicht verzerrt** ist.

5.4 Auswahl und Beschreibung der Auswertungsmethode

5.4.1 Auswahl der Methode zur Datenanalyse

Das mittlerweile vorherrschende methodische Instrumentarium zur parallelen und interdependenten empirischen Überprüfung von Kausalhypothesen sind die multivariaten Analyseverfahren der zweiten Art[535]. Ein Teilbereich dieser Analyseverfahren wird unter den Begriffen „Kausalanalyse“[536] oder „Strukturgleichungsmodellierung“[537] zusammengefasst. Er beinhaltet[538] zwei alternative Schätzverfahren: **die Varianz- und die Kovarianzstrukturanalyse.**[539] Beiden Verfahren ist gemein, dass sie die Schätzung linearer Zusammenhänge zwischen mehreren latenten Konstrukten erlauben. Das Schätzgleichungssystem der exogenen Variable – das so genannte

---

[534] Die Faktorenanalyse erfolgte durch Extraktion mit der Hauptkomponentenanalyse.

[535] Dieses Instrumentarium wird dabei von uni- oder bi-variaten Verfahren (z.B. einfache Regression) sowie den multivariaten Verfahren der ersten Generation (z.B. multiple Regression, multiple Diskriminanzanalyse, Faktorenanalyse oder Clusteranalyse) abgegrenzt: Uni- oder bi-variate Verfahren können nur Modelle mit maximal zwei abhängigen Variablen analysieren; sie können die Wirkung mehrerer exogener Variablen damit nur nacheinander, nicht aber gleichzeitig schätzen, so dass Interdependenzen zwischen den exogenen Variablen nicht direkt untersuchbar sind. Multivariate Verfahren der ersten Generation können insbesondere den Messfehler bei der Schätzung von Konstrukten nicht explizit modellieren und leiden unter weiteren methodischen Schwächen; vgl. Fornell (1987), S. 408 ff., Chin (1998a), S. 6 ff.

[536] Zur Problematik dieses Begriffs vgl. Homburg/Hildebrandt (1998), S. 17.

[537] Oder „Structural Equation Modelling“, vgl. z.B. Fornell/Larcker (1981), S. 39 ff., Backhaus et al. (2005), S. 337 ff.

[538] Hier sollen sowohl die Varianz- als auch die Kovarianzanalyse unter dem Begriff Kausalanalyse bzw. Strukturgleichungsmodell verstanden werden.

[539] Vgl. z.B. Bliemel et al. (2005a), S. 9 ff.

Strukturmodell[540] – beinhaltet sowohl endogene und mögliche weitere exogene Konstrukte, wie auch insbesondere einen expliziten Fehlerterm.[541] Die Schätzung der latenten Konstrukte erfolgt durch ein weiteres Gleichungssystem (das so genannte **Messmodell**[542]), das im reflektiven Fall aus dem Produkt aus Indikator-Vektor (also den Werten der messbaren Beobachtungsvariablen) und ihrer Faktorladungsmatrix sowie wiederum einem expliziten Fehlerterm für die Messfehler der Indikatoren besteht; im formativen Fall ist die Messung als gewichtete Linearkombination der Indikatoren sowie erneut einem Fehlerterm für die Messungenauigkeit bestimmt.[543]

Das kovarianzbasierte Schätzverfahren versucht eine optimale Schätzung beider Gleichungssysteme zu erhalten, indem es in einem Optimierungsverfahren das Modell optimal an die Kovarianzmatrix der Stichprobe angepasst.[544] In seiner Umsetzung im Rahmen des LISREL-Ansatzes[545] und der entsprechenden Softwarelösung hat es breite Verwendung in der Sozialwissenschaft gefunden. Neuer ist das varianzbasierte Schätzverfahren und seine Umsetzung durch den **Partial-Least-Square-Ansatz (PLS-Ansatz).**[546] Hier wird das System der Struktur- und Messgleichungen in seiner Anpassung an die Stichprobe optimiert, indem die Residualvarianzen aller abhängigen Variablen im Modell minimiert[547] und somit die durch das Modell aufgeklärte Gesamtvarianz maximiert werden[548].

---

540 Backhaus et al. (2005), S. 341.
541 Vgl. Betzin/Henseler (2005), S. 49 ff., sowie Chin (1998b), S. 295 ff.
542 Backhaus et al. (2005), S. 341.
543 Vgl. Betzin/Henseler (2005), S. 49 ff., sowie Chin (1998b), S. 295 ff.
544 Vgl. Bliemel et al. (2005a), S. 10, und Chin et al. (2003), S. 194 ff.
545 Vgl. Jöreskog (1970), Jöreskog (1973).
546 Zurückgehend auf Wold (1966), Wold (1975) und Wold (1980), einen umfassenden Überblick bieten Bliemel et al. (2005b).
547 Vgl. Chin (1998b), S. 295 ff.
548 Vgl. Chin et al. (2003), S. 199 ff.

Zur Entscheidung zwischen den beiden Verfahren wird eine Reihe von Kriterien angeführt:[549] Der varianzbasierte Ansatz ist vorzuziehen, wenn **a)** ein neuartiger Forschungsgegenstand vorliegt, **b)** Vorhersagen getroffen werden sollen, **c)** komplexe Modellstrukturen mit vielen Indikatoren auftreten, **d)** keine Multinormalverteilung der Ausgangsdaten angenommen werden kann, **e)** nur geringe Stichprobengrößen existieren sowie **f)** formative Messungen latenter Variablen vorgenommen werden sollen[550].

Es ist festzustellen, dass all diese Kriterien für die vorliegende Arbeit gegeben sind: Die Übertragung der Theorie des geplanten Handelns auf das Forschungsobjekt „privates Beteiligungskapital im deutschen Mittelstand“ ist neu. Weiter folgt die Absicht, Vorhersagen zu treffen, aus den hier behandelten Forschungsfragen; es können nur dann Empfehlungen für die Gestaltung privater Beteiligungskapitalangebote und Rahmenbedingungen getroffen werden, wenn das zu Grunde liegende Modell und seine Aussagen erlauben, die Nutzungsintention und die Bildung von Einstellung, Norm und Kompetenz vorherzusagen. Gleichzeitig ist die Modellstruktur mit 16 Variablen, 63 Indikatoren und weiteren Gruppen- und Kontrollvariablen vergleichsweise komplex. Ein Test auf (Multi-)Normalverteilung ergibt, dass die Annahme einer solchen Verteilung für die Stichprobe nicht zulässig ist.[551] Die Stichprobengröße liegt mit dem erzielten n = 281 zwar deutlich über der heuristischen Mindeststichprobengröße für die Anwendung des PLS-Algorithmus[552], ist im Verhältnis zur Anzahl der Schätzungen aber noch

---

[549] Vgl. Bliemel et al. (2005a), S. 10 ff., sowie Albers/Hildebrandt (2006), S. 325 ff., Gefen et al. (2000), S. 9 ff., Chin et al. (2003), S. 196 ff.

[550] Die Einbindung formativer Messmodelle ist grundsätzlich auch bei der Kovarianzanalyse möglich, aber wegen der faktoranalytischen Annahmen im Rahmen der üblichen Kovarianzstrukturgleichungsverfahren häufig problematisch, vgl. Eberl (2006), S. 654.

[551] Die Überprüfung erfolgt durch den Kolmogorov-Smirnov-Test und führt bei einem Signifikanzniveau von 5 % zur Ablehnung der Normalverteilungsannahme bei allen Indikatoren, vgl. Bleymüller et al. (2000), S. 133 ff.; dieses Ergebnis ist bei der verwendeten multiplikativen Errechnung der Eindruckswerte allgemein zu erwarten, vgl. Taylor/Todd (1995), S. 152.

[552] Nach Chin (1998b), S. 311 ist der erforderliche Mindestumfang der Stichprobe N > 10 x Max (Anzahl der Indikatoren im größten formativen Konstrukt; Anzahl der latenten exogenen Variablen, die auf eine endogene Variable wirken). Zusätzlich erfordern

immer klein. Schließlich sind sechs der Konstrukte des Modells wie oben dargestellt formativ spezifiziert. Damit ist das **Partial-Least-Squares** Verfahren hier dem kovarianzbasierten Ansatz vorzuziehen.[553]

5.4.2 Partial-Least-Square-Schätzung von Strukturgleichungsmodellen

Die eigentliche Schätzung des Strukturgleichungsmodells erfolgt[554] im Rahmen des PLS-Algorithmus in vier Schritten:[555]

- **Schätzung der Indikatorgewichte:** Wie oben beschrieben werden die latenten Variablen durch Schätzung von Gewichten der Indikatorvariablen ermittelt. In der ersten Iteration erfolgt eine beliebige[556] Annahme für diese Startgewichte. Diese Gewichte werden bei erneutem Durchlauf des Algorithmus verbessert.

- **Äußere Approximation:** Durch die so gewichtete Aggregation der Indikatoren können diese als Linearkombinationen in einen Wert für ihr zugehöriges Konstrukt überführt werden.

- **Bestimmung der Pfadkoeffizienten:** In einem Folgeschritt werden die Pfadkoeffizienten zwischen den miteinander verbundenen latenten Variablen (für die aus Schritt zwei nun eine Quantifizierung vorliegt) so geschätzt, dass die residuale nicht durch das Modell erklärte Varianz

---

Gruppenvergleiche (Anforderungen gelten je Gruppe), Konstrukte höherer Ordnung und andere Modellstrukturen eine weitere Erhöhung des Mindestumfangs.

553 Das PLS-Verfahren unterliegt dabei jedoch einer methodischen Einschränkung, die häufig als „Issue of Consistency at Large“ bezeichnet wird (vgl. z.B. Lohmöller (1989), S. 213 ff.). Durch Aggregation der beobachteten Variablen und damit der Messfehler dieser Indikatoren können tendenziell höhere Werte für das Messmodell und tendenziell niedrigere Werte für das Strukturmodell geschätzt werden (vgl. Bagozzi et al. (1991), S. 429). Gleichzeitig hohe Stichprobengröße und Indikatoranzahl wirken dieser Gefahr jedoch entgegen (vgl. Lohmöller (1989), S. 213-216); beim hier vorliegende Verhältnis von Indikatoren und Stichprobengröße ist davon auszugehen, dass die erhaltenen Ergebnisse ausreichend präzise sind.

554 Zur Schätzung wurden die Softwarelösungen PLSGraph (www.plsgraph.com) und SmartPLS (www.smartpls.de) verwendet (beide Pakete liefern identische Lösungen).

555 Vgl. z.B. Lohmöller (1989), Fornell/Cha (1997) und Betzin/Henseler (2005).

556 Üblicherweise wird ein Startgewicht von 1, d.h. eine Gleichgewichtung, gewählt.

minimal ist. Diese Schätzung erfolgt durch die Auswahl eines Gewichtungsverfahrens (siehe unten).

- **Innere Approximation und Iteration:** Auf der Basis der ermittelten Werte für die latenten Variablen und der ermittelten Gewichte (Pfadkoeffizienten) zwischen ihnen können nun neue Werte für die latenten Variablen ermittelt und mit den empirischen Werten der Stichprobe verglichen werden. Unter Verwendung dieser Werte kann dann eine neue Iterationsschleife beginnen, in der die Gewichte der Indikatoren nicht deterministisch sind, sondern durch Regression auf die neu ermittelten Werte der latenten Variablen ermittelt werden. Der Algorithmus ist dann beendet, wenn die erhaltenen inneren und äußeren Gewichte eine vorgegebene Konvergenzgrenze erreicht haben.

Die Schätzung der inneren und äußeren Gewichte wird wie beschrieben sequentiell für jede Beziehung innerhalb des Strukturgleichungsmodells durchgeführt, wodurch bereits bei verhältnismäßig wenigen Fällen eine Konvergenz des Gleichungssystems erreicht werden kann.[557]

Im Rahmen des beschriebenen Algorithmus existieren verschiedene methodische Einzelheiten, die entsprechend der Stichprobe und der Struktur der Schätzdaten spezifiziert werden müssen. Dies umfasst besonders die Auswahl eines **Standardisierungsverfahrens**, die Bestimmung eines **Gewichtungsverfahrens** im Rahmen der Bestimmung der Pfadkoeffizienten und die Vorgabe der **Konvergenzgrenze** zum Abbruch der Iteration bzw. die Vorgabe einer maximalen Iterationszahl.

Neben der Verwendung der ursprünglichen Datenwerte bieten sich als **Standardisierungsverfahren** die Indizierung des Mittelwerts unter Beibehaltung der Varianzgröße, die Standardisierung der Varianz unter Beibehaltung des Mittelwertes und die vollständige Standardisierung von

---

[557] Es wird immer nur ein Teil des Modells betrachtet, die Analyse ist – wie im Namen der Methode ausgedrückt – „partial“.

Mittelwert und Varianz an.[558] In dieser Arbeit wurden die erhobenen Daten auf einen **Mittelwert von 0 und eine Varianz von 1 standardisiert**, um die Vergleichbarkeit der Pfadkoeffizienten und der anderen Modellkennzahlen untereinander verzerrungsfrei zu ermöglichen.[559]

Als **Gewichtungsverfahren** stehen das „Centroid Weighting“, das „Factor Weighting“ und das „Path Weighting“ als Optionen zur Verfügung.[560] Beim „Centroid Weighting“ werden – entsprechend der oben beschriebenen ursprünglichen Version des PLS-Algorithmus[561] – die Gewichte entsprechend der Vorzeichen der Korrelation der latenten Variablen auf +1 oder -1 gesetzt. Weitergehende Aspekte wie die unterschiedliche Stärke der Beziehungen zwischen den latenten Variablen werden ignoriert.[562] Beim „Factor Weighting Scheme“ werden die Korrelationen zwischen den latenten Konstrukten als Gewichte gesetzt.[563] Beim „Path Weighting“ werden die Pfadkoeffizienten auf der Basis der Position der latenten Variable im Sturkturgleichungsmodell gesetzt: Endogene Variablen werden als beste eigene Schätzer behandelt, während exogene Variablen wie beim „Factor Weighting“ als Hauptkomponente ihrer Nachbarkonstrukte behandelt werden. Nur das **„Path Weighting“-Verfahren** bildet dabei die Struktur und die Richtung der Relation zwischen den Variablen vollständig korrekt ab[564] und wird deshalb hier verwendet.[565]

---

558 Vgl. Chin (2001), S. 13; im SmartPLS-Paket werden nur die Optionen einer 0,1-Standardisierung oder einer Verwendung der Originalskalierungen angeboten.

559 Die erhaltenen Ergebnisse sind dabei aber weitgehend robust gegen eine Veränderung des Standardisierungsverfahrens bzw. eine Nicht-Standardisierung der Ergebnisse.

560 Vgl. Fornell/Cha (1997), S. 65.

561 Vgl. Wold (1980).

562 Vgl. Fornell/Cha (1997), S. 65.

563 Lohmöller (1989), S. 42.

564 Vgl. Lohmöller (1989), S. 42, und Chin (1998b), S. 309.

565 Die Ergebnisunterschiede bei Verwendung alternativer Gewichtungsverfahren sind ebenfalls minimal, entsprechend der Aussagen bei z.B. Chin (1998b), S. 309.

Die **Konvergenzgrenze** wird schließlich wie bei Lohmöller (1989) vorgeschlagen auf <0,001 gesetzt (bei einer gleichzeitigen Maximalanzahl von 300 Iterationen).[566] Das Modell ist dabei vollständig konvergent.

5.4.3 Kriterien zur statistischen Güte- und Signifikanzprüfung

Die erhaltenen Schätzergebnisse müssen sowohl für das Messmodell als auch für das Strukturmodell auf ihre statistische Aussagefähigkeit überprüft werden. Die Beurteilung des Messmodells erfolgt auf der Basis der Hauptgütekriterien[567] **Reliabilität und Validität**.[568] Reliabilität und Validität können genauer in Indikator- und Konstruktreliabilität sowie Inhaltsvalidität, Konvergenzvalidität, Diskriminanzvalidität und nomologische Validität unterschieden werden[569]: Indikatorreliabilität gibt an, welcher Anteil der Varianz eines Indikators durch die zugrunde liegende latente Variable erklärt wird.[570] Konstruktreliabilität ist dann vorhanden, wenn das (reflektive) Konstrukt eine starke Beziehung seiner Indikatoren untereinander auslöst.[571] Inhaltsvalidität prüft die semantische Verknüpfung von Indikatoren und Konstrukt, Diskriminanzvalidität prüft die Eindeutigkeit der Zuordnung von Indikatoren zu Konstrukten bzw. den Grad, zu welchem Indikatoren eines Konstrukts verschieden von anderen Konstrukten sind. Nomologische Validität bezeichnet die Gültigkeit der Indikatoren bzw. des Messmodells innerhalb der übergeordneten inhaltlichen „Domäne" des Konstrukts[572],

---

[566] Vgl. Lohmöller (1989), S. 320 ff.

[567] Rammstedt (2004), S. 5, Homburg/Giering (1996), S. 6.

[568] Reliabilität bezeichnet die Konsistenz der Messqualität durch ein Messmodell. Statistisch präzisiert muss der Anteil des Fehlerterms an der Varianz eines Indikators deutlich geringer sein als der Anteil der latenten Variablen, um sicherzustellen, dass die erhaltenen Messergebnisse nicht Produkt eines Messfehlers sind. Validität bezeichnet den Grad, zu dem ein Messmodell das zu messende latente Phänomen tatsächlich erfasst. (Vgl. Peter (1979), Peter (1981)).

[569] Vgl. Chin (1998a), S. 316 ff.

[570] Vgl. Götz/Liehr-Gobbers (2004), Krafft et al. (2005).

[571] Vgl. Homburg/Giering (1996), S. 7.

[572] Vgl. Homburg/Giering (1996), S. 7, sowie Bagozzi (1980) und Bagozzi et al. (1991).

Konvergenzvalidität beschreibt die Übereinstimmung ähnlicher Messungen desselben Konstrukts[573].

Gütekriterium	Reflektive Konstrukte	Formative Konstrukte
Konstruktreliabilität	• Cronbachs Alpha > 0,7[574] • Interne Konsistenz > 0,7[575]	
Indikatorreliabilität	• Ladung > 0,7[576] • Indikator signifikant[577]	
Inhaltsvalidität	• Basierung auf Vorlagen • Expertenvalidität[578] • Unidimensionalität in explorativer Faktorenanalyse[579]	• Basierung auf Vorlagen • Expertenvalidität[580] • MIMIC-Prüfung[581]
Diskriminanzvalidität auf Konstruktebene	• AVE > 0,5[582] • AVE > quadrierte Korrelation mit anderen Konstrukten[583]	
Diskriminanzvalidität auf Itemebene	• Ladung der Konstruktitems auf andere Konstrukte < Ladung auf eigenes Konstrukt[584]	
Multikollinearität		• VIF zwischen 1 und 10, sowie KI < 30[585]
Indikatorrelevanz		• Gewicht und Signifikanz[586]

Tabelle 9: Kriterien zur Güteprüfung der Messmodelle

Die Güteprüfung dieser Kriterien ist bei reflektiven und formativen Konstrukten unterschiedlich. Entsprechend werden die verschiedenen Messungen anhand der Kriterien in Tabelle 9 getrennt bewertet.[587]

---

573 Vgl. Bagozzi (1980).
574 Vgl. Zinnbauer/Eberl (2004), S. 568.
575 Vgl. Krafft et al. (2005), S. 75, Hulland (1999), S. 199; abweichend fordern Bagozzi/Yi (1988), S. 82 lediglich einen Wert von > 0,6.
576 Vgl. Chin (1998b), S. 295 ff.
577 Signifikanzprüfung auf der Basis eines T-Tests mit Alpha/Beta-Verhältnis von 1.
578 Vgl. Rossiter (2002), S. 326 ff.
579 Vgl. Gerbing/Anderson (1988), S. 189.
580 Vgl. Rossiter (2002), S. 326 ff.
581 Vgl. Götz/Liehr-Gobbers (2004), Bagozzi et al. (1991).
582 Vgl. Homburg/Giering (1996), S. 13.
583 Vgl. Homburg/Giering (1996), S. 11, als Fornell-Larcker-Kriterium, nach Fornell/Larcker (1981).
584 Vgl. Chin (1998b), S. 321.
585 Vgl. Krafft et al. (2005), S. 79.
586 Signifikanzprüfung auf der Basis eines T-Tests mit Alpha/Beta-Verhältnis von 1.

Die Multiple-Indicators-and-Multiple-Causes-Beurteilung (MIMIC-Beurteilung)[588] der formativen Konstrukte erfolgt durch den Vergleich der latenten Variablen mit einem reflektiven Item, das zu jedem formativen Konstrukt zusätzlich erhoben wurde. Dies lässt weitere Aussagen über die inhaltliche Validität zu.[589]

Die **Güte der Modellanpassung** wurde nach den Kriterien in Tabelle 10 geprüft. Die Signifikanzbewertung der Hypothesen bzw. der Pfadkoeffizienten erfolgte anhand eines einseitigen T-Tests[590]; die erforderlichen T-Werte werden durch ein Bootstrap-Verfahren[591] ermittelt. Unter Annahme eines Verhältnisses von Alpha- zu Beta-Fehler von 1[592] und mit dem vorliegenden N = 281 liegt der **kritische T-Wert** mit einem Signifikanzniveau von **Alpha = 10 %** bzw. einer Power von ca. 90 % bei ca. **1,31**.[593] Die daraus resultierende Effektstärke beträgt ca. 0,15[594]. Die Beurteilung der aufgestellten Hypothesen erfolgt nach folgender **Prüfregel:** Eine Hypothese wird dann nicht verworfen, wenn der entsprechende Pfadkoeffizient statistisch signifikant ist und das Vorzeichen der Richtung der Hypothese entspricht.

Neben der Schätzung des Gesamtmodells werden zusätzliche Auswertungen durchgeführt: Der **Vergleich von Gruppen** innerhalb der Stichprobe erfolgt

---

587 Über die bereits in den PLS-Softwarepaketen enthaltenen Kenngrößen wurden weitere Kennzahlen mit SPSS 14.0 errrechnet.

588 Vgl. ausführlich z.B. Diamantopoulos/Winklhofer (2001), S. 272 f., Bagozzi et al. (1991), S. 427 ff.

589 Vgl. Götz/Liehr-Gobbers (2004), S. 729.

590 Ein einseitiger Test ist ausreichend, da mit den Pfadkoeffizienten eine gerichtete Hypothese vorliegt.

591 Auf Basis von 200 Iterationen mit jeweils 100 Extraktionen, vgl. Chin (1998b), S. 323 ff. Teilweise wird gefordert, die Extraktionszahl gleich der Fallzahl des Samples zu setzen. dies führt zu tendenziell besseren Signifikanzbeurteilungen der Pfadkoeffizienten und Ladungen. Das hier gewählte Vorgehen ist entsprechend konservativ und wird insbesondere gewählt, um im durchgeführten Gruppenvergleich keine deutlich über den Gruppenstichprobengrößen liegende Zahl an Extraktionen zu verwenden.

592 Damit ist die Ablehnungswahrscheinlichkeit einer richtigen Hypothese (Alphafehler) gleich der Annahmewahrscheinlichkeit einer falschen Hypothese (Betafehler).

593 Zur Bestimmung der Schwellenwerte für die Hypothesenbeurteilung wurde das Paket G-Power (http://www.psycho.uni-duesseldorf.de/aap/projects/gpower/) verwendet.

594 Es wird damit auf eine „mittlere Effektstärke“ untersucht. Diese Beurteilung ist für den teilweise explorativen Charakter der Untersuchung angemessen; vgl. Mazen et al. (1987), S. 375 ff.

durch eine Trennung entlang verschiedener Vergleichsvariablen und die Berechnung der jeweiligen Teilmodelle.[595] Für die Trennung nach Profitabilität und Größe wurde dabei auf einen potenziellen Brancheneffekt hin kontrolliert. Für alle Gruppen werden die Pfadkoeffizienten geschätzt und auf signifikante Unterschiede untersucht.[596] Weiter wurden sie auf Indikator- und auf Konstruktebene auf Kongruenz überprüft[597], um sicherzustellen, dass die geschätzten Konstrukte in den verschiedenen Teilmodellen identische Sachverhalte messen.[598] Schließlich wurde nur dann eine Auswertung der Gruppen vorgenommen, wenn die entstandenen Gruppengrößen bei der Teilung auch für jede Einzelgruppe den oben dargestellten Mindeststichprobenumfängen für die PLS-Analyse entsprechen.

Gütekriterium	**Prüfkriterium**
Stärke der kausalen Beziehung	• Pfadkoeffizient nicht deutlich < 0,2[599] • Pfadkoeffizient signifikant
Varianzaufklärung des Gesamtmodells	• Höhe des R^2[600]
Prognoserelevanz des Gesamtmodells	• Höhe des Q^2[601]

Tabelle 10: Kriterien zur Bewertung des Strukturmodells

Die Bewertung auf **Mediator-Effekte** wird durch den Vergleich der mediierten Pfadkoeffizienten mit einer direkten Wirkung der jeweiligen Variable analysiert.[602] Ein Mediatoreffekt liegt dann vor, wenn dieser Unterschied unter den oben beschriebenen Annahmen signifikant ist. Neben

---

595 Die Trennung erfolgte üblicherweise durch den Modalwert.

596 Vgl. zur Methode Dibbern/Chin (2005).

597 Für den Coefficient of Congruence wurde in Übereinstimmung mit Teel/Verran (1991), S. 69, ein Grenzwert von 0,9 angenommen, Konstrukte mit geringerer Kongruenz wurden nicht interpretiert. Weiter wurde geprüft, dass Gewichte und Ladung der einzelnen Indikatoren über die jeweiligen Gruppen bei einem Signifikanzniveau von 0,05 nicht verschieden sind.

598 Vgl. ausführlicher Carte/Russell (2003), S. 495 ff.

599 Der Grenzwert ist dabei nicht streng definiert; z.B. Chin (1998b), S. 321 gibt einen Grenzwert von 0,2 an (vgl. auch Krafft et al. (2005), S 83), Lohmöller (1989) akzeptiert Pfadkoefizienten ab 0,1.

600 Vgl. Chin (1998b), S. 323.

601 Vgl. Krafft et al. (2005), S. 85, als „omission distance" wurde mit 277 eine Primzahl zwischen der Stichprobengröße und der Anzahl der Indikatoren gewählt, vgl. Chin (1998b), S. 317.

602 Vgl. zur Methode Eggert et al. (2005).

einem T-Wert[603] wird zusätzlich die Testgröße VAF[604] untersucht. Alle Ergebnisse werden auf Veränderungen in den Algorithmen, Standardisierungsbehandlungen und Skalierung der Ausgangsdaten sowie Messung der endogenen Variablen geprüft.

[603] Es wird die von Sobel (1982) vorgeschlagene Prüfgröße z verwendet, die dem T-Test im normalen Pfadmodell entspricht; die Signifikanzgrößen entsprechen den oben verwendeten.

[604] Die VAF (Variance Accounted For) ermöglichte eine Bewertung der Größe des mediierten Effektes, vgl. Iacobucci/Duhachek (2003), Eggert et al. (2005).

6 Ergebnisse der empirischen Untersuchung

6.1 Deskriptive Ergebnisse

Die erhaltene Stichprobe erlaubt zunächst einige strukturelle Aussagen über die Verwendung von privatem Beteiligungskapital im Mittelstand (vgl. im Detail Anhang 3): Etwa 7 % der antwortenden Unternehmen nutzen privates Beteiligungskapital intensiv, 80 % geben keine oder nur eine sehr geringe Nutzung an. Von den Unternehmen mit Beteiligung haben ca. 20 % Mehrheitsbeteiligungen, ca. 40 % haben zwischen 20 % und 50 % des Eigenkapitals an ein Beteiligungsunternehmen abgegeben und ca. 40 % haben nur einen geringen Anteil (<20 %) übertragen.[605]

Mit Blick auf die Instrumente (vgl. Tabelle 11) sind die direkte Beteiligung eines Intermediärs und die stille Beteiligung bei jeweils ca. 30 % der Antwortenden bekannt, die Mezzanine-Instrumente liegen in der Bekanntheit zwischen 10 % und 20 %. Bekanntester Anbieter ist die KfW gefolgt von auf mittelständische Unternehmen spezialisierte private Beteiligungsgesellschaften (MBGs).

Instrumente	Kenntnis	Anbieter	Kenntnis
Direkte Beteiligung	29 %	MBGs	20 %
Stille Beteiligung	28 %	KfW-Programme	25 %
Nachrangdarlehen	18 %	Sparkassen	15 %
Partiarisches Darlehen	10 %	Landesbanken	14 %
Wandel-/Optionsanleihe	16 %	Andere private BK-Anbieter	13 %
Genussscheine	16 %		

Tabelle 11[606]: Kenntnis von Beteiligungsinstrumenten und -anbietern

605 Diese Werte decken sich in der Größenordnung mit anderen Befragungen zu privatem Beteiligungskapital im Mittelstand; im Vergleich zu bspw. Achleitner et al. (2005b), S. 5 f., sind sowohl die Anteile an Nutzern, die Kennzahlen zur Abgabe von Stimmrechten und die Aussagen zur generellen Eignung von Beteiligungskapital auf sehr ähnlichem Niveau; auch andere Befragungen zeigen ähnliche Strukturkennzahlen, z.B. Richter et al. (2004), S. 30 ff., Impulse/IfM (2004a), S. 33.

606 Mehrfachantworten und Nichtantwort möglich

Direkte und stille Beteiligung machen jeweils ein Drittel der Nutzung aus. Deutlich stärkster Anbieter von Beteiligungskapital ist die KfW (vgl. Tabelle 12), für die hier ein Marktanteil von über 50 % ermittelt wird.

Instrumente	**Nutzung**	**Anbieter (% aller Nutzer)**	**Nutzung**
Direkte Beteiligung	33 %	MBGs	11 %
Stille Beteiligung	31 %	KfW-Programme	56 %
Nachrangdarlehen	21 %	Sparkassen	11 %
Partiarisches Darlehen	8 %	Landesbanken	7 %
Wandel-/Optionsanleihe	3 %	Andere private BK-Anbieter	15 %
Genussscheine	5 %		

Tabelle 12[607]: Nutzung von Beteiligungsinstrumenten und -anbietern

Die gewonnenen Werte können neben der kausalanalytischen Verwertung genutzt werden, um deskriptive Aussagen zu treffen. Abbildung 22 zeigt zunächst die **Bewertung potentieller Folgen einer Beteiligungsfinanzierung.**[608]

Während die Unteraspekte der Kapitalbeschaffung durch Beteiligungskapital – Gesamtmenge, Menge pro Runde und Überlassungsdauer – alle gleichermaßen als positive Konsequenz bewertet werden, ergibt ein Vergleich der verschiedenen Aspekte von Mehrwertleistungen ein differenzierteres Bild: Die am stärksten positiv bewertete Konsequenz ist die Möglichkeit, durch privates Beteiligungskapital Zugang zu zusätzlichen Finanzierungsquellen zu erhalten. Eine Senkung der Steuerquote, der Zugang zu weiterem Personal und eine etwaige Motivation durch das Beteiligungsunternehmen werden am geringsten geschätzt. Die den wahrgenommenen Kosten entsprechenden Aspekte werden ebenfalls unterschiedlich bewertet: Am negativsten werden laufende Abgaben von Cashflows, Kosten für Berater oder Anwälte und Kosten der Beteiligungswürdigkeitsprüfung eingeschätzt. Dies ist besonders interessant, weil gerade die letzten beiden Kostenpositionen in der Regel von ihrem Geldwert her deutlich unter den

---

607 Prozent aller Mittelständler, die privates Beteiligungskapital nutzen.
608 Dargestellt sind jeweils die arithmetischen Mittelwerte.

eigentlichen Finanzierungskosten bzw. der Abgabe von Unternehmenswertanteilen liegen. In Bezug auf die verschiedenen Unterausprägungen eines potentiellen Kontrollverlusts ergibt sich, dass die Einflussnahme auf operative Entscheidungen und auf den Unternehmensumfang (also auf den Verkauf von Unternehmensteilen) am negativsten bewertet werden. Informationspflichten und Druck zur Zielerreichung werden als weniger negative Konsequenzen einer Beteiligungsfinanzierung aufgefasst.

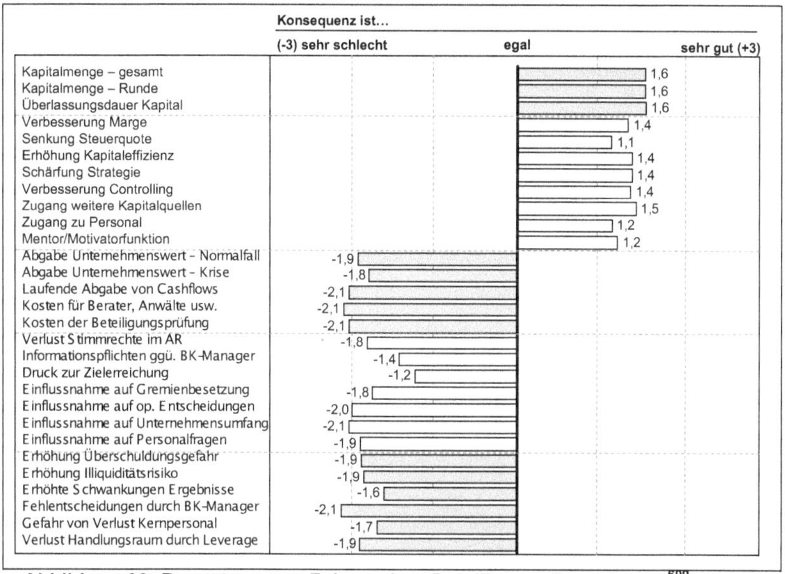

Abbildung 22: Bewertung von Folgen einer Beteiligungsfinanzierung[609]

Abbildung 23 zeigt, in welchem Maße mittelständische Unternehmer erwarten, dass die einzelnen **Konsequenzen** bei einer privaten Beteiligungskapitalfinanzierung tatsächlich **eintreten**. Die Deckung des Finanzbedarfs, der Verlust von Kontrolle und Finanzierungskosten gelten als eher wahrscheinliche Konsequenzkonstrukte, die Schaffung eines Mehrwertes,

---

[609] Zur besseren Vergleichbarkeit der Durchschnitte mit den folgenden Abbildungen wurden die (teilweise reverse coded) Konsequenzbewertungen für die deskriptive Darstellung auf eine einheitliche -3 bis +3-Skala umcodiert. Die Originalwerte, die für die deskriptive Analyse verwendet werden, finden sich in Anhang 3. Die Aussagen der Originalwerte werden durch diese Umskalierung nicht verändert.

und eine Veränderung des Unternehmensrisikos als eher unwahrscheinliche Konsequenzkonstrukte einer Beteiligungsfinanzierung. Auf Konsequenzebene gelten Informationspflichten an Beteiligungsmanager und ein erhöhter Druck, Ziele zu erreichen als wahrscheinlichste Einzelkonsequenzen. Als am unwahrscheinlichsten werden die Möglichkeit zur Senkung der Steuerquote, der Verlust von Kernpersonal wegen einer Beteiligung und verbesserter Zugang zu Personal durch das Beteiligungsunternehmen aufgefasst.

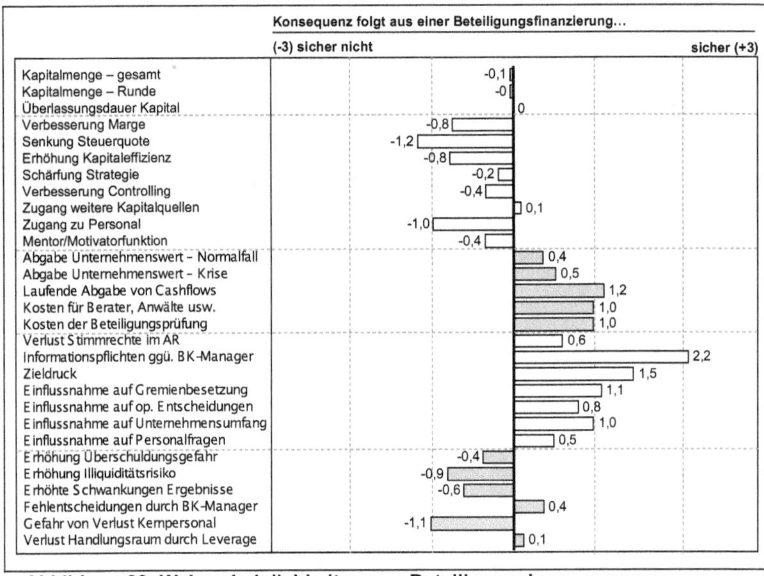

Abbildung 23: Wahrscheinlichkeiten von Beteiligungskonsequenzen

Interessant sind zusätzlich die ermittelten subjektiven Eintrittswahrscheinlichkeiten[610] für die Gefahr von Fehlentscheidungen durch Beteiligungsmanager (+0,4), die Gefahr von Verlust durch Handlungsspielraum wegen einer starken Fremdkapitalaufnahme (+0,1) und Zugang zu weiteren Kapitalquellen (+0,1), da sie im Vergleich innerhalb der jeweiligen Konstrukte deutlich unterschiedlich aufgefasst werden.

[610] In der hier gewählten Darstellung wird die Skalierung des Fragebogens beibehalten und nicht – wie für eine korrekte Darstellung von Wahrscheinlichkeiten – eine Normierung auf 0 bis 1 vorgenommen.

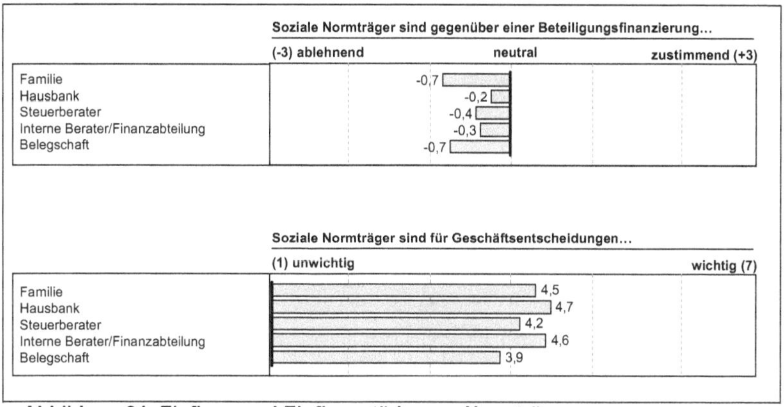

Abbildung 24: Einfluss und Einflussstärke von Normträgern

Abbildung 24 zeigt die **Bewertung und die Wichtigkeit verschiedener Normträger**. Im Durchschnitt wird eine mäßig ablehnende Haltung aller sozialen Einflusspersonen angegeben. Als am stärksten ablehnend werden die Meinungen der Familie und der Belegschaft genannt. Hausbank, Steuerberater und die interne Finanzabteilung sind fast neutral eingestellt. Alle aufgeführten Normträger haben einen mittelstarken Einfluss auf die Entscheidungen des Eigentümerunternehmers. Dabei ist der Einfluss der Hausbank und der Finanzabteilung relativ am stärksten, während die Belegschaft den geringsten Einfluss auf den Entscheider ausübt. Abbildung 25 zeigt die Bewertungen der Vertrautheit mit und des Zugangs zu privatem Beteiligungskapital: Zunächst fällt auf, dass alle die Handlungskompetenz treibenden Einflussgrößen als wichtig, aber eher nicht vorhanden, eingestuft werden. Die grundsätzliche Kompetenzbewertung durch den Mittelstand ist eher kritisch. Im Einzelnen werden insbesondere die Bedingungen und Konditionen als nicht verstanden bezeichnet und bürokratische Hürden angegeben. Verständnis der grundsätzlichen Funktionsweise des Instrumentes „Privates Beteiligungskapital“ und des Finanzierungsmechanismus wird relativ gesehen allerdings als am positivsten eingestuft.

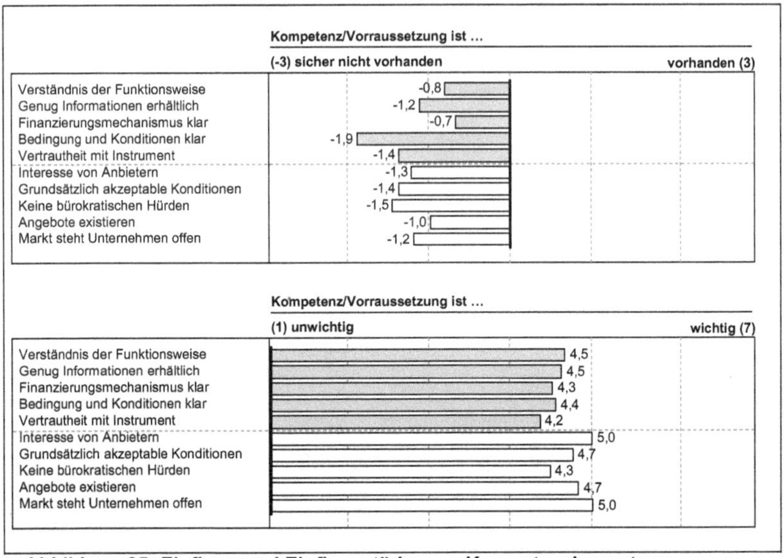

Abbildung 25: Einfluss und Einflussstärke von Kompetenzbewertungen

6.2 Güteprüfung der Messmodelle

6.2.1 Güte der Einstellungs- und Intentionskonstrukte

Die nachfolgenden Tabellen fassen die Messmodelle nach den aufgestellten Hypothesen sortiert zusammen (vgl. Tabelle 13 bis Tabelle 26).[611]

Die Messung der Variable Nutzungsintention erfüllt die Gütekriterien in allen Dimensionen, nachdem ein Indikator für die Nutzungsintention auf Grund zu geringer Ladung eliminiert worden ist: Sowohl die Ladungen als auch die T-Werte liegen für alle Indikatoren über dem erforderlichen Prüfwert von 0,7 und sind gleichzeitig hochsignifikant. Auch die Prüfkriterien für die Reliabilität und für die Varianzaufklärung liegen alle deutlich über den erforderlichen Mindestniveaus.

[611] Neben der Darstellung der Items und der Messgrößen wird im oberen Teil jeder Tabelle noch einmal die genaue Spezifikation entsprechend der von Rossiter (2002) empfohlenen Dimensionen vorgenommen. Die verwendeten Abkürzen stehen für: OT = Object type; RT = Rater type; SC/L = Scale Type and lables; AT = Attribute type; für die genauen Definitionen dieser Konzepte vgl. Rossiter (2002), S. 305 ff.

Nutzungsintention (NINT)			
OT: Finanzierung mit privatem Beteiligungskapital		RT: KMU-Unternehmer (Individuum)	
SC/L: 7-Punkte-Lickert von "völlig falsch" bis "völlig richtig"; 100 Punkte nach Pennings von 1 = "gar nicht" bis 100 = "sehr hoch"		AT: Vorhandensein einer hohen Intention	
Hauptquellen: Ajzen (2006), Pennings et al. (2003), Pennings/Leuthold (2001)			
Spezifikation	Reflektiv	Cronbachs Alpha	0,91
		Reliabilität/IC	0,94
		AVE	0,79
Indikator		**Ladung**	**T-Wert**[612]
Relevantes Instrument		0,82	20,08****
Bemühen um Nutzung		0,92	45,52****
Absicht zur Nutzung		0,91	35,12****
Bei Finanzierungswahl berücksichtigen		0,89	27,46****
100 Punkte-Item nach Pennings		Eliminiert	

Tabelle 13: Gütekriterien des Nutzungsintentionskonstrukts

Auch für die Messung der Einstellung werden sowohl mit Blick auf die Ladungshöhen und Signifikanzen als auch für Reliabilität und Validität über alle Kriterien gute Werte erreicht.

Die **Prüfung auf Multikollinearität** fällt bei allen formativ spezifizierten Konstrukten negativ aus, so dass keine Eliminierung von Indikatoren notwendig ist (die Ergebnisse der Kennzahlen werden darum im Folgenden nicht mehr einzeln besprochen). Während die Gewichte im Gesamtblick angemessene Werte erreichen, werden die T-Werte teilweise auch für die des neuen Messkontexts wegen bewusst sehr niedrig gewählte geringste Signifikanzgrenze nicht erreicht.

[612] Signifikanzskala (F = Effektstärke, α = Signifikanzniveau): **** = 0,275/1 %, *** = 0,197/5 %, ** = 0,153/10 %, * = 0,1/2 %.

Einstellung (EINS)			
OT: Finanzierung mit privatem Beteiligungskapital		RT: KMU-Unternehmer (Individuum)	
SC/L: 7-Punkte-Lickert von "extrem schlecht" bis "extrem gut"; 100 Punkte nach Pennings von 1 = "schlecht" bis 100 = "gut"		AT: Positive oder negative Einstellungsbewertung von Finanzieren mit privatem Beteiligungskapital	
Hauptquellen: Ajzen (2006), Pennings et al. (2003), Pennings/Leuthold (2001)			
Spezifikation	Reflektiv	Cronbachs Alpha	0,93
		Reliabilität/IC	0,95
		AVE	0,83
Indikator		**Ladung**	**T-Wert**
Finanzierung des Unternehmens mit privatem Beteiligungskapital		0,89	20,08****
Beteiligungskapital als Finanzierungsinstrument		0,94	66,83****
Einstellung gegenüber privatem Beteiligungskapital		0,91	36,66****
100 Punkte-Item nach Pennings		0,91	38,64****

Tabelle 14: Gütekriterien des Einstellungskonstrukts

Wahrgenommene Deckung des Finanzbedarfs (FINB)				
OT: Wahrgenommene Deckung des finanziellen Ressourcendefizits durch Nutzung von privatem Beteiligungskapital		RT: KMU-Unternehmer (Experte)		
SC/L: 7-Punkte-Lickert von "sicher" bis "sicher nicht" (Annahmestärke) bzw. "sehr positiv" bis "neutral" (Bewertung)		AT: Wahrscheinlichkeit, den Finanzierungsbedarf durch Beteiligungskapital zu decken (Annahmestärke) bzw. Bewertung		
Hauptquellen: Autor, Schefczyk (2004)				
Spezifikation	Formativ	Konditionierungsindex	3,46	
Indikator		**Gewicht**	**T-Wert**	**VIF**
Kapitalmenge gesamt		0,30	0,53	2,47
Kapitalmenge pro Runde		0,39	0,71	2,97
Überlassungsdauer des Kapitals		0,40	0,76	3,03

Tabelle 15: Gütekriterien „Wahrgenomme Deckung Finanzbedarf“

Zwar führt dies nicht zur Veränderung des Messmodells[613], eine Interpretation der betroffenen Items ist jedoch entsprechend zu bewerten. Im Einzelnen ergibt sich für das Konstrukt der Finanzierungseignung ein ungefähr gleich starker Einfluss der Konsequenzen, die sich auf die Überlassungsmenge und -dauer von Kapital zur Deckung des finanziellen Ressourcenbedarfs beziehen. Leistungen im Rahmen zusätzlicher Aktivitäten durch das Beteiligungskapitalunternehmen sind vor allem von Bedeutung, wenn sie Zugang zu weiterem

Wahrgenommener Mehrwert (MERW)			
OT: Wahrgenommene Mehrwertleistungen durch Finanzierung mit Beteiligungskapital		RT: KMU-Unternehmer (Experte)	
SC/L: 7-Punkte-Lickert von "sicher" bis "sicher nicht" (Annahmestärke) bzw. "sehr positiv" bis "neutral" (Bewertung)		AT: Wahrscheinlichkeit, von Mehrwertleistungskomponeten durch Beteiligungskapitalfinanzierung zu profitieren (Annahmestärke) bzw. Bewertung	
Hauptquellen: Sapienza (1992), MacMillan et al. (1989), Berg/Gottschalg (2004), Brettel et al. (2006)			
Spezifikation	Formativ	Konditionierungsindex	3,78
Indikator	**Gewicht**	**T-Wert**	**VIF**
Verbesserung Marge	0,14	0,49	1,85
Senkung Steuerquote	0,13	0,51	1,27
Erhöhung Kapitaleffizienz	0,04	0,13	1,49
Schärfung Strategie	0,07	0,20	2,64
Verbesserung Controlling	0,00	0,00	2,18
Zugang zu weiteren Kapitalquellen	0,46	1,55**	1,84
Zugang zu Personal	0,07	0,24	1,45
Mentor/Motivator	0,45	1,32**	1,92

Tabelle 16: Gütekriterien „Wahrgenommener Mehrwert"

Kapital, eine Netzwerk-/Mentorfunktion für das Management, eine Verbesserung der operativen Marge oder eine Senkung der Steuerquote

[613] Krafft et al. (2005), S. 78.

betreffen.[614] Geringes Gewicht haben hingegen eine Verbesserung des Controllings und Maßnahmen, die die Kapitaleffizienz der Unternehmung betreffen.

Wahrgenommene Kosten (KOST)			
OT: Wahrgenommene Kosten einer privaten Beteiligungskapitalfinanzierung		RT: KMU-Unternehmer (Experte)	
SC/L: 7-Punkte-Lickert von "sicher" bis "sicher nicht" (Annahmestärke) bzw. "sehr negativ" bis "neutral" (Bewertung)		AT: Wahrscheinlichkeit Kostenbestandteile in großer Höhe zahlen zu müssen (Annahmestärke) bzw. Bewertung	
Hauptquellen: Antonczyk et al. (2006), Kaplan/Strömberg (2003b), Autor			
Spezifikation	Formativ	Konditionierungs-index	5,76
Indikator	**Gewicht**	**T-Wert**	**VIF**
Abtretung Unternehmensanteil	-0,22	0,54	1,79
Abtretung Unternehmensanteil in Krise	0,51	1,55**	1,77
Laufende Abgabe von Cashflows	0,61	1,46**	2,85
Kosten für Berater, Anwälte usw.	-0,04	0,09	3,72
Kosten Beteiligungswürdigkeitsprüfung	0,25	0,53	3,01

Tabelle 17: Gütekriterien „Wahrgenommene Kosten“

Für das negative Konsequenzkonstrukt „Wahrgenommene Kosten einer Beteiligungskapitalfinanzierung“ sind insbesondere die Abgabe von (zusätzlichen) Unternehmensanteilen im Krisenfall der Beteiligung, die Abgabe von laufenden Cashflows und – in geringerem Maße – die Kosten für die Beteiligungswürdigkeitsprüfung relevant. Keinen Einfluss haben etwaige Kosten für Berater oder Anwälte in diesem Zusammenhang. Das negative Gewicht der allgemeinen – d.h. nicht als Strafabtretung im Krisenfall anfallenden – Übertragung von Unternehmensanteilen könnte dadurch erklärt werden, dass diese Konsequenz nicht als Kostenbestandteil aufgefasst wird, sondern ggf. im Rahmen eines „fairen Preises“ als neutrale Gegenleistung für

[614] Die Indikatoren zeigen im Vergleich zu anderen Konstrukten absolut ein relativ geringes Gewicht. Hierbei ist zu bedenken, dass das Konstrukt jedoch auch eine höhere Anzahl von Indikatoren aufweist und damit geringere Gewichte auch methodische Gründe haben können. Insofern ist bei der Interpretation eher auf das Verhältnis der Gewichte zueinander abzustellen.

das aufgenommene Kapital verstanden wird. Allerdings ist diese Gewichtsermittlung auch auf dem niedrigsten Niveau nicht signifikant, so dass das geschätzte Gewicht auch zufällige oder methodische Gründe als Ursache haben könnte.

Bezüglich der Konsequenzen, die den wahrgenommenen Verlust von Kontrolle über das Unternehmen durch eine private Beteiligungskapitalfinanzierung beschreiben, sind Pflichtinformationen an das Beteiligungskapitalunternehmen, die Einflussnahme auf Gremienbesetzung, die Einflussnahme auf Personalentscheidungen (insbesondere im Management) und die Einflussnahme auf operative Entscheidungen die am stärksten gewichteten Faktoren. Einflussnahme auf den Unternehmensumfang und Zieldruck sind nicht von Gewicht.

Wahrgenommener Kontrollverlust (KONT)			
OT: Wahrgenommener Kontrollverlust bei Finanzierung mit Beteiligungskapital		RT: KMU-Unternehmer (Experte)	
SC/L: 7-Punkte-Lickert von "sicher" bis "sicher nicht" (Annahmestärke) bzw. "sehr negativ" bis "neutral" (Bewertung)		AT: Wahrscheinlichkeit, Ausprägung von Kontrollverlust zu erleiden (Annahmestärke) bzw. Bewertung	
Hauptquellen: Antonczyk et al. (2006), Kaplan/Strömberg (2003b), Poutziouris (2001)			
Spezifikation	Formativ	Konditionierungsindex	5,77
Indikator	**Gewicht**	**T-Wert**	**VIF**
Verlust Stimmrechte im AR	-0,27	0,94*	2,10
Einflussnahme auf Gremienbesetzung	0,40	1,12*	3,73
Einflussnahme auf operative Entscheidungen	0,16	0,42	2,19
Einflussnahme auf den Unternehmensumfang	0,03	0,08	2,82
Einflussnahme auf Personalentscheidungen	0,33	0,99*	2,31
Druck zu Zielerreichung	-0,08	0,30	1,66
Infopflichten an Beteiligungsunternehmen	0,58	2,01***	1,87

Tabelle 18: Gütekriterien „Wahrgenommener Kontrollverlust“

Für Auswirkungen auf das Unternehmensrisiko sind eine Erhöhung der Überschuldungsgefahr, das Risiko von Fehlentscheidungen durch Beteiligungskapitalmanager und der Verlust von Kernpersonal die wesentlichen Einflussfaktoren. Überraschend ist, dass sowohl das Illiquiditätsrisiko als auch der Verlust von Handlungsspielraum durch hohe

Fremdkapitalaufnahme keinen bzw. einen negativen Effekt aufweisen und somit nicht zur Wahrnehmung einer negativen Konsequenz „erhöhtes Risiko“ beitragen. Einblick in die qualitativen Anmerkungen zum Fragebogen sowie die geführten Experteninterviews legen nahe, dass die Aufnahme von Fremdkapital (mit den damit verbundenen Risiken für die Liquidität) unter Umständen als positive Maßnahme zur Wiedererlangung von Handlungsspielraum und nicht als Risikokomponente begriffen wird.

Wahrgenommenes Risiko für die Unternehmung (RISK)			
OT: Wahrgenommene Risikoauswirkungen eine Beteiligungskapitalfinanzierung		RT: KMU-Unternehmer (Experte)	
SC/L: 7-Punkte-Lickert von "sicher" bis "sicher nicht" (Annahmestärke) bzw. "sehr negativ" bis "neutral" (Bewertung)		AT: Wahrscheinlichkeit einer erhöhten Eintrittswahrscheinlichkeit der Risikofaktoren (Annahmestärke) bzw. Bewertung	
Hauptquellen: Sitkin/Pablo (1992), Wright et al. (1994)			
Spezifikation	Formativ	Konditionierungsindex	3,35
Indikator	**Gewicht**	**T-Wert**	**VIF**
Erhöhte Überschuldungsgefahr	0,33	0,95*	2,21
Erhöhtes Risiko der Illiquidität	0,07	0,26	2,00
Erhöhte Schwankung der Ergebnisse	0,00	0,03	1,72
Gefahr Fehlentscheidung von BK-Managern	0,81	2,71****	1,68
Gefahr Verlust Kernpersonal	0,30	1,19*	1,45
Gefahr Verlust Handlungsraum durch Leverage	-0,21	0,62	1,94

Tabelle 19: Gütekriterien „Wahrgenommenes Risiko“

Alle fünf formativen Konstrukte zeigen weiter sehr gute Pfadkoeffizienten und R^2/Q^2 in der **MIMIC-Analyse**, was als zusätzliches Indiz für eine hohe inhaltliche Validität der formativen Messung gewertet werden kann (vgl. Tabelle 20).

MIMIC-Prüfung der formativen Konstrukte[615]				
Konstrukt	**MIMIC-Pfad**	**T-Wert**	**R^2**	**Q^2**
FINB	0,77	11,90+	0,59	0,58
MERW	0,66	8,06+	0,43	0,42
KOST	0,78	13,86+	0,60	0,61
KONT	0,60	6,63+	0,35	0,36
RISK	0,73	11,96+	0,53	0,53

Tabelle 20: Ergebnisse der MIMIC-Prüfung

6.2.2 Güte der Norm-, Kompetenz- und Nutzungskonstrukte

Die reflektive Messung der sozialen Norm erforderte die Eliminierung von zwei Items, da zum einen das erforderliche Ladungsniveau nicht erreicht wurde und zum anderen die Ladung in der explorativen Faktorenanalyse nicht unidimensional war (vgl. Anhang 4). Die verbleibenden Items zeigen hohe Ladung und einen entsprechend guten T-Wert.

Soziale Norm (SOZN)			
OT: Wahrgenommene soziale Norm über eine Beteiligungskapitalfinanzierung		RT: KMU-Unternehmer (Individuum)	
SC/L: 7-Punkt-Lickert von "völlig falsch" bis "völlig richtig"		AT: Intensität einer positiven Norm gegenüber einer Beteiligungskapitalfinanzeirung	
Hauptquellen: Ajzen (2006), Shimp/Kavas (1984)			
Spezifikation	Reflektiv	Cronbachs Alpha	0,80
		Reliabilität/IC	0,95
		AVE	0,83
Indikator		**Ladung**	**T-Wert**
Meinung von Bezugspersonen zu privatem BK		0,92	47,01****
Befreundete Unternehmer nutzen privates BK		eliminiert	
Erwartung von außen, privates BK zu nutzen		0,91	32,59****
Umfeld akzeptiert private BK-Nutzung		Eliminiert	

Tabelle 21: Gütekriterien „Soziale Norm“

Für die Normträger „externe Berater“ als Wirkgruppe im Rahmen des sozialen Umfelds ist der Einfluss der Hausbank stärker gewichtet als der des

615 + – signifikant entsprechend der für Pfadkoeffizienten aufgestellten Prüfregel.

Steuerberaters. Zusätzlich ist das Gewicht des Steuerberater-Indikators nur auf niedrigerm Niveau signifikant. Dies entspricht den oben wiedergegebenen empirischen Erkenntnissen, die ebenfalls einen dominanten Einfluss des Beraters der Hausbank erkennen.

Einfluss externer Berater (EXTB)			
OT: Wahrgenommener Einfluss externer Berater		RT: KMU-Unternehmer (Individuum)	
SC/L: 7-Punkt-Lickert von "abraten" bis "zuraten" (Einflussstärke) "extrem wichtig" bis "extrem unwichtig"		AT: Vorliegen eines positiven oder negativen Einflusses (Einflussstärke) bzw. Wichtigkeit des Einflusses (Wichtigkeitsbewertung)	
Hauptquellen: Ajzen (2006), Shimp/Kavas (1984)			
Spezifikation	Formativ	Konditionierungsindex	1,69
Indikator	**Gewicht**	**T-Wert**	**VIF**
Einfluss Hausbank	0,87	6,33****	1,25
Einfluss Steuerberater	0,23	1,14*	1,25

Tabelle 22: Gütekriterien „Einfluss externer Berater"

Die Messung der wahrgenommenen Handlungskompetenz kann ohne Indikator-Eliminierung erfolgen, da in allen Fällen ausreichend hohe Ladungen und T-Werte vorliegen. Auch die Reliabilitäts- und Validitätskriterien überschreiten die Mindestwerte deutlich.

Subjektive Handlungskompetenz (SUBK)			
OT: Wahrgenommene Handlungskompetenz gegenüber Beteiligungsfinanzierung		RT: KMU-Unternehmern (Individuum)	
SC/L: 7-Punkte-Lickert von "völlig falsch" bis "völlig richtig"		AT: Intensität einer positiven Handlungskompetenz	
Hauptquellen: Ajzen (2006), Davidsson (1991)			
Spezifikation	Reflektiv	Cronbachs Alpha	0,85
		Reliabilität/IC	0,95
		AVE	0,84
Indikator		**Ladung**	**T-Wert**
Nutzungsversuch wäre erfolgreich		0,89	27,49****
Fähigkeiten reichen aus		0,88	18,13****
Möglichkeiten gegeben		0,87	24,38****

Tabelle 23: Gütekriterien „Subjektive Handlungskompetenz"

Bei der Messung der wahrgenommenen Vertrautheit im Rahmen der Kompetenzeinschätzungen muss der Indikator „Genügend Informationen erhältlich" wegen seiner nicht ausreichenden Ladung eliminiert werden. Die übrigen Qualitätskriterien werden erreicht.

Wahrgenommene Vertrautheit mit privatem Beteiligungskapital (VERT)			
OT: Wahrgenommene Vertrautheit mit privatem Beteiligungskapital		RT: KMU-Unternehmer (Individuum)	
SC/L: 7-Punkt-Lickert von "völlig falsch" bis "völlig richtig" (Annahmestärke) bzw. "extrem wichtig" bis "extrem unwichtig" (Bewertung)		AT: Vertrautheitsniveau des Unternehmers (Annahmestärke) bzw. Bewertung der Wichtigkeit	
Hauptquellen: Pennings et al. (2003)			
Spezifikation	Reflektiv	Cronbachs Alpha	0,94
		Reliabilität/IC	0,95
		AVE	0,84
Indikator		**Ladung**	**T-Wert**
Verständnis der Funktionsweise		0,92	3,65****
Genug Informationen erhältlich		eliminiert	
Finanzierungsmechanismus klar		0,95	3,58****
Vertrautheit mit dem Instrument		0,91	3,43****
Bedingungen und Konditionen klar		0,88	3,58****

Tabelle 24: Gütekriterien „Wahrgenommene Vertrautheit"

Auch bei der Schätzung des wahrgenommenen Zugangs müssen Items eliminiert werden. Die verbleibenden Items erreichen gute Werte.

Schließlich ist die Messung der tatsächlichen Nutzung ohne Eliminierung von Indikatoren möglich, die AVE von 0,7 liegt jedoch eher am unteren Ende der definierten Qualitätshürde. Hier scheint der Indikator zur Integration von gerade im Abschluss befindlichen Verhandlungen über eine Beteiligung problematisch zu sein und einen starken Varianzzuwachs zu bewirken. Nach den aufgestellten Regeln verbleibt er im Messmodell, allerdings wurde eine Robustheitsprüfung für die Spezifikation der externen Variable „Nutzung" durchgeführt. Die Qualität der Messung ist unabhängig vom Einschluss dieses Items gut, die relativ geringe AVE ist daher unproblematisch.

Wahrgenommener Zugang zu privatem Beteiligungskapital (ZUGA)			
OT: Wahrgenommener Zugang zu privatem Beteiligungskapital		RT: KMU-Unternehmer (Experte)	
SC/L: 7-Punkte-Lickert von "völlig falsch" bis "völlig richtig" (Annahmestärke) bzw. "extrem wichtig" bis "extrem unwichtig" (Bewertung)		AT: Stärke des Zugangs, den Unternehmer zu Beteiligungsfinanzierung hat (Annahmestärke) bzw. Bewertung der Wichtigkeit	
Hauptquellen: Westhead/Storey (1997), Franke/Lüthje (2000)			
Spezifikation	Reflektiv	Cronbachs Alpha	0,89
		Reliabilität/IC	0,93
		AVE	0,82
Indikator		**Ladung**	**T-Wert**
Interesse von Anbietern gegeben		0,92	4,29****
Grundsätzlich akzeptable Konditionen		eliminiert	
Keine bürokratischen Hürden		eliminiert	
Angebote existieren		0,95	4,56****
Markt steht Unternehmen offen		0,83	3,11****

Tabelle 25: Gütekriterien „Wahrgenommener Zugang“

Nutzung (NUTZ)			
OT: Nutzung von privatem Beteiligungskapital zur Finanzierung		**RT:** KMU-Unternehmer (Experte)	
SC/L: 8-Punkte-Skale von 0 = keine Nutzung und 1-7 = Anteile am Eigenkapital von >0% bis >60%; 7-Punkte-Lickert von 1="gar nicht" bis 7="sehr intensiv"		**AT:** Intensität der Nutzung von privatem Beteiligungskapital	
Hauptquellen: Romano et al. (2000), Autor			
Spezifikation	Reflektiv	Cronbachs Alpha	0,78
		Reliabilität/IC	0,87
		AVE	0,70
Indikator		**Ladung**	**T-Wert**
Anteil Beteiligungskapital am Eigenkapital		0,90	26,57****
Qualitative Angabe Nutzungsintensität		0,82	11,85****
Intensität bei aktuell anstehenden Abschlüssen		0,78	11,35****

Tabelle 26: Gütekriterien „Nutzung“

Zusätzlich wurden wie beschrieben eine explorative Faktorenanalyse der reflektiven Indikatoren,[616] ein Vergleich der quadrierten Korrelationen mit der AVE und eine Untersuchung der Kreuzladungen der einzelnen Items auf andere Konstrukte durchgeführt. Die Ergebnisse sind in Anhang 4 dargestellt. Ein im Rahmen der explorativen Faktorenanalyse identifiziertes Item, das auf eine andere Dimension als die restlichen Items der sozialen Norm lud, wurde aufgrund seiner geringen Ladung bereits aus dem Konstrukt entfernt.

6.3 Ergebnisse der kausalanalytischen Untersuchung

6.3.1 Ergebnisse des Hauptmodells

#	Von	Auf	Pfad-koef-fizient	T-Wert [617]	Prüfergebnis der Hypothese
1	Nutzungsintention	Nutzung (NUTZ)	0,559	6,23+	Nicht verworfen
2	Einstellung (EINS)	Nutzungsintention	0,504	5,51+	Nicht verworfen
2.1	Wahrg. Deckung Finanzbedarf (FINB)	Einstellung (EINS)	0,167	1,62+	Nicht verworfen
2.2	Wahrgenommener Mehrwert (MERW)	Einstellung (EINS)	0,206	2,26+	Nicht verworfen
2.3	Wahrg. Kosten (KOST)	Einstellung (EINS)	-0,068	0,63	Verworfen
2.4	Wahrgenommener Kontrollverlust (KONT)	Einstellung (EINS)	-0,193	1,89+	Nicht verworfen
2.5	Wahrgenommenes Risiko (RISK)	Einstellung (EINS)	-0,186	1,92+	Nicht verworfen
3	Soziale Norm (SOZN)	Nutzungsintention	0,265	3,03+	Nicht verworfen
3.1	Familie (FAMI)	Soziale Norm (SOZN)	0,175	1,43+	Nicht verworfen
3.2	Externe Berater (EXTB)	Soziale Norm (SOZN)	0,319	2,86+	Nicht verworfen
3.3	Interne Berater (INTB)	Soziale Norm (SOZN)	0,156	1,27	Verworfen
3.4	Belegschaft (BELG)	Soziale Norm (SOZN)	-0,056	0,56	Verworfen
4	Kompetenz (SUBK)	Nutzungsintention	0,133	1,92+	Nicht verworfen
4.1	Wahrg. Vertrautheit (VERT)	Kompetenz (SUBK)	0,022	0,14	Verworfen
4.2	Wahrg. Zugang (ZUGA)	Kompetenz (SUBK)	0,055	0,37	Verworfen

Tabelle 27: Ergebnisse der Hypothesentests

[616] Die Eignung der Daten wurde anhand des Kaiser-Meyer-Olkin-Kriteriums geprüft und ist mit 0,8 deutlich ausreichend. Die Extraktion erfolgte nach der Hauptkomponentenmethode, weiter wurde eine Varimax-Rotation der Ergebnisse durchgeführt, vgl. Backhaus et al. (2005), S. 259 ff.

[617] + = signifikant entsprechend der für Pfadkoeffizienten aufgestellten Prüfregel.

Tabelle 27 gibt die Pfadkoeffizienten des Modells und die T-Werte wieder. Gleichzeitig gibt sie einen Überblick über die Bewertung der aufgestellten **Hypothesen** gemäß der oben beschriebenen Bewertungsregel: Zehn Hypothesen werden auf Basis der aufgestellten Prüfkriterien nicht verworfen, fünf Hypothesen müssen abgelehnt werden.

Nach den oben beschriebenen Gütekriterien stellt sich die Modellanpassung wie folgt dar (Tabelle 28):

Endogene Variable	**R^2**	**Q^2**
Nutzung (NUTZ)	0,31	0,21
Nutzungsintention (NINT)	0,57	0,44
Einstellung (EINS)	0,29	0,23
Soziale Norm (SOZN)	0,28	0,23
Kompetenz (SUBK)	0,01	0,00

Tabelle 28: Güte der Modellanpassung

Die zusammenfassende **Modellbeurteilung fällt damit positiv aus**: Alle zentralen Hypothesen der TPB, d.h. die Wirkung und die Bedeutung von Nutzungsintention, sozialer Norm, Einstellung und wahrgenommener Handlungskompetenz haben Bestand. Die erzielten R^2-Werte für Handlungserklärung und Intention liegen dabei mit zwischen 0,30 und 0,70 im Bereich der üblichen Ergebnisse von TPB-Modellen mit guter Erklärungskraft.[618] Es kann festgestellt werden, dass das Modell zur Prognose der privaten Beteiligungskapitalnutzung und von Nutzungsintention, Einstellung und sozialer Norm gegenüber privatem Beteiligungskapital geeignet ist. Für alle Variablen außer der wahrgenommenen Handlungskompetenz haben die untersuchten Konsequenzkonstrukte deutlichen Erklärungsbeitrag. Der wahrgenommene Mehrwert, die wahrgenommene Finanzierungseignung, der wahrgenommene Kontrollverlust und das wahrgenommene Risiko sowie die Familie und externe Berater können als signifikante Einflussfaktoren ermittelt werden.

---

[618] Vgl. Ajzen (1991), S. 187, Ajzen (1985), S. 11 ff, Gable/Chin (2001), S. 256.

Gleichzeitig müssen die wahrgenommenen Finanzierungskosten, interne Berater und die Belegschaft sowie die Vertrautheit und der wahrgenommene Zugang als Einflussfaktoren verworfen werden. Dabei ist für die Finanzierungskosten keine einwandfreie Klärung der Ablehnungsursache möglich. Die formative Messung des Kostenkonstruktes kann durchaus an geringen Gewichten der Indikatoren leiden, die MIMIC-Bewertung hingegen liefert ein gutes Ergebnis. Damit ist die abschließende statistische Bewertung schwierig. Bei Vertrautheit und wahrgenommenem Zugang sprechen die guten Messkennzahlen hingegen für einen inhaltlichen Ablehnungsgrund: In Kombination mit den oben dargestellten deskriptiven Kennzahlen (vgl. Abbildung 25), die für alle Vertrauens- und Zugangseinschätzungen deutlich höhere Mittelwerte als für andere Einschätzungen ausweisen, kann vermutet werden, dass Zugang und Vertrautheit als Hygienekriterium wirken: Sie sind von so zentraler Bedeutung für die wahrgenommene Handlungskompetenz, dass sie keine Varianzerklärung erlauben. Die tiefere Aufklärung der Kompetenzwahrnehmung des mittelständischen Unternehmers über eine private Beteiligungsfinanzierung gelingt damit nicht.

Eine weitere Untermauerung für die Validität der theoretischen Fundierung kann aus der **Überprüfung des nach der TPB anzunehmenden Mediatoreffekts** der Nutzungsintention für soziale Norm, Einstellung und Handlungskompetenz erfolgen.[619] Die entsprechenden Prüfgrößen sind im Folgenden (Tabelle 29) dargestellt. Die Variance Accounted For (VAF)[620] misst dabei das Ausmaß des mediierenden Effektes und drückt den indirekten Einfluss der exogenen Variable auf die endogene Variable im Verhältnis zu ihrem Gesamteinfluss aus. Ein VAF-Wert von 0,5 bedeuted demnach bespielsweise, dass 50 Prozent des Effektes der exogenen Variable auf die endogene Variable auf die Mediatorvariable zurückzuführen ist. Ein Wert von über 1 drückt sogenannte statistische Supressoreffekte aus. Der angegebene T-Wert

---

[619] Vgl. Baron/Kenny (1986), S. 1180.
[620] Vgl. Eggert et al. (2005), S. 106.

bewertet analog zu den T-Werten für Pfadkoeffizienten die statistische Signifikanz des untersuchten Mediatoreffektes.

Variable	VAF	T-Wert[621]	Mediatoreffekt der NINT
Einstellung	0,85	3,06+	Nicht verworfen
Soziale Norm	0,56	1,84+	Nicht verworfen
Kompetenz	1,00	1,03	Verworfen

Tabelle 29: Prüfung auf den Mediatoreffekt der TPB-Konstrukte

Auf Basis der erhaltenen Beurteilungsgrößen wird der Mediatoreffekt der Nutzungsintention für soziale Norm und Einstellung als existent angenommen. Die Nutzungsintention wird zu 56 % durch den indirekten Effekt der sozialen Norm erklärt, die Handlungskonsequenzen wirken sogar zu 85 % indirekt über die Einstellungsbildung auf die Nutzungsintention. Diese Wirkstruktur stimmt mit dem mentalen Modell der TPB überein: Nicht die einzelne Konsequenz bzw. der einzelne Normträger ist für die Nutzungsintention maßgeblich, sondern erst die transformierte Gesamtheit aller Konsequenzen/Normträger in Form einer Einstellung und einer sozialen Norm gegenüber der Nutzung von privatem Beteiligungskapital. Wie bereits im Rahmen der Einzelhypothesen ist der Effekt für die Handlungskompetenz nicht eindeutig. Während im Rahmen der Tests jedoch die Signifikanzgrenze überschritten wurde, ist sie für die Mediationsuntersuchung knapp nicht erreicht. Auch der hohe VAF-Wert von 1,00 kann somit nicht interpretiert werden.

6.3.2 Ergebnisse der Gruppenvergleiche

Zusätzliche Einblicke in die Modellqualität und unterliegende Wirkzusammenhänge folgen aus einem **Vergleich von Gruppen** entlang wesentlicher Kontrollvariablen.[622] Die oben beschriebene Güteprüfung durch den Kongruenzkoeffizienten und die Untersuchung der Ladungsgewichte

621 + = Signifikant entsprechend der aufgestellten Prüfregel

622 Die hier aufgeführten Vergleiche beschränken sich auf die Kontrollvariablen, die auswertbare Ergebnisse aufwiesen. Die anderen abgefragten Größen, die oben aufgeführt wurden, lieferten keine zusätzlichen Erkenntnisse.

sind in Anhang 5 dargestellt und ergeben eine generell hohe Zulässigkeit der Gruppenvergleiche.[623] Lediglich das Risikokonstrukt bei der Trennung nach Größe und nach Familien- und Nichtfamilien-Unternehmen sowie das Vertrautheitskonstrukt bei der Trennung von hochprofitablen und niedrigprofitablen Unternehmen erzielen unzureichende Werte und bleiben bei der folgenden Interpretation unberücksichtigt.

Gruppe 1 (> 20 Mitarbeiter, N = 145)					Gruppe 2 (≤ 20 Mitarbeiter, N = 136)			
	Von	**Auf**	**Pfad 1**	**Pfad 2**	**PV[624]**	**T-Wert[625]**	**P (1-seitig)**	**P (2-seitig)**
H 1	NINT	NUTZ	0,53	0,59	1,03	0,43	33 %	67 %
H 2	EINS	NINT	0,53	0,47	1,07	0,50	31 %	62 %
H 2.1	**FINB**	**EINS**	**0,29**	**0,02**	**1,00**	**2,25+**	**1 %**	**3 %**
H 2.2	**MERW**	**EINS**	**0,17**	**0,33**	**1,04**	**1,30+**	**10 %**	**20 %**
H 2.3	KOST	EINS	-0,11	-0,05	1,16	0,48	32 %	63 %
H 2.4	KONT	EINS	-0,27	-0,21	1,13	0,43	33 %	67 %
H 2.5	RISK	EINS	-0,15	-0,25	Nicht interpretierbar			
H 3	SOZN	NINT	0,23	0,31	1,14	0,56	29 %	58 %
H 3.1	FAMI	SOZN	0,17	0,17	1,40	0,04	48 %	97 %
H 3.2	EXTB	SOZN	0,31	0,40	1,36	0,55	29 %	58 %
H 3.3	INTB	SOZN	0,11	0,23	1,56	0,62	27 %	54 %
H 3.4	BELG	SOZN	-0,10	-0,09	1,19	0,09	46 %	93 %
H 4	SUBK	NINT	0,11	0,14	0,87	0,29	39 %	78 %
H 4.1	VERT	SUBK	-0,03	0,17	1,97	0,85	20 %	40 %
H 4.2	ZUGA	SUBK	0,13	-0,11	1,77	1,15	13 %	25 %

Tabelle 30: Gruppenvergleich Unternehmensgröße

Tabelle 30 zeigt den branchenkontrollierten Gruppenvergleich zwischen **großen und kleinen Unternehmen**. Während die grundsätzliche Modell-

---

[623] Die entstandenen Gruppen erfüllen alle die entsprechenden Mindestgrößen für eine PLS-Untersuchung. Auch sind sie im Generellen ähnlich groß, lediglich bei der Gruppierung nach Familieneinfluss und Profitabilität weichen die Gruppengrößen deutlich von der teilweise gegebenen Faustregel (vgl. z.B. Stevens (1996), S. 249) für das Gruppengrößenverhältnis von ca. 1,5 ab. Allerdings scheint der Vergleich dennoch zulässig, da über die Homogenitätsprüfung auf Item-Ebene sowie die Kongruenzprüfung auf Konstruktebene Vergleichbarkeit und durch die Adjustierung der Signifikanzprüfung auf die unterschiedlichen Stichprobengrößen Signifikanz sichergestellt wird.

[624] Pooled Variance

[625] + = signifikant entsprechend der aufgestellten Prüfregel

struktur gegenüber dieser Kontrollvariable robust erscheint, ergibt sich ein Unterschied in der Einstellungsbildung: Bei großen Unternehmen hat die Deckung des Finanzbedarfs relativ deutlich stärkeren Einfluss, während die Bedeutung von Mehrwertkomponenten der privaten Beteiligungsfinanzierung relativ geringer ist. Genau entgegengesetzt sind Mehrwertleistungen bei kleinen Unternehmen ein sehr starker Treiber der Einstellung, während der Erhalt von Finanzressourcen eine sehr geringe Einflusswirkung hat. Dieser Unterschied ist für den Finanzierungsbedarf signifikant, bei Mehrwertleistungen wird die (niedrige) Signifikanzschwelle knapp verfehlt.

Gruppe 1 (Erfolgsunternehmen, N = 107)				Gruppe 2 (Unterdurch. Untern., N = 174)				
	Von	Auf	Pfad 1	Pfad 2	PV	T-Wert	P (1-seitig)	P (2-seitig)
H 1	NINT	NUTZ	0,56	0,56	0,96	0,01	50 %	99 %
H 2	EINS	NINT	0,60	0,47	1,13	0,90	18 %	37 %
H 2.1	**FINB**	**EINS**	**0,28**	**0,07**	**0,96**	**1,85+**	**3 %**	**7 %**
H 2.2	MERW	EINS	0,17	0,33	1,08	1,19	12 %	24 %
H 2.3	KOST	EINS	-0,13	-0,11	1,41	0,09	46 %	93 %
H 2.4	KONT	EINS	-0,16	-0,22	1,18	0,46	32 %	64 %
H 2.5	RISK	EINS	-0,24	-0,14	1,21	0,72	24 %	47 %
H 3	SOZN	NINT	0,21	0,30	1,20	0,58	28 %	57 %
H 3.1	FAMI	SOZN	0,19	0,16	1,54	0,14	44 %	89 %
H 3.2	EXTB	SOZN	0,33	0,32	1,37	0,04	49 %	97 %
H 3.3	INTB	SOZN	0,19	0,13	1,70	0,25	40 %	80 %
H 3.4	BELG	SOZN	-0,05	-0,04	1,34	0,07	47 %	94 %
H 4	**SUBK**	**NINT**	**0,03**	**0,17**	**0,85**	**1,30+**	**10 %**	**20 %**
H 4.1	VERT	SUBK	0,11	-0,08	1,87	0,83	20 %	41 %
H 4.2	ZUGA	SUBK	0,11	0,02	1,64	0,46	32 %	64 %

Tabelle 31: Gruppenvergleich Unternehmenserfolg

Mögliche Erklärung für diese unterschiedliche Wertschätzung kann die heterogene Ausstattung mit eigenen Ressourcen sein: Kleine Unternehmen sind vermutlich deutlich eher in der Lage, ihren (relativ gesehen) geringen Kapitalbedarf auch aus Alternativquellen zu decken. Die notwendigen Kenntnisse und Fähigkeiten zur eigenen Erreichung der Restrukturierungs- und Verbesserungsleistungen fehlen ihnen aber im Vergleich zu großen Unternehmen. Anders herum haben größere Unternehmen in der Regel mehr Fähigkeiten zur Durchführung von Verbesserungsmaßnahmen, die Deckung ihres (relativ großen) Finanzbedarfs scheint aber eher ein Engpassfaktor zu sein.

Dieser Aspekt scheint sich auch beim Vergleich von **überdurchschnittlich und unterdurchschnittlich erfolgreichen Unternehmen** zu bestätigen[626]: Während bei unterdurchschnittlichen Unternehmen die Mehrwertleistungen von starker Bedeutung sind, hat bei Erfolgsunternehmen die Finanzierungseignung der Beteiligungskapitalfinanzierung einen signifikant stärkeren Einfluss. Dieses Phänomen lässt sich analog erklären: Während gute Unternehmen die Fähigkeiten zur Verbesserung der Unternehmensleistung tendenziell eher selbst besitzen, ist dieses – intern nicht vorhandene – Wissen für Unternehmen mit schlechter Performance von deutlich höherem Wert. Zusätzlich zeigt sich, dass die Kontrollwahrnehmung bei schlechten Unternehmen einen wesentlich und signifikant stärkeren Einfluss auf die Nutzungsintention hat: Bei guten Unternehmen ist die eigene Einschätzung der Kenntnisse und Fähigkeiten wenig relevant, bei schlechten Unternehmen hingegen schon. Dies kann durch zwei Argumente begründet sein: a) Analog zu den Ausführungen zu den Mehrwertkomponenten besitzt ein gutes Unternehmen tendenziell eher die notwendigen Fähigkeiten, um eine Beteiligungsfinanzierung durchzuführen. Durch ein höheres Vertrauen in die eigenen Fähigkeiten geht deren Relevanz als Hinderungsgrund zurück. b) Zum anderen dürfte es für gute Unternehmen leichter sein, eine Beteiligungsfinanzierung zu erhalten, so dass der externe Teil der Kompetenzwahrnehmung (die Möglichkeiten und Chancen) positiver ausgeprägt sein dürfte. Auch unter diesem Blickwinkel kann vermutet werden, dass die Relevanz der Kompetenz zurückgeht, einfach, da sie als vorhanden angenommen wird. Hier spiegeln sich also angebotsseitige Aspekte in der Wahrnehmung der Unternehmer wider.

---

[626] In Abgrenzung zur unten untersuchten Profitabilität wird hier der relative Unternehmenserfolg untersucht, gemessen am relativen Marktanteil, am relativen Umsatzwachstum, an der relativen Marge und an der relativen Kapitalrentabilität.

Im Vergleich von **Familien- und Nicht-Familienunternehmen** bestätigt sich zunächst der zu erwartende stärkere Einfluss der Familie im Rahmen der Normbildung. Gleichzeitig scheint dieser stärkere Einfluss der Familie den Einfluss insbesondere der internen Berater und weniger stark ausgeprägt auch den externer Berater im Unternehmen aufzuwiegen, denn deren Einfluss ist deutlich schwächer ausgeprägt. Weiter ist der Einfluss der Kompetenzwahrnehmung bei Familienunternehmen signifikant geringer als bei nicht von Familienmitgliedern geführten Unternehmen. Parallel ist die Wirkung der Einstellung signifikant stärker bei Familienunternehmen.

Gruppe 1 (kein Familienuntern., N = 71)				Gruppe 2 (Familienunter., N = 210)				
	Von	Auf	Pfad 1	Pfad 2	PV	T-Wert	P (1-seitig)	P (2-seitig)
H 1	NINT	NUTZ	0,68	0,54	1,14	0,95	17 %	35 %
H 2	**EINS**	**NINT**	**0,24**	**0,60**	**1,03**	**2,53+**	**1 %**	**1 %**
H 2.1	FINB	EINS	0,17	0,16	1,26	0,07	47 %	94 %
H 2.2	MERW	EINS	0,25	0,20	1,17	0,30	38 %	77 %
H 2.3	KOST	EINS	-0,04	-0,07	1,39	0,19	43 %	85 %
H 2.4	KONT	EINS	-0,31	-0,16	1,35	0,80	21 %	43 %
H 2.5	RISK	EINS	-0,14	-0,23	Nicht interpretierbar			
H 3	SOZN	NINT	0,39	0,20	1,14	1,20	12 %	23 %
H 3.1	**FAMI**	**SOZN**	**-0,09**	**0,27**	**1,75**	**1,49+**	**7 %**	**14 %**
H 3.2	EXTB	SOZN	0,46	0,32	1,46	0,73	23 %	47 %
H 3.3	**INTB**	**SOZN**	**0,34**	**0,05**	**1,70**	**1,29+**	**10 %**	**21 %**
H 3.4	BELG	SOZN	-0,14	-0,01	1,43	0,67	25 %	50 %
H 4	**SUBK**	**NINT**	**0,31**	**0,08**	**0,90**	**1,85+**	**3 %**	**7 %**
H 4.1	VERT	SUBK	0,13	0,03	2,00	0,38	35 %	71 %
H 4.2	ZUGA	SUBK	-0,19	0,08	1,95	1,01	16 %	32 %

Tabelle 32: Gruppenvergleich Familienunternehmen

Diese Beobachtung legt nahe, dass das Entscheidungsverhalten bei Familienunternehmen anders getrieben wird als bei Nicht-Familienunternehmen: In Familienunternehmen fallen Entscheidungen stärker aufgrund der subjektiven Einschätzung des Familienunternehmers und seiner Familienmitglieder. Das Familienurteil scheint die Abwägung der eigenen Kompetenzen und die Meinung interner und externer Berater zu überdecken.

Die Untersuchung von **Unternehmensnachfolgefällen** zeigt zunächst, dass die eigene Kompetenzwahrnehmung bei Nachfolgefällen signifikant und deutlich geringer von Bedeutung ist als bei Unternehmen ohne diesen Finanzierungsanlass. Gleichzeitig ist die Bewertung der Finanzierungseignung von privatem Beteiligungskapital bei Nachfolgeregelungen schwach signifikant von stärkerem Einfluss.

Gruppe 1 (Keine Nachfolge, N = 166)				Gruppe 2 (Nachfolge, N = 115)				
	Von	**Auf**	**Pfad 1**	**Pfad 2**	**PV**	**T-Wert**	**P (1-seitig)**	**P (2-seitig)**
H 1	NINT	NUTZ	0,62	0,51	0,92	0,95	17 %	34 %
H 2	EINS	NINT	0,47	0,56	1,07	0,69	25 %	49 %
H 2.1	**FINB**	**EINS**	**0,05**	**0,22**	**1,05**	**1,46+**	**8 %**	**17 %**
H 2.2	MERW	EINS	0,32	0,26	1,14	0,42	34 %	68 %
H 2.3	KOST	EINS	-0,09	-0,02	1,18	0,49	31 %	63 %
H 2.4	KONT	EINS	-0,25	-0,17	1,15	0,60	27 %	55 %
H 2.5	RISK	EINS	-0,16	-0,25	1,21	0,62	27 %	54 %
H 3	SOZN	NINT	0,25	0,26	1,16	0,07	47 %	94 %
H 3.1	FAMI	SOZN	0,11	0,23	1,40	0,68	25 %	50 %
H 3.2	EXTB	SOZN	0,31	0,36	1,25	0,32	38 %	75 %
H 3.3	INTB	SOZN	0,17	0,17	1,41	0,01	50 %	99 %
H 3.4	BELG	SOZN	-0,02	-0,11	1,36	0,53	30 %	60 %
H 4	**SUBK**	**NINT**	**0,23**	**0,01**	**0,84**	**2,12+**	**2 %**	**4 %**
H 4.1	VERT	SUBK	0,01	0,08	1,86	0,30	38 %	76 %
H 4.2	ZUGA	SUBK	0,08	0,01	1,86	0,29	39 %	77 %

Tabelle 33: Gruppenvergleich Nachfolgefall

Nicht signifikant ist der Bedeutungsverlust von Kontrollaspekten bei einer Nachfolgeregelung. Zwar nimmt die Stärke des entsprechenden Pfadkoeffizienten ab, die Signifikanzschwelle wird jedoch verfehlt. Dieses Ergebnis erscheint plausibel: Im Nachfolgefall ist die eigene Kompetenz nicht mehr von ausschlaggebender Bedeutung, da die Weiterführung des beteiligungskapitalfinanzierten Unternehmens und die spätere Betreuung der Finanzierung nicht durch den aktuellen Eigentümer geleistet werden. Gleichzeitig ist die Frage, ob die Finanzierung eine angemessene finanzielle Regelung für den aktuellen Eigentümer ermöglicht, bei einer Nachfolge zentral und von entsprechend starkem Einfluss.

Im auf Größen- und Brancheneinflüsse kontrollierten **Vergleich der absoluten Profitabilität** zeigt sich ein deutlicher Unterschied in der Kompetenzwahrnehmung (vgl. Tabelle 34): Profitable Unternehmen scheinen sich der Wichtigkeit anbieterseitiger Selektionsmechanismen wie zum Beispiel einer Mindestprofitabilität stärker bewusst zu sein, da in dieser Untergruppe das Zugangskonstrukt deutlich stärkere Wirkung hat als im Gesamtsample.

Gruppe 1 (> 10 % ROS, N = 188)					Gruppe 2 (≤ 10 % ROS, N = 93)			
	Von	Auf	Pfad 1	Pfad 2	Pool. Var.	T-Wert	P (1-seitig)	P (2-seitig)
H 1	NINT	NUTZ	0,53	0,58	1,14	0,36	36 %	72 %
H 2	**EINS**	**NINT**	**0,64**	**0,45**	**0,92**	**1,63+**	**5 %**	**11 %**
H 2.1	FINB	EINS	0,10	0,21	1,07	0,79	22 %	43 %
H 2.2	MERW	EINS	0,26	0,19	1,19	0,43	33 %	67 %
H 2.3	KOST	EINS	-0,05	-0,16	1,31	0,68	25 %	50 %
H 2.4	KONT	EINS	-0,30	-0,18	1,22	0,77	22 %	44 %
H 2.5	RISK	EINS	-0,12	-0,17	1,35	0,25	40 %	80 %
H 3	SOZN	NINT	0,18	0,30	1,14	0,89	19 %	38 %
H 3.1	FAMI	SOZN	0,24	0,17	1,37	0,40	35 %	69 %
H 3.2	EXTB	SOZN	0,31	0,33	1,18	0,08	47 %	93 %
H 3.3	INTB	SOZN	0,32	0,12	1,57	1,00	16 %	32 %
H 3.4	BELG	SOZN	-0,15	-0,09	1,47	0,32	38 %	75 %
H 4	**SUBK**	**NINT**	**0,04**	**0,18**	**0,80**	**1,33+**	**9 %**	**19 %**
H 4.1	VERT	SUBK	-0,01	0,24	Nicht interpretierbar			
H 4.2	**ZUGA**	**SUBK**	**0,22**	**-0,07**	**1,65**	**1,39+**	**8 %**	**17 %**

Tabelle 34: Gruppenvergleich hohe vs. niedrige Profitabilität

Hier kann das bereits oben dargestellte Argument weiter untermauert werden: Bei gering profitablen Unternehmen tragen Zugang bzw. Vertrautheit nicht mehr zur Varianzaufklärung bei. Dagegen ist das Zutrauen in externe Ressourcen und die eigenen Fähigkeiten[627] bei profitablen Unternehmen relevant, da sie marktseitig prinzipiell die Möglichkeit einer Beteiligung

[627] Dies gilt auch für die Vertrautheit, die einen ähnlich starken Unterschied in den Pfadkoeffizienten aufweist wie der Zugang. Allerdings muss die Interpretation dieses Konstrukts aufgrund von Kongruenzproblemen unterbleiben.

hätten. Vertrautheit und Zugang sind dann positiv proportional mit der eigenen Kompetenzwahrnehmung verknüpft. Der gesamte Gruppenvergleich wird in Abbildung 26 noch einmal graphisch zusammengefasst.

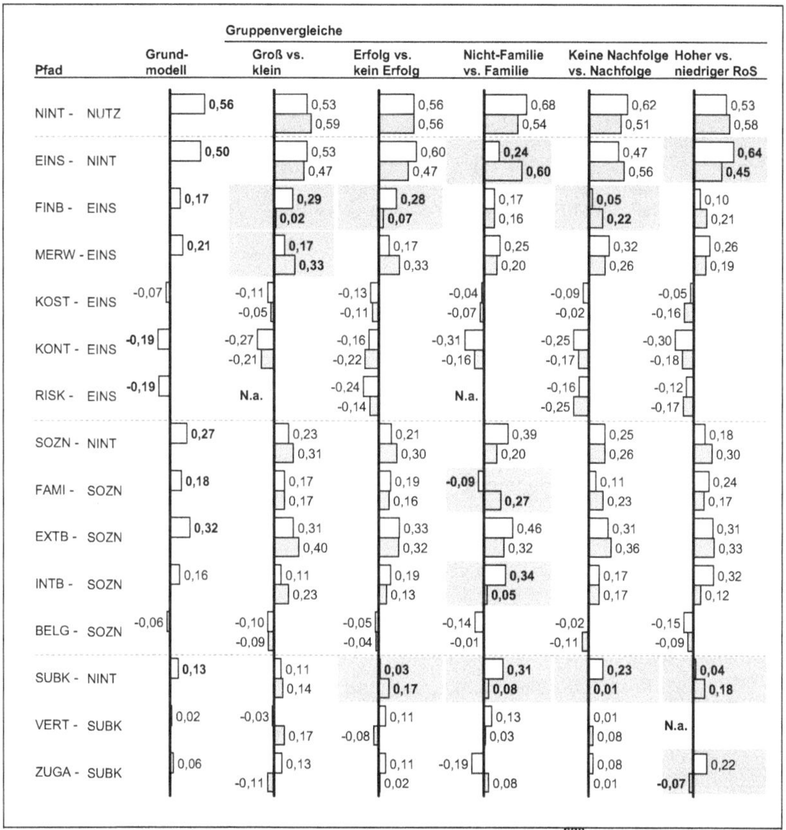

Abbildung 26: Zusammenfassung der Gruppenvergleiche[628]

Zusammengefasst lässt sich festhalten, dass das Grundmodell der TPB in der Anwendung auf die mittelständische Nutzung von privatem Beteiligungskapital über alle Gruppenvergleiche hinweg weitgehend bestätigt wird und Unterschiede hauptsächliche auf Ebene der Treiberkonstrukte auftreten. Dies

[628] Unterlegte Flächen kennzeichnen signifikante Unterschiede in den Pfadkoeffizienten.

kann als weiterer Beleg der Robustheit der Theorieübertragung gewertet werden.

6.3.3 Ergebnisse zu kapitalstrukturtheoretischen Kontrollvariablen

Abschließend erlaubt der Datensatz auch einen regressionsanalytischen Test der Wirkung der im Rahmen der finanzierungstheoretischen Modelle aufgelisteten Variablen für die **Kapitalstrukturwahl mittelständischer Unternehmen**. Zur Prüfung wurde das in Abbildung 27 schematisch dargestellte Pfadmodell auf seinen Erklärungsbeitrag untersucht[629]. Die Güteprüfung erfolgte dabei gemäß den aufgestellten Kriterien. Zusätzlich wurden verschiedene Robustheitsprüfungen auf die Spezifikation der endogenen und exogenen Variablen durchgeführt. Die Ergebnisse sind insgesamt weitgehend unabhängig von der Messung der Nutzung.

Sowohl die Verwendung eines Multi-Indikatoren-Konstrukts als auch die Messung durch eine einzelne Variable wie insbesondere nur des objektiven Beteiligungskapital-Anteils am Eigenkapital bzw. an der Bilanzsumme beeinflusst die Kernaussagen der Auswertung nicht. Auch Modifikationen in der Messung der Einflussgrößen sind – soweit überprüfbar – nicht relevant: So kann die Messung der Unternehmensgröße über Umsatz oder Mitarbeiterzahl erfolgen oder die Einzigartigkeit über Marktanteil oder Forschungsbudget, ohne dass sich wesentliche Änderungen der Ergebnisse ergeben.

---

[629] Einen ähnlichen Ansatz verfolgen Chen/Jiang (2001) mit ihrer Anwendung von Strukturgleichungsmodellen zur Erklärung der Leverage-Intensität.

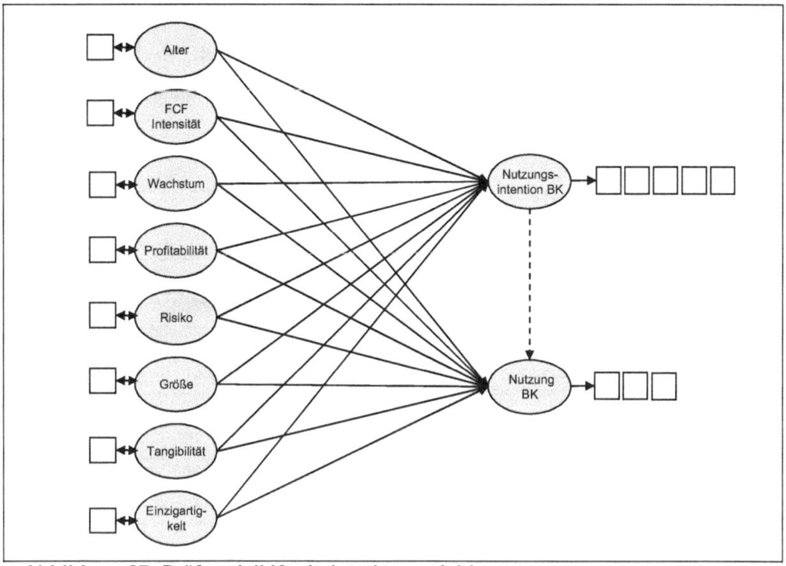

Abbildung 27: Prüfmodell Kapitalstrukturvariablen

Die erhaltenen Ergebnisse sind in Tabelle 35 zusammengefasst. Das R^2 des Modells für die Nutzung liegt bei ca. 0,04, das Q^2 bei ca. 0[630]; der Erklärungsgehalt für die Nutzung von privatem Beteiligungskapital ist im vorliegenden Fall also sehr gering. Die Variablen erklären auch die Nutzungsintention **nicht prognoserelevant**. Damit bestätigt sich die Modellstruktur der TPB, in der Rahmenbedingungen und Umfeldfaktoren nur durch die Konsequenzwahrnehmung auf die Nutzungsintention wirken, nicht aber durch einen direkten Effekt. Aus diesen Ergebnissen folgen insbesondere zwei Einsichten: Zum einen zeigt sich, dass die hier vorgenommene nachfrageseitige Betrachtung im mittelständischen Umfeld deutlich stärker prognoserelvant ist als auf klassischen Strukturvariablen basierende Modelle: Die Wirkung der Strukturvariablen auf die Nutzung ist zwar signifikant, die Variablen sind in

---

[630] Werte im rechten Teil der Tabelle, oben. Die angegegebenen niedrigen Werte sind der Nettoeffekt der Variablen auf die Nutzung, ohne Berücksichtigung des – wie oben beschrieben starken – Einflusses der Nutzungsintention. Wie oben erfolgt die Prüfung auf ein 10 % Signifikanzniveau anhand eines einseitigen T-Tests mit einem Alpha/Beta-Verhältnis von 1 auf Basis eines Bootstrap-Verfahrens mit 200 Iterationen (wobei 281 Extraktionen erstellt werden).

Summe aber nur für einen sehr geringen Anteil der beobachteten Unterschiede im Nutzungsverhalten verantwortlich. Somit scheinen die nachfrageseitigen Ansätze einen großen ergänzenden Beitrag zur Verhaltensaufklärung liefern zu können.

Endogene Variable	**NINT**		**NUTZ**		
R^2	0,05		(ohne NINT): 0,04		
Q^2	0,03		(ohne NINT): 0,01		
Exogene Variablen	**Pfad**	**T-Wert**	**Pfad**	**T-Wert**	Δ
Alter	-0,07	1,18	-0,02	0,42	0,05
FCF Intensität	**-0,51**	**1,44+**	**0,30**	**1,28+**	**0,81+**
Wachstum	-0,02	0,24	0,08	1,12	0,10
Profitabilität	0,08	0,32	**0,41**	**1,40+**	0,33
Risiko	-0,10	0,43	**-0,51**	**1,53+**	-0,41
Größe	**0,10**	**1,54+**	-0,06	1,14	**-0,16+**
Tangibilität d. Aktiva	0,13	0,66	-0,09	0,47	-0,22
Einzigartigkeit	**0,43**	**1,31+**	-0,11	0,66	**-0,54+**

Tabelle 35: Beziehungsprüfung für kapitalstrukturtheoretische Größen[631]

Zum anderen bestätigen die Ergebnisse die Modellstruktur der TPB ein weiteres Mal, da sie die postulierte geringe direkte (d.h. nicht in Konsequenzwahrnehmungen oder Bewertungen einfließende) Relevanz anderer externer Variablen neben der Einstellung, der sozialen Norm und der subjektiven Kompetenz für die Nutzungsintention bestätigen.

Nachdem die empirische Überprüfung des Modells im vorangegangenen Kapitel abgeschlossen wurde, sollen die präsentierten Ergebnisse nun zusammenfassend interpretiert und kritisch gewürdigt werden. Nach einer kurzen Zusammenfassung werden deshalb sowohl praktische als auch theoretische Implikationen abgeleitet. In der kritischen Diskussion am Ende des Kapitels wird der oben angesprochene Rückvergleich zur Kapitalstrukturtheorie gezogen und auf dieser Grundlage eine Bewertung der gewählten theoretischen Fundierung vorgenommen.

---

[631] + = signifikant entsprechend der aufgestellten Prüfregel.

7 Implikationen und kritische Würdigung

7.1 Zusammenfassung

Kernidee der Arbeit ist die Entwicklung und empirische Überprüfung eines **Modells zur nachfrageseitigen Nutzungsintention** gegenüber privatem Beteiligungskapital im deutschen Mittelstand. Ausgangspunkt dieser Betrachtung ist, einen alternativen Betrachtungswinkel zu den üblichen, schwerpunktmäßig auf angebotsseitige Aspekte abstellenden Erklärungsansätzen einzunehmen, sowie die nachfrageseitige Bewertung privaten Beteiligungskapitals – also die Bewertung durch den mittelständischen Unternehmer – zu untersuchen.

In bewusster Abgrenzung von einer finanzierungstheoretischen Fundierung erfolgt die Modellierung auf Basis der verhaltenspsychologisch fundierten, einstellungsbasierten Theory of Planned Behaviour. Durch diese theoretische Grundlage wird eine alternative Verhaltensmodellierung vorgenommen, die ohne Rückgriff auf normative Verhaltensannahmen die indiviudal-psychologisch abgeleiteten Einflussgrößen **Einstellung, soziale Norm und subjektive Handlungskompetenz** in den Mittelpunkt der Betrachtung stellt.

Gemäß der Modellstruktur der TPB werden literaturgestützt zusätzlich fünf Konsequenzkonstrukte, vier Normträger und zwei Kompetenzkonstrukte als Treiber von Einstellung, sozialer Norm und subjektiver Kompetenz identifiziert und auf ihre Wirkung auf diese Hauptgrößen der TPB untersucht.

Die empirische **Überprüfung** erfolgt auf der Basis einer repräsentativen Befragung von 3.557 mittelständischen Unternehmern, aus der – bei einer Bruttorücklaufquote von 9,1% – eine gültige, nicht-verzerrte Stichprobe von 281 Antworten gewonnen werden konnte.

Die **deskriptiven Ergebnisse** zeigen, dass noch immer eine eher skeptische Grundhaltung gegenüber Private Equity vorherrscht: Positive Konsequenzen gelten als eher unwahrscheinlich, negative Konsequenzen als eher wahrscheinlich. Nur ca. 7% nutzen privates Beteiligungskapital intensiv, 80% geben keine oder nur eine sehr geringe Nutzung an.

Abbildung 28 fasst die Ergebnisse der **kausalanalytischen Untersuchung** zusammen. Das erarbeitete Modell wird auf der Ebene der theoretischen Größen – d.h. in der Grundstruktur der TPB – vollständig bestätigt. Auf der Ebene der hinter den Hauptgrößen der TPB liegenden Treiber werden sieben der elf vermuteten Hypothesen nicht abgelehnt Die Überprüfung des nach der TPB geforderten **Mediatoreffektes** der Nutzungsintention fällt ebenfalls positiv aus. Auf Grundlage der guten Anpassungsmaße und der darüber hinaus gehenden strukturellen Prüfungen kann festgestellt werden, dass die TPB für die mittelständische Nutzung von privatem Beteiligungskapital deutliche Erklärungskraft besitzt. Das R^2 für die Aufklärung der tatsächlichen Nutzung beträgt 31%, das Q^2 21%. Beide Werte sind vergleichsweise hoch[632] und sprechen für eine gute empirische Aussagekraft.

Mittelständische Unternehmer benutzen privates Beteiligungskapital demnach dann zur Finanzierung, wenn dies ihrer Intention entspricht. Diese zunächst noch offensichtliche Grundaussage der TPB wird durch die genauere Aufklärung der Intentionsbildung vertieft: Die Intention gegenüber der Nutzung von privatem Beteiligungskapital ist am stärksten von der Einstellung abhängig, die von der subjektiven Wahrnehmung der positiven und negativen Konsequenzen dieser Handlung getrieben wird. Dabei haben wahrgenommene **Mehrwertleistungen**, also Verbesserungen des Unternehmenszustands über die Finanzierung hinaus, den stärksten positiven Effekt und sind wichtiger als die reine Deckung finanzieller Ressourcendefizite.

[632] Vgl. Ajzen (1991), S. 187, Ajzen (1985), S. 11 ff, Gable/Chin (2001), S. 256.

Wahrgenommener **Kontrollverlust und Risikobefürchtungen** sind die stärksten Hemmfaktoren für eine positive Einstellung.

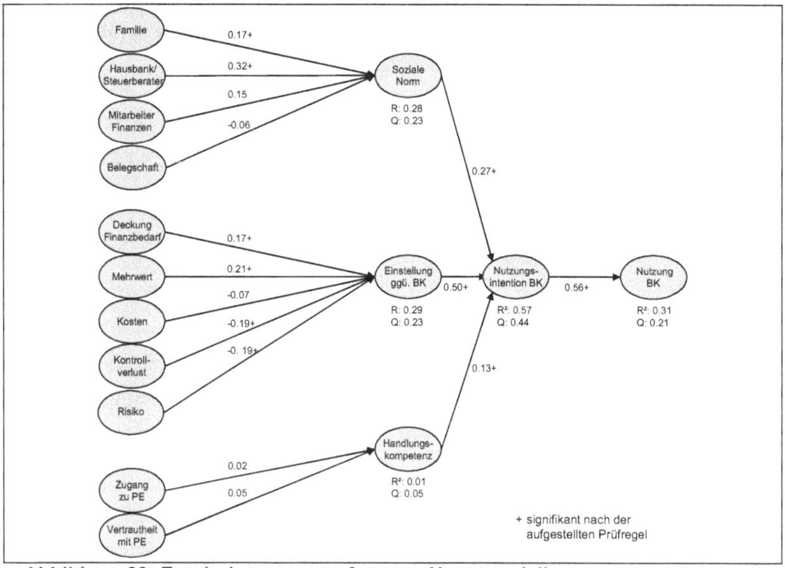

Abbildung 28: Ergebniszusammenfassung Hauptmodell

Zweitstärkster Erklärungsfaktor ist die **Summe aller sozialen Einflüsse**, die den mittelständischen Unternehmer bei der Finanzierung mit privatem Beteiligungskapital bestärken oder zurückhalten wollen. Dabei spielen **externe Berater** die wichtigste Rolle in der Formung dieser sozialen Norm, gefolgt von der **Familie**. Die Belegschaft hat keinen Einfluss und auch der Einfluss interner Berater ist nicht signifikant.

Die **Einschätzung der eigenen Fähigkeiten** und der Möglichkeiten einer Beteiligung ist der am schwächsten ausgeprägte Effekt, seine Aufklärung durch die beiden Treiberkonstrukte gelingt nur im Teilsample für profitable Unternehmen. Vertrautheit und Zugang zum Markt scheinen Hygienefaktoren zu sein, die nur eingeschränkte Auswirkungen auf die Veränderung der Nutzungsintention haben. Eine weitere Aufklärung der subjektiven Handlungskompetenz gelingt darüber hinaus nicht.

Der Gruppenvergleich offenbart weiter, dass der durch die TPB beschriebene Entscheidungsmechanismus gegenüber einer Vielzahl anderer Einflussfaktoren (Größe, Erfolg, Profitabilität, Nachfolge/Nicht-Nachfolge, Familienunternehmen/Nicht-Familienunternehmen) grundsätzlich robust ist. Die Einstellung des Unternehmers, basierend auf den Konsequenzen der Finanzierung, hat den stärksten Effekt, gefolgt vom sozialen Umfeld. Den schwächsten Effekt hat die subjektive Kontrolle. Der Erklärungsgehalt des Modells liegt über alle Gruppenvergleiche immer bei etwa 30 %, bei einer robusten Pfadstärke für die Handlungserklärung von ca. 0,5. Auch strukturelle Variablen wie Unternehmensgröße, -alter, Einzigartigkeit oder Aktivatangibilität haben nur eine geringe direkte Relevanz für die Erklärung von Nutzungsintention und Nutzung.

Auf Basis dieser Ergebnisse ergibt sich eine Reihe von Denkanstößen für die praktische und die theoretische Beschäftigung mit privatem Beteiligungskapital im deutschen Mittelstand, die im Folgekapitel erörtert werden. Allerdings unterliegen sie auch Restriktionen, die in der Methode und im gewählten Ansatz begründet liegen. Somit sind die folgenden Implikationen unter Berücksichtigung der in Kapitel 7.3 aufgeführten kritischen Argumenten zu bewerten.

7.2 Implikationen für Praxis und Theorie

7.2.1 Praktische Implikationen

Mit Blick auf die Praxis können aufgrund der vorliegenden Ergebnisse verschiedene Hinweise **für Anbieter** von privatem Beteiligungskapital im Mittelstand und für öffentliche **Institutionen mit Förderinteressen** formuliert werden. Zunächst lässt sich festhalten, dass **rein angebotsseitig** abzielende Förderung beispielsweise für Exitverbesserung, steuerliche Gewinnbehandlung oder Informationspflichten **nicht ausreichend** für die Erhöhung der Nutzung von privatem Beteiligungskapital im Mittelstand sind. Vielmehr kommt auch der Nachfrageseite Erklärungskraft zu (nämlich ca. ein Drittel der beobachteten Varianz in der Nutzung).

Übertragen auf das TPB-Modell ergibt sich daraus, dass Beteiligungskapitalanbieter und Förderinstitutionen mit einem Interesse an der Durchdringung des Marktsegmentes „Mittelstand" – bei gleichzeitiger Berücksichtigung ihrer eigenen Effizienzüberlegungen[633] – diejenigen Aspekte bei der Gestaltung und Vermarktung von Beteiligungskapitalangeboten betonen sollten, die – ceteris paribus – zu einer **Erhöhung der Nutzungsintention beim mittelständischen Unternehmer** führen: Pennings et al. (1999), S. 532, sprechen von der „Hygienebedingung", als Anbieter im Finanzservicebereich effizient Mittel bereitzustellen, die allerdings noch keinen Erfolg garantiert. Erfolg hängt darüber hinaus an der Fähigkeit, marktgerechte Angebote zu entwickeln: „The success or failure of these services also depends on the extent to which they satisfy the needs of potential customers (...). Products and services are determined on the basis of customers' wants and needs". Dazu zeigt das Modell einige spezifische Ansatzpunkte in Form der untersuchten Treibergrößen auf:

1) Herausstellung von Mehrwertleistungen: Den stärksten positiven Treiberffekt für die Nutzungsaufklärung haben wahrgenommene Mehrwertleistungen. Im Durchschnitt führt eine Erhöhung der Wahrnehmung positiver Mehrwertaspekte um 100 % zu einer ca. 10 %-igen Stärkung der Nutzungsintention und einer ca. 6 %-igen Erhöhung der tatsächlichen Nutzung (vgl. Abbildung 29). Über diese allgemeine Vorteilhaftigkeit der Integration von Mehrwertkomponenten bieten die empirischen Daten auch Anhaltspunkte zur konkreten Verbesserung der mittelständischen Wahrnehmung: Abbildung 30 vergleicht auf der Grundlage eines Mittelwertvergleichs und der Indikatorgewichte die Wirkung der einzelnen Mehrwertbestandteile miteinander; auf der Horizontalen ist dabei die von den Mittelständlern durchschnittlich angenommene Wahrscheinlichkeit abgetragen, mit der die entsprechende Leistung im Rahmen einer Beteiligungsfinanzierung erbracht wird. Die Vertikale trennt die Bestandteile entsprechend ihrer Wichtigkeit für die Wahrnehmung eines Mehrwerts. Die Darstellung gibt also eine Information

[633] Zur Relevanz der angebotsseitigen Teilnahmebedingung und anderer Restriktionen vgl. Kapitel 7.3.2.

darüber, wie wichtig die Gestaltungselemente aus Sicht des mittelständischen Unternehmers sind, und in welchem Maße er sie von einer privaten Beteiligungsfinanzierung erwartet.

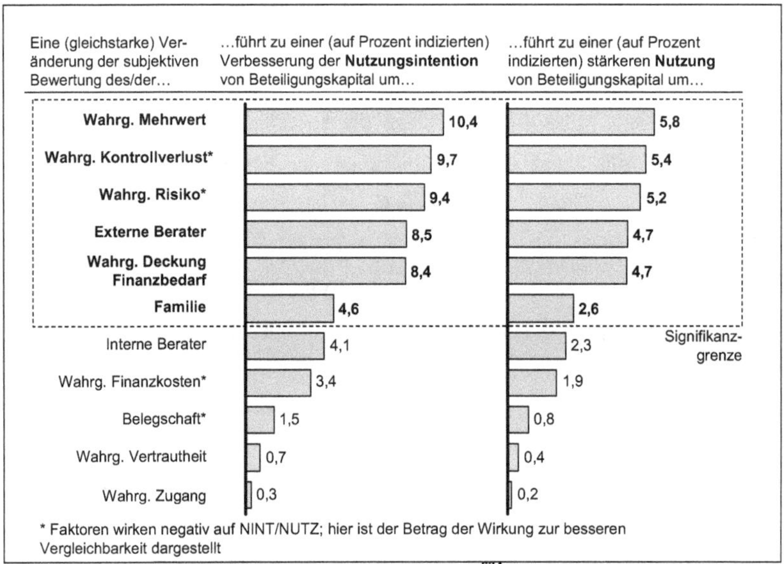

Abbildung 29: Gesamteffekt der Einflussfaktoren[634]

Demnach sollte sich die Gestaltung von Mehrwertleistungen insbesondere auf die Verbesserung der Marge, eine Senkung der Steuerquote, den Zugang zu weiteren Kapitalquellen und eine Mentor-/Motivatorfunktion konzentrieren. Margenverbesserung und Steueroptimierung werden dabei als Folge überdurchschnittlich stark vermutet. Wenn im Rahmen einer Beteiligungsanbahnung von Anbieterseite das Potenzial für weitere Kapitalbeschaffung besteht, bietet eine Betonung dieses Potenzials die Möglichkeit, stark positiv auf die Meinung des Unternehmers einzuwirken. Gleichermaßen besteht diese Chance durch die aktive Wahrnehmung einer Mentorenrolle durch das

---

[634] Die Darstellung beruht auf dem sogenannten Gesamteffekt, der das Produkt der Pfadkoeffizienten bis zur jeweiligen exogenen Variable darstellt. Da die Berechnung auf standardisierten Werten beruht, können sie über Konstrukte hinweg verglichen werden. Eine Erhöhung des jeweiligen Konstruktwertes ergibt nach Gewichtung durch die relevanten Pfadkoeffizienten den Effekt auf die betrachtete endogene Variable.

Beteiligungskapitalunternehmen, insbesondere weil ein solches Angebot nicht an andere Ressourcen neben der Betreuungszeit des Beteiligungsmanagers gebunden ist.

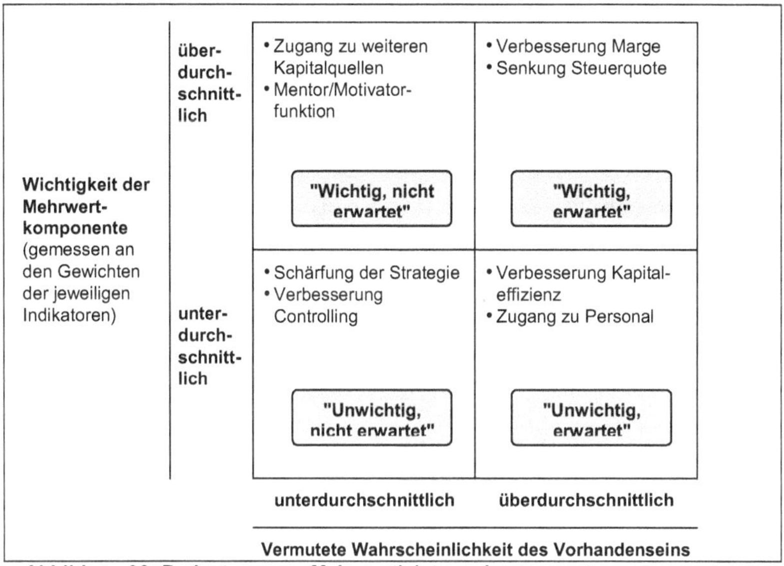

Abbildung 30: Bedeutung von Mehrwertleistungskomponenten

Im Gegensatz zu den anderen positiv bewerteten Konstrukten ist die durchschnittliche Ausprägungserwartung für weitere Kapitalquellen und Mentorship vergleichsweise gering, so dass eine Verbesserung der Wahrnehmung relativ einfacher erreichbar ist. Eher nebensächlich sind aus mittelständischer Sicht strategische Maßnahmen und Controllingverbesserungen sowie Personalzugang und Maßnahmen zur Steigerung der Kapitaleffizienz.

2) Gestaltung der Beteiligungskontrolle: Der wahrgenommene Kontrollverlust ist, gemessen am Gesamteffekt, die zweitwichtigste Einflussgröße für die Nutzung privaten Beteiligungskapitals.[635] Eine 100 % gesteigerte Wahrnehmung eines Kontrollverlusts führt im Schnitt zu einer ca. 10 %-igen Ab-

[635] Vgl. Abbildung 29.

nahme der Nutzungsintention und zu einer um ca. 5 % geringeren Nutzung. Abbildung 31 zeigt analog zur Analyse der Mehrwertkomponenten, dass auch die spezifischen Gestaltungsparameter von Kontrollinstrumenten unterschiedlich negativ auf die Nutzung von Beteiligungskapital im Mittelstand wirken: Zur Erreichung einer möglichst hohen Nutzungsintention sollten Beteiligungskontrollrechte so strukturiert werden, dass direkte Einflussnahmen auf operative und personelle Entscheidungen sowie auf Gremienbesetzungen unterbleiben. Auch (regelmäßige) Informationspflichten sollten minimal bleiben. Demgegenüber ist eine Kontrolle durch Aufsichtsratsmandate oder Ziele weniger gewichtig und wirkt entsprechend wenig negativ. Auch Eingriffe in strategische Entscheidungen zum Unternehmensumfang wirken geringer negativ auf Intention und Nutzung.

Abbildung 31: Bedeutung von Kontrollverlustkomponenten

Wie mehrfach bereits diskutiert, ist auch diese Aussage zunächst rein nachfrageseitig begründet: Es ist zu prüfen, wie weit ein Rückgriff auf diese Kontrollmechanismen unter Berücksichtigung der Informationslage und der Risiken für den Anbieter möglich ist. Dabei scheinen Kontrollmodelle durchaus denkbar, die im Falle regulärer Unternehmensentwicklung durch

Aufsichtsratsmandate und Zielvorgaben geprägt sind, um so das unternehmerische Kontrollempfinden möglichst wenig zu beeinflussen.

3) Berücksichtigung des unternehmerischen Risikobegriffs: Die Analyse der Risikowirkungen zeigt, dass die mittelständische Risikowahrnehmung deutlich von einem rein finanztheoretischen Risikobegriff abweicht (vgl. Abbildung 32). Als unerwünschte Konsequenzen einer privaten Beteiligungskapitalfinanzierung haben Angst vor dem Verlust von Kernpersonal und vor zu hohen Schulden hohes Gewicht. Zusätzlich wird die Risikowahrnehmung überdurchschnittlich durch Sorge vor möglichen Fehlentscheidungen von Beteiligungskapital-Managern geprägt. In relativer Perspektive werden Illiquiditätsrisiken und Schwankungen der Ergebnisse zwar als vorhanden, aber weniger gewichtig bewertet. Diese Risikokonsequenzen werden anscheinend eher in Kauf genommen und bedingen keine starke negative Wirkung auf die Nutzungsintention. Der Verlust von operativem Handlungsspielraum durch Leverage ist aus mittelständischer Bewertung weder gewichtig noch eine wahrscheinliche Risikokonsequenz.

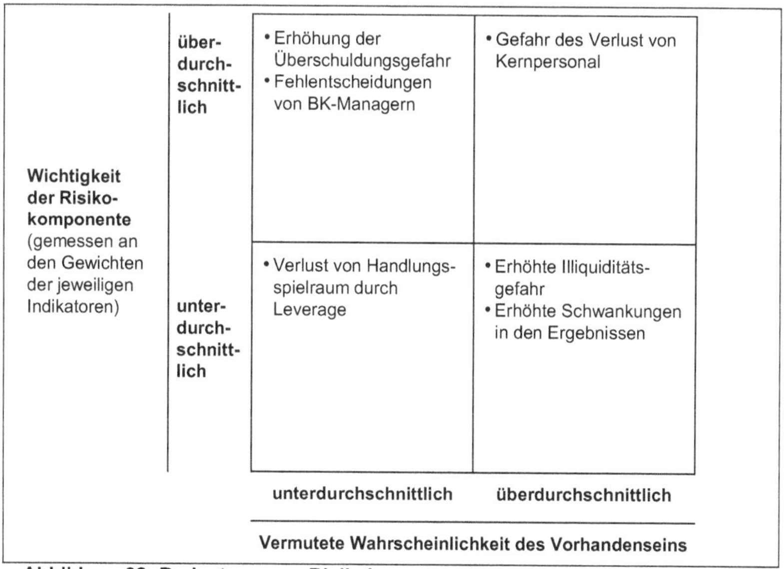

Abbildung 32: Bedeutung von Risikokomponenten

Bei der eigentlichen Gestaltung von Finanzierungsangeboten kann vermutlich nur eingeschränkt auf diese Risikowahrnehmungen reagiert werden. Allerdings kann durch begleitende Kommunikation sowohl der Angst vor negativen Personalkonsequenzen als auch der Sorge vor Fehlentscheidungen entgegengewirkt werden.

4) Segmentspezifische Angebotsgestaltung/Vermarktung: Diese Empfehlungen sind zunächst auf der Basis des allgemeinen Modells entstanden. Im Rahmen der durchgeführten Gruppenvergleiche ergibt sich, dass große Unternehmen, Familienunternehmen, Erfolgsunternehmen, Nachfolgefälle und sehr profitable Unternehmen andere Gewichtungen der Konsequenzen vornehmen. Auch wenn diese Aspekte noch keine vollständige Segmentierung der mittelständischen Nachfrage nach Beteiligungskapital darstellen, legen sie nahe, dass ein segmentspezifischer Ansatz eine noch bessere Adressierung der nachfrageseitigen Präferenzen ermöglichen kann. Die bisher dargestellten Gestaltungsempfehlungen sind also gegebenenfalls segmentspezifisch anzupassen.

5) Bedeutung externer Berater: Zweitstärkster positiver Einflussfaktor ist, gemessen an der Gesamteffektstärke, die Wirkung von externen Beratern in Form von Steuerberatern und der Hausbank:[636] Wenn diese dem mittelständischen Unternehmer 100 % stärker zu einer Finanzierung rieten, ergäbe sich zunächst eine ca. 9 %-ige Verbesserung der Nutzungsintention und eine ca. 5 %-ige Nutzungserhöhung.[637] Dieser Effekt hat auf der Grundlage der vorliegenden Untersuchung eine stärkere positive Wirkung auf das Nutzungsverhalten des Unternehmers als zum Beispiel die Deckung des Finanzbedarfs oder die Kosten der Finanzierung. Die daraus folgenden Empfehlungen scheinen offensichtlich: Diese Normträger sind innerhalb der Beteiligungsanbahnung einzubeziehen und als Kooperationspartner zu gewinnen. Der starke Einfluss externer Berater ermöglicht gerade über die Hausbankverbindung einen guten Zugang zur mittelständischen Nutzungsentscheidung. Der begonnene Vertrieb von Förderkonzepten (z.B. der KfW)

---

[636] Vgl. Abbildung 29.
[637] Vgl. Abbildung 29.

über Hausbanken und Sparkassen erscheint auf Basis dieser Untersuchung Erfolg versprechend.

6) Bedeutung der Handlungskompetenz: Fördermaßnahmen können über die Steigerung der mittelständischen Handlungskompetenz zu einer verbesserten Nutzungsintention führen. Schulungs- oder Informationsmaßnahmen sind dementsprechend nur von indirektem Wert für eine Erhöhung der Nutzungsintention und der Nutzung von Beteiligungskapital. Allerdings beruhen diese Aussagen ausschließlich auf der Kausalanalyse. Während die kausalanalytische Klärung von Vertrautheit und Zugang nicht signifikant gelungen ist, deuten die deskriptiven Ergebnisse zumindest vereinzelte Ansatzpunkte an: „Klarheit von Bedingungen und Konditionen" und „Abwesenheit bürokratischer Hürden" sowie – eingeschränkt – „Genug Informationen zu privatem Beteiligungskapital erhältlich" weisen von den abgefragten Kompetenzeinschätzungen die negativsten Beurteilungen aus.

Im Gesamtblick lassen sich die bisher abgeleiteten Implikationen auch in Empfehlungen[638] für die strukturelle und vertragliche Gestaltung von Beteiligungskapitalangeboten zusammenfassen. Um ceteris paribus eine möglichst hohe Nutzungsintention und folglich eine möglichst hohe Nutzung zu erfahren, sollten private Beteiligungstitel für die Verwendung im Mittelstand auf der Basis der nachfrageseitigen Bewertung:

- Minderheitsbeteiligungen oder Mezzanine-Kapital, zum Beispiel in Form von Nachrangdarlehen sein,

---

[638] Die Gültigkeit der abgeleiteten Empfehlungen ist dabei unter Maßgabe der angebotsseitigen Teilnahmebedingung und verschiedener, theoretisch denkbarer Interdependenzen der Größen zu sehen, vgl. den folgenden Abschnitt zur Kritik der Ergebnisse.

- möglichst geringe operative Kontroll- oder Informationsklauseln, sondern Meilensteinvorgaben und ggf. Aufsichtsratmandate umfassen[639],
- als zweckungebundene Kapitalgaben mit Endausschüttung und/oder Wertsteigerungsbeteiligung erfolgen[640],
- im Verbund mit Beratungsleistungen[641] und in Kooperation mit Banken oder ähnlichen Institutionen vertrieben werden.

7.2.2 Theoretische Implikationen

Die theoretischen Implikationen der vorliegenden Ergebnisse betreffen insbesondere folgende Punkte: **1)** die Gültigkeit und Eignung der TPB für Finanzierungsfragen, **2)** die Wertigkeit wesentlicher Einflussgrößen in der Wahrnehmung des mittelständischen Unternehmers und im multivariaten Vergleich, **3)** die Wirkung von finanztheoretisch relevanten Strukturvariablen auf die mittelständische Wahrnehmung, sowie **4)** die grundsätzliche Sinnhaftigkeit deskriptiver Ansätze (in Abgrenzung zu normativen).

1. In Ergänzung zu beispielsweise neoinstitutional fundierten Ansätzen kann die verhaltenspsychologisch fundierte Betrachtung von Finanzierungsentscheidungen auf der Basis der **TPB** ebenfalls **erklärungshaltige und prognoserelevante Modelle** begründen. Sie liefert damit einen Rahmen, die im KMU-Kontext wesentliche Vielzahl und Heterogenität von Einflussgrößen aufzunehmen und zu strukturieren. Dieser erlaubt ein deutlich geringeres Maß an einschränkenden Annahmen im Vergleich zu alternativen Fundierungen und erfolgt auf Basis eines explizit die „mana-

---

639 Vgl. mit ähnlicher Aussage wie in den ersten beiden Punkten dargestellt KfW (2003b), S. 10.

640 Dieses Ergebnis weicht ab von den Empfehlungen von KfW (2003a), S. 9, die eine mittelständische Präferenz für eine gleichmäßige Verteilung der Finanzierungskosten über die Laufzeit angeben. Dies bestätigt sich in dieser Untersuchung nicht, vielmehr werden laufende Zahlungen als die negativste Form der Finanzierungskosten bewertet.

641 Vgl. auch Cressy/Olofsson (1997b), S. 179; die Autoren schlagen solch ein Bündlung für die Steigerung der externe Eigenkapitalfinanzierungsquote bei kleinen Unternehmen vor.

gerial black box"[642] des Unternehmers abbildenden Modells. Die von Matthews et al. (1994) für Fremdkapitalnutzung aufgestellte Hypothese zur Anwendbarkeit der einstellungsbasierten Verhaltenstheorie wird empirisch bestätigt: „The strength's of TRA's application here is twofold: It provides a conceptual framework and a theoretical underpinning. That is, it helps identify key components of a conceptual model for understanding privately held firms' capital structure decisions, and it provides a theoretical foundation for integrating the components. Therefore [...it] allows us to better understand how privately held firms make financing decisions."[643] Diese Aussage wird durch die vorliegende Arbeit auch für die private Beteiligungskapitalnutzung in Deutschland gültig.

2. Romano et al. (2000) zeigt die Heterogenität der im mittelständischen Finanzierungskontext relevanten Variablen auf: „Our findings suggest that the interplay between multiple social, family, and financial factors is complex. In addition, our findings indicate the importance of utilizing theories that also help to explain behavioral factors (e.g., owners' needs to be in control) that affect financial structure decision-making processes."[644] Das überprüfte Modell liefert eine Spezifizierung dieser Interaktion von Finanz- und sozialen Faktoren und bestätigt die Erklärungskraft der „behavioral factors" für externes Eigenkapital. **Einstellung und soziale Norm** sind nach den hier erreichten Ergebnissen wesentlicher Bestandteil dieses verhaltenspsychologisch erweiterten Sets an Erklärungsvariablen. Zusätzlich erlaubt das Modell dieser Arbeit – aufgrund seines multivariaten Ansatzes – eine vergleichende Bewertung der Einflussstärke dieser Vielzahl an Variablen. Demnach sind zu Grunde liegende Treibervariablen wie wahrgenommener Mehrwert und Einfluss von externen Beratern und Familie von ähnlich starkem Gewicht wie die oftmals untersuchten Aspekte Kontrolle und Risiko. Insofern scheint eine Prüfung der Erweite-

---

[642] Norton (1991), S. 287, vgl. auch Fußnote 299.
[643] Matthews et al. (1994), S. 357.
[644] Romano et al. (2000), S. 286.

rung der finanzierungstheoretischen Überlegungen – unter Berücksichtigung unten darzustellender methodischer Restriktionen – um diese Größen zumindest im mittelständischen Kontext angebracht.

3. Demgegenüber zeigen auf Strukturvariablen beruhende Erklärungsansätze auf der Basis der hier untersuchten mittelständischen Stichprobe keine Erklärungswirkung für Intention oder tatsächliche Nutzung. Die Entscheidung über die Beteiligungskapitalnutzung ist bei mittelständischen Unternehmern unabhängig vom Unternehmensalter, der Unternehmensgröße, oder Wachstum; auch Cashflow-Intensität, Profitabilität, Volatilität, Aktivatangibilität und Einzigartigkeit haben aus nachfrageseitiger Sicht keine Erklärungswirkung auf die Urteilsbildung. Dies legt zumindest die Vermutung nahe, dass die mit diesen Proxygrößen verknüpften **normativen Aussagen** der Finanzierungstheorie **im Bewusstsein mittelständischer Unternehmer nicht als Handlungsmaßgaben verankert** sind. Auch wenn Entscheidungen wie die Nutzung von Beteiligungskapital zur Finanzierung gemäß diesen Maßgaben getroffen werden sollten, werden sie es de facto im Mittelstand nicht.

4. Insgesamt rücken diese Erkenntnisse die Frage nach der allgemeinen Sinnhaftigkeit einer **stärkeren Nutzung deskriptiver Theorien** für finanzierungstheoretische Fragen in den Blickpunkt: Dempsey (1996) beschreibt, dass „in response to ... unrealistic outcomes, theoretical development has subsequently come to be directed at providing models that are descriptive of the way corporate financial decisions are actually made. Institutional arrangements and behavioral considerations have increasingly been recognized as first order influences.“[645] Auch wenn die Modellierung im Rahmen eines geschlossenen axiomatischen Überbaus normative Aussagen ermöglicht, stellt sich die Frage, ob ein solcher Ansatz ob der erforderlichen Abstraktion nicht auch Gefahr läuft, wesent-

---

[645] Dempsey (1996), S. 619.

liche Einflussgrößen zu übersehen. Eine Ergänzung um die deduktive Ermittlung weiterer Aspekte durch primär deskriptive Ansätze, wie im Rahmen der Behavioral Finance in den letzten Jahren begonnen, scheint für Subsegmente wie mittelständische Unternehmen sinnvoll.

7.3 Kritik der Ergebnisse

7.3.1 Methodische Kritik und Diskussion der Annahmen des TPB-Ansatzes

Die dargestellten Implikationen für die theoretische und praktische Bearbeitung der Untersuchungsobjektes "privates Beteiligungskapital im Mittelstand" sind insgesamt unter der zentralen Einschränkung der partiellen empirischen Gültigkeit des Modells zu sehen: Das Modell erlaubt eine – zwar vergleichsweise hohe, aber dennoch partielle – 31 %-ige Erklärung des Nutzungsverhaltens (R^2) und seine Prognosen sind um 21 % (Q^2) besser als eine zufällige Schätzung. Somit bleibt ein großer Teil der beobachteten Varianz in der tatsächlichen Nutzung von privatem Beteiligungskapital unaufgeklärt.

Diese unaufgeklärte Restvarianz und Abweichungen in der Prognosegültigkeit sind auf verschiedene Restriktionen des hier gewählten Ansatzes zurückzuführen. Die aufgeführten Ergebnisse unterliegen zunächst **methodisch bedingten Einschränkungen**:

- Aus forschungspraktischen Gründen ist im Rahmen dieser Arbeit nur eine Querschnittsuntersuchung erfolgt. Eine Integration von **Längsschnittdaten** kann eine Verbesserung verschiedener Aspekte bewirken: Die zeitliche Stabilität der Einschätzungen wird im vorliegenden Fall angenommen, Längsschnitte ermöglichten eine Überprüfung. Weiter ist letztlich für die Beeinflussung der Handlungsintenion auch die Frage nach Veränderungen der TPB-Konstrukte (und deren Ursachen) über die Zeit relevant.[646] Zusätzlich geht das geprüfte Modell von einer unidirektionalen Beziehung zwischen Intention und Einstellung, Norm und Handlungskompetenz aus. Die hier vorgenommene einperiodige, varianzbasierte Schätzung des Modells bietet keine Möglichkeit, diese Annahme zu überprüfen. Eine mehrperiodige Untersuchung würde diese Annahme einer statistischen Prüfung zugänglich machen.[647] Schließlich wäre die zeitliche Konsistenz von Handlung und Einstellungsbildung besser abzubilden.

- Die zweite methodische Kritik ist auf der dem PLS-Verfahren inhärenten Linearitätsannahme begründet: Nicht vorhandene Signifikanzen können in dieser Untersuchung auf das Vorliegen nicht linearer Effekte zurückzuführen sein. Dieser Kritikpunkt ist auch im Rahmen der unten erfolgenden, kapitalstrukturtheoretischen Würdigung von Relevanz.

- In Einzelfällen könnte eine Schärfung der Ergebnisse durch eine weitere Verfeinerung der Messmodelle erfolgen: Zunächst könnte – trotz der hier durchgeführten Pre-Test-Verfahren und der Orientierung an Messvorlagen – eine erneute Prüfung der Messmodelle auf einem getrennt zu erhebenden Datensatz eine zusätzliche und erweiterte Bewertung der Messgüte ermöglichen. Insbesondere bei den Finanzierungskosten könnte so eine verbesserte Aussage über die **Ursachen der negativen Bewertung** getroffen werden. Darüber hinaus erfordert die Messung der vielen Einflussgrößen im Modell eine vergleichsweise einfache Operationalisierung. Gegebenenfalls können komplexere, mehrdimensionale Messansätze eine verbesserte Aufklärung der Konstruktvarianzen bringen.

Im Rahmen der theoretischen Diskussion sind weiter die **Annahmen** diskutiert worden, die eine Verhaltensmodellierung durch die TPB zugrunde

[646] Vgl. Chaiken/Stangor (1987), S. 592 ff.
[647] Vgl. bspw. Cook/Campbell (1979), S. 10 ff.

liegen.[648] Auf der Basis der erreichten Ergebnisqualität scheint eine rückblickende Bewertung dieser Annahmen möglich. Dabei stellen die verschiedenen Annahmen unterschiedlich starke Positionen gegenüber der beobachteten Realität dar: Grundsätzlich wenig problematisch zeigen sich – basierend auf der hohen Modellgüte – die Forderungen nach zumindest teilweise kognitiv geprägtem, auf Informationen über Konsequenzen basierten Handeln. Dies gilt auch für die geforderte geringere Relevanz unbewusster Handlungen, Gewohnheitshandlungen und Affekthandlungen für den Beteiligungskontext und eine zumindest teilweise bestehende Abhängigkeit der Nutzung von Beteiligungskapital von Kenntnissen oder Ressourcen. Auch scheinen mittelständische Unternehmer als Entscheider im Augenblick der Einstellungsbildung in der Lage, die für sie relevanten Attribute zu erkennen und zu bewerten. Die im Vergleich mit anderen PLS-Modellierungen guten Anpassungswerte legen nahe, dass diese Annahmen der beobachteten Realität zu ausreichendem Maße entsprechen, da Restriktionen in der Gültigkeit dieser Forderungen letzlich in schlechterer Modellgüte – und insbesondere in weniger guter Varianzaufklärung – Ausdruck gefunden hätten.

Weniger deutlich ist zu beurteilen, inwieweit die vorgenommenen subjektiven Bewertungen von der tatsächlichen Vorteilhaftigkeit der Konsequenzen abweichen und auf fehlender oder falscher Information beruhen. Es wird kein Abgleich zwischen subjektiver und (z.B. durch Unternehmenswert-maximierende Axiomatik legitimierter) objektiver Vorteilhaftigkeit vorgenommen. Ebenfalls keine Aussage kann im Rahmen des querschnittsbasierten Untersuchungsdesigns – wie oben bereits besprochen – zur Zeitstabilität der Einstellung und zur Kompatibilität von gemessener Einstellung und zu erklärender Handlung gemacht werden.

[648] Vgl. Abschnitt 3.3.3.

Die Forderung nach nicht-kompensatorischen Eindruckswerten kann schließlich ebenfalls hinterfragt werden, ohne dass im vorliegenden Modellkontext eine empirisch ermittelte Antwort möglich ist. Diese – somit deterministisch gesetzte – Annahme ist auch aus finanzierungstheoretischer Sicht relevant und wird im folgenden Abschnitt wieder aufgegriffen.

7.3.2 Kritische Diskussion der Ergebnisse aus finanzierungstheoretischer Sicht

Über die bisher dargestellte Kritik hinaus, liegt ein weiterer Grund für unaufgeklärte Restvarianz in der **Wahl des theoretischen Blickwinkels** begründet: Die Arbeit wählt bewusst von der Finanzierungstheorie abweichende Wurzeln. Die wesentlichen Unterschiede im Ansatz sind in Tabelle 36 noch einmal zusammengefasst. Schwerpunktmäßig ist hervorzuheben, dass der Unternehmer nicht nutzenmaximierend, sondern als individualpsychologischer Akteur dargestellt wird, der auch sozialen und konativen Einflüssen unterliegt. Damit wird zunächst kein normatives Handlungskriterium angenommen, sondern ein zunächst deskriptiver Ansatz verfolgt. Der mittelständische Unternehmer handelt nicht nach Maßgabe des Unternehmenswertes oder seines Erwartungsnutzen, sondern entsprechend seiner durch Einstellung, soziale Norm und subjektive Kompetenz bestimmten Handlungsintention.

Die **Vorteile** dieser gewählten Fundierung zur Beantwortung der gesetzten Forschungsfragen wurden oben erläutert und umfassen

- die höhere empirische Handlungsaufklärung im durch spezifische Rahmenbedingungen (wie beispielsweise stark eingeschränkte Kapitalmärkte, der Existenz von informellen, persönlichen Beziehungen zwischen Stakeholdern bei geringerer Relevanz von formalen Informations- und Kontrollmechanismen, nur eingeschränkter Gültigkeit der Wertmaximierung als Handlungsmaxime beim Unternehmer) geprägten Umfeld "Beteiligungskapital im Mittelstand";

Kriterium	**Finanzierungstheorie**	**Einstellungsbasierte Verhaltenstheorie/TPB**
Menschenmodell	Üblicherweise rationale Kapitalnehmer und rationale oder beschränkt rationale Kapitalgeber	Unternehmer als individualpsychologischer Akteur, der kognitiven, affektiven und konativen Einflüssen folgt
Erklärungsanspruch	Auswahl und Gestaltung der Finanzierungsbeziehung	Handlungen aller Art, die primär kognitiv und auf der Basis von Informationsbewertung erfolgen; auch Entscheidungs- und Auswahlhandlungen[649], unternehmerisches Handeln und Finanzierungshandlungen[650]
Primärer Handlungstreiber	Erwartungsnutzen Unternehmenswert, Wert der Finanzierungstitel, ggf. Erwartungsnutzen handelnder Manager	Handlungsintention
Normatives Kriterium	Paretooptimalität (Nutzenmaximierung oder Minimierung Wohlfahrtsverlust)	Keins, deskriptiver Ansatz
Funktionen der Finanzierung	Transformation, Kanalisierung, Verhaltenssteuerung, Informationsübermittlung	Vermeidung bzw. Erreichen monetärer und nicht-montärer Konsequenzen, Befriedigung sozialer Ansprüche, Verhalten gemäß den eigenen Fähigkeiten
Zentrale Wirkgrößen	Cashflow-Struktur, Steuer- und Insolvenzkosten, Informationsasymmetrien und Agency-Kosten für Eigen- und Fremdkapitalgeber und Manager	Einstellung, soziale Norm und subjektive Handlungskompetenz
Übliche empirische Operationalisierung	Messung der Wirkgrößen über Proxyvariablen (z.B. Größe, Aktivastruktur), Leverage als endogene Variable, Regressionsanalyse	Primärdaten aus Fragebögen, Messung einer Handlung und konsistenter Treibervariablen, latente Größen, Strukturgleichungsmodelle

Tabelle 36: Finanzierungstheorie vs. TPB

[649] Vgl. Dabholkar (1994), van de Putte et al. (1996).
[650] Vgl. Abbildung 16.

- die Orientierung am tatsächlichen mentalen Bewertungsprozesses des Individuums "Unternehmer";
- eine einfachere Integration konkreter, empirisch ermittelter Einflussgrößen inklusive subjektiver, vom Unternehmer wahrgenommener Zustands- und Wahrscheinlichkeitsbewertungen; sowie
- die im Rahmen der TPB weiter fortgeschrittene Entwicklung eines empirischen Instrumentariums zur Analyse von multivariaten, latenten Einflussgrößen.

Durch diese Fundierung ergeben sich allerdings auch **Nachteile**, die durch einen **Vergleich mit den klassischen finanzierungstheoretischen Ansätzen** deutlich werden: Aus finanzierungstheoretischer Sicht kann die vorliegende Modellierung – unter Ausblendung der in Tabelle 36 aufgeführten Unterschiede – mit der finanzierungstheoretischen Modellierung einer **unternehmerseitigen Präferenzfunktion zur Bewertung des Spezialfalls "privates Beteiligungskapital"** verglichen werden. Das vorliegende Modell ordnet jeder spezifischen Gestaltungsform einer privaten Beteiligungskapitalfinanzierung einen Präferenzwert, hier gemessen in Nutzungsintention, zu. Damit erfüllt es zunächst grundsätzlich die Aufgabe einer Präferenzfunktion.[651] Auch die bereits oben dargestellte formale Ähnlichkeit der linear-additiven Bildungsregel für die TPB-Konstrukte und der häufig verwendeten linear-additiven Erwartungsnutzenfunktion unterstützt eine solche finanzierungstheoretische Interpretation des hier verwendeten Ansatzes.

Folgt man dieser Interpretation des erarbeiteten TPB-Modells und vergleicht man die finanzierungstheoretische und die hier gewählte Herangehensweise, ergeben sich bei genauerer Analyse eine Reihe von weiteren Kritikpunkten,

---

[651] Vgl. Breuer (1998), S. 31 ff.

die vermutlich ebenfalls Anteil an der unaufgeklärten Varianz im tatsächlichen Finanzierungsverhalten von mittelständischen Unternehmern haben:

Zunächst handelt es sich um eine **spezifische Modellierung für den privaten Beteiligungskapitalfall**. Es wird lediglich modelliert, wie eine präferenzmaximale Gestaltung von privaten Beteiligungskapitalangeboten aussähe,

- spezifisch beschränkt auf die hier betrachteten Determinanten der Einstellung, der sozialen Norm und der Handlungskompetenz, sowie

- unter Nichtberücksichtigung anderer Finanzierungsalternativen. Die Nutzungsintention von Private Equity wird nicht im Verhältnis zu den Nutzungsintentionen anderer Instrumente bewertet, so dass die Auswahlsituation zwischen verschiedenen konkreten Finanzierungsalternativen nicht unmittelbar beurteilt wird.

Diese Betrachtung ist vor dem Hintergrund einer – in der Finanzierungstheorie üblichen – gesamtheitlichen Betrachtung der Finanzierungsentscheidung eng, da zum Beispiel mit den hier nicht betrachteten finanzierungstheoretischen Funktionalitäten der Kapitalstrukturwahl alternative Determinanten der Finanzierungsentscheidung denkbar sind. Auch eine Vielzahl von Finanzierungsalternativen existiert, die hier lediglich als Gesamtalternative "keine Nutzung von privatem Beteiligungskapital" erfasst werden.

Weiter zeigt sich aus einem Abgleich mit dem finanzierungstheoretischen Ansatz der bereits oben diskutierte **partielle Charakter** der Modells: Hier wird lediglich die Nachfrageseite modellhaft untersucht und gegen die empirische Realität getestet. Die zum Beispiel in einer formalanalytischen Betrachtung übliche gleichzeitige Untersuchung von Anbieterpräferenzen und Marktbedingungen der jeweiligen Finanzierungsentscheidung erfolgt nicht, obwohl Angebotsseite und Umfeld ohne Zweifel ebenfalls einen Einfluss auf die tatsächliche Varianz im Zustandekommen einer Beteiligungsfianzierung haben.

Diese Einschränkung ist für Übertragungen verhaltenspsychologischer Modelle auf ökonomische Fragestellungen typisch, weil im Gegensatz zur (zunächst auf das Individuum ausgerichteten Verhaltenspsychologie) ökonomisches Verhalten grundsätzlich auf Tauschbeziehungen beruht und deshalb üblicherweise Aktionen auf einem Markt mit mehreren Akteuren und Angeboten umfassen muss.[652] Somit stellt sich aus finanzierungstheoretischer Sicht zum Beispiel die Frage nach einer Verletzung der angebotsseitigen Teilnahmebedingung: Das Modell trifft keine direkte Aussage über aus Angebotssicht nicht valide Ausprägungskombinationen der untersuchten Determinanten. So führt beispielsweise eine Angebotskonfiguration mit möglichst hoher Kapitalgabe, aber möglichst geringen Finanzierungskosten aus Nachfragesicht zu einer hohen positiven (Einstellungs-)bewertung, angebotsseitig aber vermutlich zu einer Verletzung der Teilnahmebedingung. Für eine vollständige Aufklärung der beobachteten Varianz fehlt damit eine entsprechende Erfassung der Kapitalgeberpräferenzen in gleicher Weise, so dass keine Zusammenführung von Angebot und Nachfrage vorgenommen werden kann.[653] Eine gesamtheitliche Optimierung des Ergebnisses der Zusammenführung von Angebot und Nachfrage (z.B. anhand einer Paretobetrachtung) kann auf Grundlage des hier vorliegenden Modells somit nicht erfolgen, da zu einer solchen Untersuchung ein Abgleich von nachfrageseitiger und angebotsseitiger Präferenzfunktion erforderlich wäre.

Das Modell berücksichtigt schließlich keine weitergehende Verknüpfung der Erklärungsvariablen, sondern stellt eine **ceteris-paribus-Betrachtung** an: Die Effektaussage der Pfadkoeffizienten ist jeweils eine Verbesserung der endogenen Variable bei Konstanthalten aller anderen exogenen Variablen. Dabei wird zwar durch die empirische Untersuchung auf Diskriminazvalidität

---

[652] Vgl. Frey/Benz (2001), S. 7.

[653] Allerdings liefern Tyebjee/Bruno (1984), S. 1058 ff., mit ihrer faktoranalytischen Untersuchung der Konsequenzbewertungen von Beteiligungskapitalunternehmen und der folgenden Überführung in ein Strukturgleichungsmodell einen ersten, wenn auch noch auf die beiden Faktoren „perceived risk“ und „expected return“ beschränkten Ansatz für eine solche Modellierung.

und Multikolllinearität sichergestellt, dass es sich bei den betrachteten Größen um unabhängige und nicht identische Faktoren in **der Wahrnehmung des mittelständischen Unternehmers** handelt. Aus **theoretischer Sicht und auf Basis der objektiven, nicht-empirischen Untersuchung** dieser Größen sind aber verschiedene funktionale Zusammenhänge zwischen diesen Variablen durchaus denkbar. Dies gilt insbesondere für die bereits oben dargestellte Kompensationsbeziehung zwischen Konsequenzkonstrukten (beispielsweise in Form von weniger Kontrollabgabe bei höheren Finanzierungskosten).[654] Zwischen den Einflüssen der sozialen Norm und der subjektiven Handlungskompetenz scheinen solche Wirkbezieungen tendenziell weniger wahrscheinlich.

Die aufgeführten Faktoren müssen als weitere Restriktionen des Modells aufgefasst werden, die Anteil an der nicht aufgeklären empirischen Varianz bzw. an der nicht vollständigen Prognoserelevanz des Modells haben. Allerdings bleibt zu berücksichtigen, dass die empirische Prüfung wie oben dargestellt insgesamt positiv ausfällt, und die statistische Bewertung die **Aussagekraft des Modells für das tatsächliche Zustandekommen einer Beteiligungskapitalnutzung unterstützt.** Zusätzlich ist ein solcher, zunächst von konkreter Entscheidung und Anbieterverhalten abstrahierender Ansatz im Marketing zur Betrachtung von Nutzungsverhalten durchaus **üblich:**[655] Den Ausgangspunkt der Erklärung von Austauschbeziehungen bildet die Nachfrageseite. Ihre Bedürfnisse, Probleme, Anforderungen und Unsicherheitspositionen ergeben den zentralen Orientierungspunkt für die anbietende Unternehmung. Durch sie wird die Effektivität der anbieterseitigen Handlungen grundsätzlich definiert.[656] Ein privates Beteiligungskapital-

---

[654] Darüber hinaus sind auch indirekte, funktionale Verknüpfungen zwischen den Variablen denkbar zum Beispiel in Form von negativen Auswirkungen einer geringeren Kontrolle durch das Beteiligungsunternehmen auf die Quailtät der durchgeführten Mehrwertleistungen.

[655] Vgl. Hunt (1976), S. 17 ff., und allgemeiner Kotler/Bliemel (2005) unter „Marketing-Paradigma".

[656] Weiber (2004), S. 87.

angebot ist (ceteris paribus) dann erfolgreicher, wenn es durch seine Gestaltung eine möglichst hohe Nutzungsintention des Unternehmers erreicht. Die im Folgeteil abgeleiteten Empfehlungen für die Praxis sind demnach zwar allesamt auf ihre angebotsseitige Validität hin zu überprüfen, so sich aber auf Basis der Ausgestaltung angebotsseitig gleichvalide Gestaltungsoptionen ergeben, liefert das vorliegende Modell eine relevante Grundlage zu Auswahl. Mit Blick auf die abgeleiteten theoretischen Schlussfolgerungen liefert das Modell eine valide, empirische Wichtigkeitsbewertung der untersuchten Determinanten und ihres Zusammenwirkens und somit eine Grundlage für potenziell notwenidge Ergänzungen vorliegender Präferenzfunktionsmodelle. Das vorgebrachte Unabhängigkeitsargument ist dabei gegebenenfalls durch entsprechende funktionale Modellierung zu berücksichtigen.

7.4 Abschließende Würdigung und Ausblick

Diese Arbeit ging von vier Forschungsfragen aus.

- **Welche Faktoren** beeinflussen mittelständische Unternehmer positiv oder negativ bei der Entscheidung zur Nutzung privaten Beteiligungskapitals?
- In welcher **Wirkbeziehung stehen diese Faktoren zueinander** und wie fügen sie sich zu einer Bewertung über die Nutzung privaten Beteiligungskapitals zusammen?
- Existieren **Gruppen innerhalb des Untersuchungsobjektes „Mittelstand“**, in denen sich Unterschiede in der Wichtigkeit solcher Faktoren feststellen lassen?
- Welche Ansatzpunkte ergeben sich aus dieser Betrachtung für die **Förderung des Beteiligungskapitalmarktes und zum weiteren theoretischen Verständnis der mittelständischen Kapitalnachfrage**?

Abbildung 33 fasst die Antwort(-bestandteile) zusammen, die diese Arbeit auf die gestellten Fragen gibt. Das angewandte TPB-Modell zeigt sich im Gesamtblick als eine Grundlage, die relevante und interessante Einblicke abseits konventioneller Ansätze ermöglicht.

Es gibt verschiedene Möglichkeiten, diesen hier eingenommenen Betrachtungswinkel auf die mittelständische Nutzung von privatem Beteiligungskapital aufzunehmen und weiterzuführen. Die drei wichtigsten sind aus Sicht des Autors:

1. Ein Abgleich der hier ermittelten nachfrageseitigen Wahrnehmungen mit den Wahrnehmungen und Anforderungen der Angebotsseite. Jede nachfrageseitige Anforderung bedeutet gleichzeitig Auswirkungen auf die Effizienz des Angebotes. Eine weitergehende Untersuchung könnte ausloten, welche Annäherungen an die mittelständischen Handlungstreiber aus Anbietersicht wirtschaftlich machbar sind. Dieses Zusammenführen von Angebot und Nachfrage erbrächte vertiefte Empfehlungen. Einen ersten Schritt in diese Richtung liefern Maula et al. (2005) für das Investitionsverhalten von nicht-institutionalisierten Micro-Beteiligungsinvestoren auf Basis seines ebenfalls durch die TPB fundierten Modells. Zu einem aussagekräftigem Abgleich ist jedoch ein koordinierteres Vorgehen innerhalb eines parallelen konzeptionellen Rahmens notwendig.

2. Ein normatives Verständnis der nachfrageseitigen Motive: Der hier gewählte deskriptive Ansatz beschreibt zunächst lediglich, welche Handlungstreiber im Mittelstand von Relevanz sind. Wichtig wäre für Unternehmer und Förderer, auch vertieft zu verstehen, welche Motive von Relevanz sein sollten. Hier ist ein erweiterter Brückenschlag zwischen den normativen Aussagen der Finanzierungstheorie und den Umfeldbedingungen des Finanzierungssegments „Mittelstand" notwendig.

3. Eine Weiterführung und Erweiterung der hier entwickelten Messansätze: Die Verwendung von latenten Variablen und deren Messung im Finanzkontext ist noch außerordentlich selten. Erweiterte Operationalisierungen, Aufklärung der Treiber der Handlungskompetenz, die Berücksichtigung von Moderator-Effekten und Längsschnitt-Daten sind wesentliche Elemente zur Vertiefung dieses eingeschlagenen Weges.

Antwort(-bestandteile):

I Welche Faktoren beeinflussen positiv oder negativ bei Entscheidung über Nutzung von priv. BK?

- **Positiv:** wahrgenommene/r Mehrwert, Finanzierungseignung, externe Berater und die Familie
- **Negativ:** wahrgenommener/s Kontrollverlust, Risiko
- **Ohne signifikanten Einfluss:** Wahrgenommene/r Kosten, Zugang, Vertrautheit, interne Berater, Belegschaft
- **Ohne Erklärungsrelevanz** (direkt): Exogene Strukturvariablen (Alter, Größe, Cashflow-Intensität usw.)

II In welcher Wirkbeziehung stehen diese Faktoren, wie fügen sie sich zu einer Bewertung zusammen?

- **Wirkmodell der TPB:** Nutzungsintention erklärt Nutzung zu ca. 30 %; Einstellung, soziale Norm und subjektive Kompetenz erklären Nutzungsintention zu ca. 50%
- **Nutzungsintention** ist moderierende Variable
- **Einstellungsbildung und Norm** erklären sich zu je ca. 30 % aus den betrachteten Konsequenzkonstrukten (Kompetenzwahrnehmung kann nicht aufgeklärt werden)

III Existieren Gruppen innerhalb des Mittelstands? Welche Unterschiede gibt es?

- Signifikante Gruppen bilden: **Unternehmensgröße, Unternehmenserfolg, Familieneinfluss, Relevanz einer Nachfolge, Profitabilität**
- **Größe:** Mehrwertleistungen wichtiger bei kleinen, Finanzierung wichtiger bei großen Unternehmen
- **Erfolg:** Finanzierung wichtiger bei erfolgreichen, Mehrwertleistungen wichtiger bei erfolglosen Unternehmen; subjektive Kompetenz stärker relevant bei erfolglosen Unternehmen
- **Familieneinfluss:** Einstellung und Familieneinfluss bei Familienunternehmen stärker, interne Berater, Kompetenz und externe Berater dafür weniger einflussreich
- **Unternehmensnachfolge:** Finanzierung bei Nachfolge deutlich stärker relevant, subjektive Kompetenz egal
- **Profitabilität:** Einstellung und Zugang bei Unternehmen mit hohem RoS stärker im Einfluss, Kompetenz geringer

IV Welche Ansatzpunkte folgen daraus für Praxis und Theorie?

Praktische Ansatzpunkte:

- Förderung und Marktdurchdringung sind nicht alleine durch angebotsseitige Maßnahmen erreichbar
- Beteiligungskapitalangebote für den Mittelstand sollten insbesondere mit Blick auf **Mehrwertleistungen, Kontrollverlust und Risikowahrnehmung** gestaltet werden
  - **Mehrwertleistungen:** Fokus auf Margen- und Steueroptimierung, sowie insbesonders weitere Kapitalbeschaffung und Mentorship
  - **Kontrollverlust:** Möglichst geringe Eingriffe in operative und Personalentscheidungen sowie Gremien; minimale Regelinformationspflichten; Aufsichtsratsitze, Kontrolle durch Ziele und Einwirkung auf M&A-Entscheidungen weniger kritisch
  - **Risikoaspekte:** Risikowahrnehmung nicht entsprechend der finanztheoretischen Konzepte; wichtige Aspekte sind Verlustrisiko von Kernpersonal, Überschuldungsgefahr und Fehlentscheidungen von Beteiligungsmanagern; Liquiditäts- und Volatilitätsrisiken werden in Kauf genommen, Leverage-bedingte Einschränkungen sind weniger relevant
- **Segmentspezifische Besonderheiten:** Unterschiede in der Gewichtung der Faktoren für dargestellte Gruppen; weiter verfeinerte, segmentspezifische Adressierung des Mittelstands ermöglicht vermutlich zusätzliche Verbesserung in der gezielten Erhöhung der Nutzungsintention
- Förderung der Verbreitung sollte unter Einbindung **externer Berater** und von **Familienmitgliedern** in den Beteiligungsprozess erfolgen, da sie als Normträger starken Einfluss haben.
- **Kompetenzüberlegungen** (Informationserhältlichkeit, Zugang) sind wenig relevante Faktoren zur Förderung der Verbreitung

=> Als Instrumente kommen primär Minderheitsbeteiligungen und Mezzanine-Kapital in Betracht
=> Klauseln mit minimalen operativen Eingriffen; Meilensteinvorgaben
=> Zweckungebundene Kapitalgabe mit Endausschüttung/Wertsteigerung
=> Vertrieb im Paket mit Beratungsleistung und über Finanzinstitutionen

Theoretische Ansatzpunkte:

- **Deskriptiver Erklärungsansatz der TPB** mit heterogenen (affektiven, kognitiven und konativen) auch nicht-monetären Faktoren scheint – bei Berücksichtigung methodischer und theoretischer Restriktionen - geeignet, mittelständisches (Beteiligungs-)Finanzierungsverhalten zu erklären
- **Mehrwertleistungen, externe Berater** von ähnlicher Bedeutung wie **Kontrollverlust, Risiko.** Kosten von geringerer Relevanz.
- **Externe Strukturvariablen** haben keinen direkten Erklärungsanspruch im verhaltenspsychologisch fundierten Modell;
- **Deskriptiver Ansatz** ermöglicht Untersuchung anderer Variablen; dies kann Impulse für weitere normative Analyse geben. Insbesondere Integration von Normen und Kompetenzen interessant für weiter Analyse

Abbildung 33: Zusammenfassende Beantwortung der Forschungsfragen

Anhänge

Anhang 1: Deskriptive Erhebungen zu Mittelstand und privatem Beteiligungskapital

1a: Empirische Erhebungen zur Finanzierungssituation mittelständischer Unternehmen

Quelle	Titel	Datengrundlage	Repräsentativität
Zimmermann/Schumacher (2005)	Unternehmensfinanzierung 2005	5.752 Fragebögen	Eingeschränkt
Richter et al. (2004)	Finanzstrukturen im deutschen Mittelstand – Wege zum Wachstum	1000 Fragebögen	Eingeschränkt
Steiner (2002)	Die stille Revolution - Der Wandel der Unternehmensfinanzierung in Deutschland	690 Fragebögen	Voll repräsentativ
IfM et al. (2004)	SMEs in Germany – Facts and Figures 2004	Metadaten	Voll repräsentativ
IfM/KfW (2006)	Mittelstandsmonitor 2006	k.A.	Voll repräsentativ
Reize (2005)	KfW Mittelstandspannel 2004	10.692 Fragebögen	Voll repräsentativ
DSGV (2004)	Diagnose Mittelstand 2004	150.000 Bilanzdaten	Voll repräsentativ
Impulse/IfM (2003)	Mittelstand in Deutschland 2003	k.A.	Voll repräsentativ
Impulse/IfM (2004a), Impulse/IfM (2004b)	Mittelstand in Deutschland 2004	k.A.	Voll repräsentativ
Müller et al. (2004)	Mittelstandsbarometer 2004	1.600 Telefoninterivew	Eingeschränkt
Plattner (2003)	Finanzierungsstrukturen und Ertragslage mittelständischer Unternehmen 1998 - 2001	35.000 Bilanzdaten	Eingeschränkt

1b: Empirische Erhebungen zu privatem Beteiligungskapital in Deutschland

Quelle	Titel	Daten-grundlage	Repräsen-tativität
KfW (2005b)	Beteiligungskapital in Deutschland und Großbritannien - Marktstrukturen im Vergleich	167 Fragebögen	Einge-schränkt
European Commission (2001)	Innovative Instruments for Raising Equity in SME in Europe	Metadaten	k.A.
BVK (2005a)	Der Einfluss von Private Equity-Gesellschaften auf die Portfoliounternehmen und die deutsche Wirtschaft	198 Fragebögen	Einge-schränkt
Weber (2006b)	Beteiligungskapital im deutschsprachigen Wirtschaftsraum - Marktstudie über alternative Finanzierungen, insbesondere mittelständischer Unternehmen	374 Frage-bögen	Einge-schränkt
ZEW (2006)	Beteiligungskapital im Mittelstand - Perspektiven in NRW	k.A.	k.A.
Achleitner et al. (2006)	Beteiligungsfinanzierung nach der Markt-konsolidierung - Anhaltende Defizite in der Frühphase	84 Frage-bögen	Einge-schränkt

Anhang 2: Fragebogen

2a: Online-Fragebogen

Previewmode

Privates (Priv.) Beteiligungskapital im Mittelstand

Danke für Ihre Teilnahme!

Hinweise zum Ausfüllen:

- Die Auswertung erfolgt **vollkommen anonymisiert. Eine Zuordnung der Antworten ist unmöglich!**
- Bitte beantworten Sie alle Fragen. "Technische" oder ähnliche Fragen sind aus methodischer Sicht notwendig. Selbst bei Zweifeln ist Ihre vermutete Antwort viel wertvoller als ein unvollständiger Bogen.
- Rückfragen gerne unter 0179 2939 668 oder Espel@win.rwth-aachen.de
- Bitte gehen Sie beim Ausfüllen aller Fragen von **ca. den nächsten zwei Jahren aus und antworten Sie vor dem Hintergrund Ihres Unternehmens und Ihrer persönlichen Einschätzungen.**

Weiter

Previewmode

Haben Sie Anregungen, Hinweise oder andere Kommentare? Fehlt ein Aspekt zu privatem Beteiligungskapital im Mittelstand?

Sind Sie an den Ergebnissen dieser Studie interessiert?

- ◯ Ja
- ◉ Nein

Bei Interesse tragen Sie bitte hier eine Emailadresse ein:
(Natürlich bleiben Ihre Ergebnisse anonym, eine Zuordnung der Emailadresse findet nicht statt)

Zurück Weiter

Previewmode

WIN gründer kolleg RWTH AACHEN

Status: 14%

Gelten folgende Aussagen für Ihr Unternehmen?

	Ja	Nein
Die Eigentümer sind in die Geschäftsführung eingebunden	◯	◯
Wesentliche Unternehmensanteile sind in Hand einer Familie	◯	◯
Ihr Unternehmen ist ein Tochterunternehmen	◯	◯

Ich plane...

	Völlig falsch			Teils/ teils			Völlig richtig
...größere Investitionen	◯	◯	◯	◯	◯	◯	◯
...eine Übernahme/Akquisition	◯	◯	◯	◯	◯	◯	◯
...eine Verbesserung der Eigenkapitalquote	◯	◯	◯	◯	◯	◯	◯
...einen Betriebsübergang/Unternehmensnachfolge	◯	◯	◯	◯	◯	◯	◯
...die Ausweitung meines Geschäfts (z.B. neues Produkt)	◯	◯	◯	◯	◯	◯	◯

	Gar nicht			Mäßig			Sehr intensiv
Wie intensiv nutzen Sie bisher priv. Beteiligungskapital zur Finanzierung?	◯	◯	◯	◯	◯	◯	◯
Stehen Sie aktuell in Verhandlungen: Wie intensiv ist eine Nutzung geplant?	◯	◯	◯	◯	◯	◯	◯

Welche Beteiligungsinstrumente...

	...kennen Sie?	...nutzen Sie?
Direkte/offene Beteiligung externer Gesellschafter	☐	☐
Stille Beteiligung	☐	☐
Nachrangdarlehen	☐	☐
Partiarisches Darlehen	☐	☐

	Gar nicht			Mäßig			Sehr intensiv
Wie intensiv nutzen Sie bisher priv. Beteiligungskapital zur Finanzierung?	◯	◯	◯	◯	◯	◯	◯
Stehen Sie aktuell in Verhandlungen: Wie intensiv ist eine Nutzung geplant?	◯	◯	◯	◯	◯	◯	◯

Welche Beteiligungsinstrumente...

	...kennen Sie?	...nutzen Sie?
Direkte/offene Beteiligung externer Gesellschafter	☐	☐
Stille Beteiligung	☐	☐
Nachrangdarlehen	☐	☐
Partiarisches Darlehen	☐	☐
Wandel-/Optionsanleihe	☐	☐
Genussscheine	☐	☐
- - - - - - - - - - - - - - - -		
Kenne und nutze ich alle NICHT	☐	☐

Welche Beteiligungskapitalangebote...

	...kennen Sie?	...nutzen Sie?
Mittelständische Beteiligungsgesellschaften	☐	☐
Programme der KfW Mittelstandsbank	☐	☐
Beteiligungskapitalangebote der Sparkassen	☐	☐
Beteiligungskapitalangebote der Landesbanken	☐	☐
Andere private Beteiligungskapitalunternehmen	☐	☐
- - - - - - - - - - - - - - - -		
Kenne und nutze ich alle NICHT	☐	☐

Zurück Weiter

Previewmode

WIN gründer kolleg RWTH AACHEN

Status: 14%

Der Beteiligungskapital-Anteil am Eigenkapital beträgt ca./wird ca. betragen

0%	1 - 10%	21 - 30%	31 - 40%	41-50%	51 -60%	> 60%
◯	◯	◯	◯	◯	◯	◯

Zurück Weiter

Previewmode

WIN gründer kolleg RWTH AACHEN

Status: 35%

Treffen folgende Konsequenzen einer Beteiligungskapitalfinanzierung aus Ihrer Sicht **zu**?

Für den Kapitalbedarf Ihres Unternehmens können Sie durch priv. Beteiligungskapital...

	sicher nicht						sicher
insgesamt eine geeignete Menge Kapital erhalten	●	○	○	○	○	○	○
in einzelnen Finanzierungsrunden geeignete Kapitalmengen erhalten	●	○	○	○	○	○	○
Kapital für einen ausreichenden Zeitraum erhalten	○	●	○	○	○	○	○
Ihren Finanzierungsbedarf decken	○	●	○	○	○	○	○

Durch seine Expertise kann ein Beteiligungsunternehmen für Ihr Unternehmen...

	sicher nicht						sicher
die Marge/Profitabilität verbessern	○	●	○	○	○	○	○
eine niedrigere Steuerquote erreichen	○	●	○	○	○	○	○
die Kapitaleffizienz verbessern (z.B. über Faktoring, geringeres Lager)	○	●	○	○	○	○	○
die Unternehmensstrategie schärfen/optimieren	○	●	○	○	○	○	○
bessere Controlling-Instrumente einführen	○	●	○	○	○	○	○
Zugang zu weiterem Kapital verschaffen	○	●	○	○	○	○	○
Zugang zu gutem Personal verschaffen	○	●	○	○	○	○	○
Mentor/Motivator für die Geschäftsführung sein	○	●	○	○	○	○	○
Mehrwert über die Finanzierung hinaus schaffen	○	●	○	○	○	○	○

In punkto Finanzierungskosten führt Beteiligungskapital zu...

	sicher nicht						sicher
Abgabe eines hohen Anteils des Unternehmenswertes - bei guter Entwicklung des Unternehmens	●	○	○	○	○	○	○
Abgabe eines hohen Anteils des Unternehmenswertes - im Krisenfall	●	○	○	○	○	○	○
hohen laufenden (z.B. jährlichen) Zahlungen an das Beteiligungsunternehmen	●	○	○	○	○	○	○
hohen Gebühren für Berater, Anwälte usw.	○	●	○	○	○	○	○
hohen Kosten im Vorfeld der Beteiligung ("Beteiligungsprüfung")	○	●	○	○	○	○	○
allgemein: hohen Finanzierungskosten	○	●	○	○	○	○	○

Finanzierung mit Beteiligungskapital bedeutet...

	sicher nicht						sicher
Verlust von Stimmrechten im Aufsichtsrat	●	○	○	○	○	○	○
Informationspflichten gegenüber dem Beteiligungsunternehmen	●	○	○	○	○	○	○
Nachhalten der Zielerreichung/Zieldruck	●	○	○	○	○	○	○
Einflussnahme auf Gremienbesetzung	○	○	○	●	○	○	○
Einflussnahme auf operative Entscheidungen	○	○	○	●	○	○	○
Einflussnahme auf den Umfang Ihres Unternehmens (z.B. Verkauf von Unternehmensteilen)	○	○	●	○	○	○	○
Einflussnahme auf Personalentscheidungen	○	○	○	○	●	○	○
Verlust von Kontrolle über mein Unternehmen	○	○	○	●	○	○	○

Für das Unternehmensrisiko bedeutet eine Beteiligung...

	sicher nicht						sicher
erhöhte Überschuldungsgefahr	○	○	○	●	○	○	○
erhöhtes Risiko von Illiquidität	○	○	●	○	○	○	○
stärkere Schwankungen im Unternehmensergebnis	○	○	○	●	○	○	○
Beeinträchtigung durch Fehlentscheidungen von Beteiligungsmanagern	○	○	○	●	○	○	○
Beeinträchtigung durch Abwanderung von Personal	○	○	●	○	○	○	○
Beeinträchtigung wegen hoher Fremdkapitalaufnahme	○	○	●	○	○	○	○
allg. ein höheres Risiko für mein Geschäft	○	○	○	○	○	●	○

Zurück Weiter

WIN gründer kolleg RWTH AACHEN

Previewmode

Status: 76%

Wie bewerten Sie die folgenden positiven Konsequenzen?

	egal			gut			extrem gut
insgesamt eine ausreichende Kapitalmenge zu bekommen	○	○	○	○	○	○	○
in einzelnen Finanzierungsrunden ausreichend Kapital zu bekommen	○	○	○	○	○	○	○
Kapital für einen ausreichenden Zeitraum zu erhalten	○	○	○	○	○	○	○
Ihren Finanzbedarf zu decken	○	○	○	○	○	○	○

	egal			gut			extrem gut
eine bessere Marge/Profitabilität	○	○	○	○	○	○	○
eine niedrigere Steuerquote	○	○	○	○	○	○	○
verbesserte Kapitaleffizienz	○	○	○	○	○	○	○
eine optimierte Unternehmensstrategie	○	○	○	○	○	○	○
bessere Controlling-Instrumente	○	○	○	○	○	○	○
Zugang zu weiterem Kapital	○	○	○	○	○	○	○
Zugang zu gutem Personal	○	○	○	○	○	○	○
Beteiligungsmanage als Mentor/Motivator für die Geschäftsführung	○	○	○	○	○	○	○
allgemein: diese Mehrwertleistungen durch ein Beteiligungsunternehmen	○	○	○	○	○	○	○

	extrem schlecht			schlecht			egal
den Verlust von Stimmrechten im Aufsichtsrat	○	○	○	○	○	○	◉
Informationspflichten gegenüber einem Beteiligungsunternehmen	○	○	○	○	○	◉	○
Nachhalten von Zielen/Zieldruck	○	○	○	○	◉	○	○
Einflussnahme auf Gremienbesetzung	○	○	○	◉	○	○	○
Einflussnahme auf operative Entscheidungen	○	○	◉	○	○	○	○
Einflussnahme auf den Umfang Ihres Unternehmens (z.B. Verkauf von Teilen)	○	◉	○	○	○	○	○
Einflussnahme auf Personalentscheidungen	◉	○	○	○	○	○	○
Verlust von Kontrolle über Ihr Unternehmen	○	◉	○	○	○	○	○

Wie bewerten Sie die folgenden negativen Konsequenzen?

	extrem schlecht			schlecht			egal
einen hohen Anteil des Unternehmenswertes abzugeben - bei guter Entwicklung Ihres Unternehmens	○	◉	○	○	○	○	○
einen hohen Anteil des Unternehmenswertes abzugeben - im Kriesenfall	○	○	◉	○	○	○	○
hohe laufende (z.B. jährliche) Zahlungen an ein Beteiligungsunternehmen	○	○	○	◉	○	○	○
hohe Gebühren für Berater, Anwälte usw.	○	○	◉	○	○	○	○
hohe Kosten im Vorfeld einer Beteiligung ("Beteiligungsprüfung")	○	◉	○	○	○	○	○
allgemein: hohen Finanzierungskosten	○	○	◉	○	○	○	○

	extrem schlecht			schlecht			egal
erhöhte Überschuldungsgefahr	○	○	◉	○	○	○	○
erhöhtes Risiko von Illiquidität	○	○	○	◉	○	○	○
stärkere Schwankungen im Unternehmensergebnis	○	○	◉	○	○	○	○
Beeinträchtigung durch Fehlentscheidungen von Beteiligungsmanagern	○	○	○	◉	○	○	○
Beeinträchtigung durch Abwanderung von Personal	○	○	○	◉	○	○	○
Beeinträchtigung wegen hoher Fremdkapitalaufnahme	○	○	◉	○	○	○	○
allg. ein höheres Risiko für das Geschäft	○	○	○	◉	○	○	○

Zurück Weiter

Previewmode

Status: 88%

	Stimmen folgende Aussagen? Völlig falsch			Teils/ teils			Völlig richtig	Wie wichtig ist der Faktor für die Nutzung von priv. Beteiligungskapital? extrem unwichtig						extrem wichtig
Ich weiß, wie priv. Beteiligungskapital funktioniert	●	○	○	○	○	○	○	○	○	○	○	●	○	○
Es gibt genug Informationen zu priv. Beteiligungskapital	○	●	○	○	○	○	○	○	○	○	●	○	○	○
Ich verstehe, wie ich mit priv. Beteiligungskapital finanzieren kann	○	○	●	○	○	○	○	○	○	○	●	○	○	○
Ich verstehe die Bedingungen von priv. Beteiligungskapital	○	○	○	●	○	○	○	○	○	●	○	○	○	○
Ich bin mit priv. Beteiligungskapital vertraut	○	○	○	○	●	○	○	○	●	○	○	○	○	○

	Völlig falsch			Teils/ teils			Völlig richtig	extrem unwichtig						extrem wichtig
Beteiligungsunternehmen wären an der Finanzierung meines Unternehmens interessiert	○	○	●	○	○	○	○	○	●	○	○	○	○	○
Beteiligungskapital gibt es zu akzeptablen Konditionen	○	○	○	●	○	○	○	○	●	○	○	○	○	○
Bei Beteiligungskapital gibt es wenige bürokratische Hürden	○	○	○	●	○	○	○	●	○	○	○	○	○	○
Beteiligungskapitalanbieter würden meinem Unternehmen Kapital anbieten	○	○	○	○	●	○	○	○	●	○	○	○	○	○
Der Markt für priv. Beteiligungskapital steht mir offen	○	○	○	○	○	●	○	●	○	○	○	○	○	○

	Wie ist die Meinung folgender Personen zu priv. Beteiligungskapital? raten ab			neutral			raten zu	Wie wichtig ist diese Meinung für geschäftliche Entscheidungen? extrem unwichtig						extrem wichtig
Meine Familie	○	○	○	●	○	○	○	●	○	○	○	○	○	○
Mein Steuerberater	○	○	○	○	●	○	○	○	●	○	○	○	○	○
Meine Hausbank	○	○	○	○	●	○	○	○	○	●	○	○	○	○
Mein(e) kaufmännische(r) Leiter/Abteilung	○	○	○	○	○	●	○	○	●	○	○	○	○	○
Meine Belegschaft	○	○	○	○	○	○	●	●	○	○	○	○	○	○

Zurück Weiter

WIN gründer kolleg RWTH AACHEN

Previewmode

Status: 55%

Im Gesamtblick gilt:

	extrem schlecht						extrem gut
Eine Finanzierung meines Unternehmens mit priv. Beteiligungskapital ist:	(•)	○	○	○	○	○	○
Priv. Beteiligungskapital ist als Finanzierungsinstrument für mich:	○	(•)	○	○	○	○	○
Meine Einstellung gegenüber priv. Beteiligungskapital ist:	○	(•)	○	○	○	○	○

Von 1 ("schlecht") bis 100 ("gut"): Wie ist Ihre Einstellung gegenüber priv. Beteiligungskapital?

100

Zurück Weiter

Wie weit treffen die folgenden Aussagen auf Sie/Ihr Unternehmen zu?
Wenn Sie priv. Beteiligungskapital nutzen: Bitte denken Sie an den Zeitpunkt zurück, an dem Sie die Nutzungsentscheidung trafen!

	Völlig falsch			Teils/teils			Völlig richtig
Priv. Beteiligungskapital ist ein relevantes Finanzierungsinstrument	(•)	○	○	○	○	○	○
Ich habe mich bemüht/werde mich bemühen, priv. Beteiligungskapital zu nutzen	○	(•)	○	○	○	○	○
Ich hatte/habe die Absicht, mit priv. Beteiligungskapital zu finanzieren	(•)	○	○	○	○	○	○
Priv. Beteiligungskapital gehört zu den Finanzierungsinstrumenten, die ich berücksichtige	○	(•)	○	○	○	○	○

Von 1 ("gar nicht") bis 100 ("sehr hoch"): Wie motiviert sind/waren sie, priv. Beteiligungskapital zu nutzen?

33

Wie weit treffen die folgenden Aussagen auf Sie/Ihr Unternehmen zu?

	Völlig falsch			Teils/ teils			Völlig richtig
Mir wichtige Menschen denken, ich sollte priv. Beteiligungskapital nutzen	(•)	○	○	○	○	○	○
Befreundete Unternehmer nutzen priv. Beteiligungskapital	○	(•)	○	○	○	○	○
Man erwartet von mir, priv. Beteiligungskapital zu berücksichtigen	○	(•)	○	○	○	○	○
Mein Umfeld würde akzeptieren, wenn ich priv. Beteiligungskapital nutzte	○	○	(•)	○	○	○	○
Ein Versuch, priv. Beteiligungskapital zu nutzen, wäre erfolgreich	○	○	(•)	○	○	○	○
Ich bin zuversichtlich priv. Beteiligungs-kapital nutzen zu können, wenn ich will	○	(•)	○	○	○	○	○
Meine Fähigkeiten und das Umfeld ermöglichen eine Beteiligungskapitalfinanzierung	○	○	(•)	○	○	○	○

Stimmen die folgenden Aussagen?

	Völlig falsch			Teils/ teils			Völlig richtig
Ich gehe häufiger Wetten ein als andere	(•)	○	○	○	○	○	○
Ich mag es, Sachen auf neue Art zu erledigen	(•)	○	○	○	○	○	○
Ich kaufe neue Produkte vor Kollegen/Wettbewerbern	○	(•)	○	○	○	○	○
Ich mag es, Ideen in meinem Unternehmen auszuprobieren	○	(•)	○	○	○	○	○
In Geschäftsdingen bin ich risikoavers	○	(•)	○	○	○	○	○
Bei Geschäftsentscheidungen ziehe ich sichere Alternativen vor	○	○	(•)	○	○	○	○
Ich kann Risiko gut ertragen	○	○	(•)	○	○	○	○
Für hohe Gewinne gehe ich geschäftlich Risiken ein	○	○	(•)	○	○	○	○
Bei Finanzanlagen trage ich hohe Risiken für überdurchschnittliche Erträge	○	○	(•)	○	○	○	○

Verglichen mit ihren Hauptwettbewerben ist Ihr/Ihre...

	kleiner			gleich			höher
...Marktanteil (ggf. Hauptprodukt)...	(•)	○	○	○	○	○	○
...Umsatzwachstum (letzten 3 Jahre)...	○	(•)	○	○	○	○	○
...Profitabilität ("Umsatzmarge")...	(•)	○	○	○	○	○	○
...Kapitalrendite (Ergebnis/Bilanzsumme)...	(•)	○	○	○	○	○	○

In welchem Bereich sind sie schwerpunktmäßig tätig?

Verarbeitendes Gewerbe

Zurück Weiter

Previewmode

Status: 100%

Einige letzte Fragen zu Ihrem Unternehmen: (Diese Angaben werden ebenfalls streng vertraulich und anonym erfasst!)

Ihr Bundesland?

Baden-Württemberg

Wann wurde Ihr Unternehmen gegründet?

1976

Wie stark ist Ihr Unternehmen Schwankungen (in den Ergebnissen) ausgesetzt?

gering hoch

Anzahl Mitarbeiter

5-9

In welcher Klasse lag Ihr Mitarbeiterwachstum in den letzten 3 Jahren?

5-10%

Wie hoch ist der Marktanteil (ggf. des Hauptproduktes)?

25-40%

Wieviel % vom Umsatz verwenden Sie für Forschung und Entwicklung?

<3% 3-6% 6-9% 9-12% 12-15% 15-18% >18%

Wieviel % der freien Zahlungsmittel* eines Geschäftsjahres reinvestieren Sie? ("Nicht-Ausschüttungsquote")
*Free Cashflow: Ergebnis (vor AfA und Zuführung zu Rückstellungen) + Zinszahlungen

<0% 0-20% 20-40% 40-60% 60-80% 80-100% >100%

Wie ist das Verhältnis von Sachanlagevermögen zu Gesamtaktiva?

<10% 10-15% 15-25% 25-35% 35-50% 50-70% >70%

Zu welcher Umsatzklasse gehört Ihr Unternehmen (Mio. EUR)?

10-50 Mio.

Wie hoch ist der Anteil an freien Zahlungsmitteln* gemessen in % vom Umsatz?
*Free Cashflow: Ergebnis (vor AfA und Zuführung zu Rückstellungen) + Zinszahlungen

<-5% -5-0% 0-5% 5-10% 10-15% 15-20% >20%

In welcher Klasse liegt Ihre Umsatzmarge*?
*Operatives Ergebnis in % vom Umsatz

<0% 0-5% 5-10% 10-15% 15-20% 20-25% >25%

Zurück Weiter

Previewmode

Vielen Dank für Ihre Teilnahme!

Prof. Dr. Malte Brettel und Dipl.-Kfm. Philipp Espel

Fenster schließen

2b: Definition der abgefragten Finanzkennzahlen

vgl. Kühn (2006):

Kennzahl	Definition
Alter	2007 minus angegebenes Gründungsdatum
FCF Intensität	FCF/Sales; FCF = EBITDA + Zinszahlung; Reinvestierter FCF als Prozentsatz vom gesamten FCF
Wachstum	Mitarbeiterwachstum der letzen drei Jahre
Profitabilität	Operatives Ergebnis als Prozent vom Umsatz
Risiko	Historische Ergebnisvolatilität
Größe	Anzahl Mitarbeiter; Jahresumsatz
Tangibilität Aktiva	Verhältnis von Sachanlage- zu Umlaufvermögen
Einzigartigkeit	Marktanteil Hauptprodukt; Forschungs- und Entwicklungsaufwand als Prozent vom Umsatz

Alle Kennzahlen wurden auf einer 7-stufigen Skala gemessen; die Unterteilung folgt Kühn (2006) und wurde im Pre-test weiter auf die Angemessenheit für KMU angepasst.

Anhang 3: Strukturkennzahlen der Stichprobe

	Bewertung				Ausprägung			
	M. Wert	St. Abw.	Median	Modus	M. Wert	St. Abw.	Median	Modus
FINB 1	-0,050	1,941	0	0	3,130	1,583	3	3
FINB 2	-0,040	1,916	0	0	3,120	1,576	3	3
FINB 3	0,000	1,909	0	0	3,150	1,682	3	3
MERW 1	-0,780	1,777	-1	-3	2,700	1,803	3	3
MERW 2	-1,220	1,522	-1	-3	2,280	1,806	2	2
MERW 3	-0,810	1,812	-1	-3	2,810	1,687	3	3
MERW 4	-0,190	1,810	0	0	2,810	1,702	3	3
MERW 5	-0,360	1,873	0	-3	2,760	1,691	3	3
MERW 6	0,090	1,819	0	0	2,910	1,705	3	3
MERW 7	-1,030	1,703	-1	-3	2,300	1,843	2	0
MERW 8	-0,370	1,802	0	0	2,430	1,723	3	3
KOST 1	0,370	1,590	0	0	3,880	1,739	3	4 *
KOST 2	0,530	1,742	1	0	3,620	1,805	3	4 *
KOST 3	1,150	1,459	1	2	4,110	1,640	3	1 *
KOST 4	1,010	1,540	1	1	4,230	1,673	2	1 *
KOST 5	1,010	1,561	1	2	4,110	1,659	3	1 *
KONT 1	0,620	1,957	1	3	3,660	1,879	3	4 *
KONT 2	2,230	1,149	3	3	2,870	2,035	4	7 *
KONT 3	1,530	1,409	2	2	2,480	1,901	5	7 *
KONT 4	1,120	1,589	1	2	3,540	1,756	4	4 *
KONT 5	0,820	1,608	1	1	4,020	1,670	3	1 *
KONT 6	1,010	1,777	1	3	4,100	1,751	3	1 *
KONT 7	0,510	1,779	1	2	3,810	1,803	3	1 *
RISK 1	-0,400	1,762	0	0	3,790	1,848	3	1 *
RISK 2	-0,850	1,659	-1	-2	3,740	1,792	3	4 *
RISK 3	-0,640	1,616	-1	0	3,240	1,839	4	4 *
RISK 4	0,380	1,775	0	0	4,290	1,638	2	1 *
RISK 5	-1,060	1,700	-1	-3	3,410	1,940	4	4 *
RISK 6	0,130	1,806	0	0	3,830	1,697	3	4 *
VERT 1	-0,830	1,787	-1	-1	4,540	1,991	5	7
VERT 2	-1,150	1,797	-1	-1	4,480	1,863	4	4
VERT 3	-0,690	1,823	-1	-1	4,340	2,122	4	6
VERT 4	-1,940	1,855	-1	-1	4,390	2,124	5	7
VERT 5	-1,410	1,934	-1	-1	4,160	2,058	4	4
ZUGA 1	-1,250	1,982	-1	-1	4,950	1,903	4	4
ZUGA 2	-1,410	1,331	-1	-1	4,660	1,995	5	7
ZUGA 3	-1,500	1,479	-1	-1	4,310	1,830	4	4
ZUGA 4	-1,010	1,966	-1	-1	4,740	1,942	4	4
ZUGA 5	-1,220	1,923	-1	-1	4,960	1,950	4	4
FAMI	-0,730	1,607	0	0	4,460	2,065	4	7
EXTB 1	-0,210	1,554	0	0	4,720	1,818	5	4
EXTB 2	-0,370	1,549	0	0	4,190	1,800	4	4
INTB	-0,320	1,551	0	0	4,640	1,758	5	4
BELG	-0,650	1,318	0	0	3,860	1,871	4	4
EINS 1	3,434	1,530	4	4				
EINS 2	3,516	1,588	4	4				
EINS 3	3,587	1,549	4	4				
EINS 4	41,947	29,428	50	50 **				
DMU 1	2,616	1,672	2	1				
DMU 2	3,064	1,668	3	4				
DMU 3	2,157	1,487	2	1				
DMU 4	4,174	1,724	4	4				
PBC 1	3,989	1,737	4	4				
PBC 2	4,228	1,790	4	4				
PBC 3	3,996	1,754	4	4				
NINT 1	3,587	1,899	4	4				
NINT 2	2,687	1,877	2	1				
NINT 3	2,683	1,963	2	1				
NINT 4	2,715	1,939	2	1				
NINT 5	29,679	32,516	18	1 **				
NUTZ 1	1,989	1,879	1	1				
NUTZ 2	1,737	1,577	1	1				
NUTZ 3	1,167	1,969	0	0				

* reverse coded

** 100 Punkte Item

Anhang 4: Untersuchung auf Diskriminzvalidität

4a: Rotierte Komponentenmatrix der reflektiven Konstruktitems

	Komponente					KMO	0,887
	1	2	3	4	5	6	7
NUTZ1	0,13	0,22	0,14	0,06	-0,05	0,80	0,01
NUTZ2	-0,04	0,06	0,27	0,07	0,05	0,72	0,11
NUTZ3	0,02	0,16	0,19	0,02	0,07	0,85	0,20
EINS1	-0,07	0,72	0,29	0,24	-0,09	0,16	0,24
EINS2	-0,13	0,79	0,37	0,18	-0,16	0,14	0,18
EINS3	-0,02	0,87	0,20	0,15	-0,05	0,17	0,13
EINS4	-0,04	0,82	0,29	0,19	-0,08	0,14	0,14
NINT1	-0,04	0,35	0,69	0,28	-0,07	0,11	0,12
NINT2	-0,07	0,29	0,78	0,16	0,01	0,26	0,25
NINT3	-0,02	0,35	0,75	0,10	-0,03	0,28	0,25
NINT4	0,07	0,28	0,75	0,19	-0,06	0,33	0,10
DMU1	-0,08	0,27	0,29	0,12	-0,11	0,14	0,79
DMU3	0,02	0,24	0,20	0,11	-0,01	0,17	0,84
PBC1	-0,02	0,18	0,17	0,83	0,03	0,09	0,12
PBC2	0,03	0,14	0,12	0,88	0,09	0,05	-0,04
PBC3	0,05	0,20	0,16	0,82	0,00	0,02	0,15
ZUGA1	0,35	-0,06	-0,02	0,03	0,83	0,01	-0,03
ZUGA4	0,34	-0,10	-0,07	0,07	0,85	0,06	-0,08
ZUGA5	0,33	-0,13	-0,04	0,03	0,81	0,00	0,00
VERT1	0,88	0,01	-0,07	0,04	0,20	0,06	-0,04
VERT3	0,91	-0,08	0,02	0,05	0,23	-0,02	-0,05
VERT4	0,91	-0,06	-0,01	-0,02	0,25	0,01	0,00
VERT5	0,88	-0,05	0,01	-0,02	0,26	0,06	0,02

4b: Kreuzladungen der reflektiven Konstrukte und ihrer Items

	Kreuzladungen der reflektiven Konstrukte															
	BELG	DMU	EINS	EXTB	FAMI	FINB	INTB	KONT	KOST	MERW	NINT	NUTZ	PBC	RISK	VERT	ZUGA
DMU1	0,19	0,92	0,54	0,44	0,39	0,15	0,37	-0,32	-0,28	0,30	0,56	0,36	0,29	-0,24	-0,14	-0,19
DMU3	0,23	0,91	0,48	0,44	0,38	0,07	0,40	-0,25	-0,19	0,19	0,51	0,36	0,27	-0,18	-0,03	-0,07
EINS1	0,27	0,53	0,89	0,46	0,40	0,28	0,40	-0,35	-0,27	0,33	0,64	0,39	0,44	-0,33	-0,12	-0,19
EINS2	0,27	0,53	0,94	0,54	0,47	0,25	0,46	-0,39	-0,30	0,36	0,71	0,39	0,41	-0,37	-0,20	-0,28
EINS3	0,25	0,47	0,91	0,49	0,48	0,27	0,44	-0,35	-0,32	0,32	0,59	0,39	0,38	-0,35	-0,07	-0,15
EINS4	0,25	0,50	0,91	0,48	0,46	0,30	0,44	-0,33	-0,31	0,33	0,65	0,38	0,41	-0,32	-0,10	-0,17
NINT1	0,20	0,47	0,62	0,36	0,34	0,20	0,33	-0,28	-0,16	0,33	0,82	0,37	0,45	-0,16	-0,07	-0,13
NINT2	0,16	0,57	0,64	0,43	0,37	0,15	0,41	-0,32	-0,21	0,32	0,92	0,52	0,39	-0,23	-0,09	-0,09
NINT3	0,19	0,57	0,67	0,48	0,38	0,22	0,43	-0,28	-0,16	0,31	0,91	0,53	0,34	-0,23	-0,05	-0,10
NINT4	0,16	0,47	0,60	0,39	0,34	0,19	0,42	-0,24	-0,16	0,26	0,89	0,54	0,39	-0,19	0,02	-0,07
NUTZ1	0,08	0,39	0,38	0,18	0,24	0,14	0,23	-0,17	-0,11	0,12	0,50	0,90	0,16	-0,08	0,04	0,06
NUTZ2	0,11	0,28	0,36	0,16	0,20	0,08	0,23	-0,14	-0,11	0,04	0,45	0,82	0,17	-0,10	0,09	0,02
NUTZ3	0,07	0,30	0,32	0,11	0,23	0,08	0,12	-0,14	-0,09	0,13	0,45	0,78	0,17	-0,15	0,01	0,02
VERT1	0,01	-0,08	-0,10	0,00	-0,03	0,07	0,00	0,04	0,06	-0,09	-0,06	0,08	0,05	0,00	0,93	0,52
VERT3	-0,01	-0,10	-0,15	0,00	-0,04	0,03	-0,03	0,07	0,09	-0,12	-0,05	0,02	0,06	0,06	0,95	0,55
VERT4	0,00	-0,07	-0,15	0,01	-0,07	0,01	-0,03	0,05	0,07	-0,12	-0,06	0,05	0,00	0,03	0,91	0,57
VERT5	-0,02	-0,04	-0,12	0,03	-0,06	0,02	0,00	0,01	0,07	-0,12	-0,02	0,10	0,01	0,04	0,88	0,56
ZUGA1	0,01	-0,10	-0,18	0,03	0,01	0,11	-0,02	0,00	0,02	-0,02	-0,07	0,03	0,06	0,05	0,54	0,92
ZUGA4	-0,06	-0,15	-0,21	-0,05	-0,02	0,12	-0,15	0,01	0,04	-0,06	-0,11	0,05	0,08	0,01	0,54	0,95
ZUGA5	-0,05	-0,12	-0,22	-0,06	-0,04	0,09	-0,15	0,06	0,11	-0,06	-0,12	0,01	0,03	0,05	0,51	0,83

4c: Quadrierte Korrelationen und AVE

	BELG	DMU	EINS	EXTB	FAMI	FINB	INTB	KONT	KOST	MERW	NINT	NUTZ	PBC	RISK	VERT	ZUGA
BELG	1,00	0,05	0,08	0,17	0,18	0,02	0,26	0,06	0,04	0,04	0,04	0,01	0,01	0,06	0,00	0,00
DMU	0,05	1,00	0,31	0,23	0,18	0,01	0,17	0,10	0,07	0,07	0,34	0,15	0,09	0,05	0,01	0,02
EINS	0,08	0,31	1,00	0,29	0,25	0,09	0,23	0,15	0,11	0,13	0,51	0,18	0,20	0,14	0,02	0,05
EXTB	0,17	0,23	0,29	1,00	0,30	0,03	0,35	0,08	0,04	0,08	0,22	0,03	0,09	0,08	0,00	0,00
FAMI	0,18	0,18	0,25	0,30	1,00	0,04	0,35	0,12	0,06	0,10	0,16	0,07	0,06	0,09	0,00	0,00
FINB	0,02	0,01	0,09	0,03	0,04	1,00	0,03	0,02	0,01	0,16	0,05	0,01	0,16	0,01	0,00	0,01
INTB	0,26	0,17	0,23	0,35	0,35	0,03	1,00	0,09	0,04	0,11	0,20	0,06	0,07	0,05	0,00	0,01
KONT	0,06	0,10	0,15	0,08	0,12	0,02	0,09	1,00	0,31	0,05	0,10	0,03	0,01	0,22	0,00	0,00
KOST	0,04	0,07	0,11	0,04	0,06	0,01	0,04	0,31	1,00	0,03	0,04	0,02	0,02	0,30	0,01	0,00
MERW	0,04	0,07	0,13	0,08	0,10	0,16	0,11	0,05	0,03	1,00	0,12	0,01	0,11	0,04	0,01	0,00
NINT	0,04	0,34	0,51	0,22	0,16	0,05	0,20	0,10	0,04	0,12	1,00	0,31	0,19	0,05	0,00	0,01
NUTZ	0,01	0,15	0,18	0,03	0,07	0,01	0,06	0,03	0,02	0,01	0,31	1,00	0,04	0,02	0,00	0,00
PBC	0,01	0,09	0,20	0,09	0,06	0,16	0,07	0,01	0,02	0,11	0,19	0,04	1,00	0,02	0,00	0,00
RISK	0,06	0,05	0,14	0,08	0,09	0,01	0,05	0,22	0,30	0,04	0,05	0,02	0,02	1,00	0,00	0,00
VERT	0,00	0,01	0,02	0,00	0,00	0,00	0,00	0,00	0,01	0,01	0,00	0,00	0,00	0,00	1,00	0,34
ZUGA	0,00	0,02	0,05	0,00	0,00	0,01	0,01	0,00	0,00	0,00	0,01	0,00	0,00	0,00	0,34	1,00
AVE		0,84	0,83								0,79	0,70	0,84		0,84	0,82

Anhang 5: Gruppenvergleich

5a: Kongruenzprüfung Groß vs. Klein

	Ladungsvergleich					Vergleich der Gewichte			
	Differenz	Pool. Var	T-Wert	p (2-seitig)	COC	Differenz	Pool. Var	T-Wert	p (2-seitig)
BELG1 <- BELG	0,00	0,00	n.A.	n.A.	1,00	0,00	0,00	n.A.	n.A.
DMU1 <- DMU	0,02	0,26	0,64	52%	1,00	0,09	0,52	1,49	14%
DMU3 <- DMU	-0,04	0,45	0,75	45%		-0,08	0,46	1,54	13%
EINS1 <- EINS	-0,06	0,46	1,02	31%	1,00	0,01	0,18	0,65	52%
EINS2 <- EINS	-0,01	0,15	0,62	54%		0,02	0,16	0,94	35%
EINS3 <- EINS	-0,05	0,32	1,30	20%		-0,01	0,15	0,71	48%
EINS4 <- EINS	-0,02	0,25	0,72	47%		0,02	0,16	1,09	28%
EXTB1 -> EXTB	-0,09	0,98	0,81	42%	0,94	-0,33	1,93	1,42	16%
EXTB2 -> EXTB	0,41	1,71	2,00	5%		0,40	2,29	1,46	15%
FAMI1 <- FAMI	0,00	0,00	n.A.	n.A.	1,00	0,00	0,00	n.A.	n.A.
FIN1 -> FINB	0,47	2,54	1,56	12%	0,95	1,37	5,84	1,96	5%
FIN2 -> FINB	0,02	2,21	0,07	94%		-0,20	5,64	0,30	77%
FIN3 -> FINB	-0,15	2,35	0,55	58%		-1,00	5,83	1,44	15%
INTB1 <- INTB	0,00	0,00	n.A.	n.A.	1,00	0,00	0,00	n.A.	n.A.
KONT1rec -> KONT	0,16	2,39	0,58	56%	0,95	0,39	3,33	0,97	33%
KONT2rec -> KONT	0,18	1,87	0,79	43%		-0,12	3,01	0,34	74%
KONT3rec -> KONT	0,20	2,36	0,72	47%		0,26	2,92	0,73	46%
KONT4rec -> KONT	0,16	1,76	0,77	44%		0,04	4,43	0,08	94%
KONT5rec -> KONT	0,22	2,92	0,63	53%		-0,08	4,34	0,16	88%
KONT6rec -> KONT	0,38	1,89	1,70	9%		0,95	3,51	2,26	3%
KONT7rec -> KONT	-0,28	2,08	1,12	27%		-1,15	3,69	2,61	1%
KOST1rec -> KOST	0,46	3,04	1,27	21%	0,96	0,65	4,78	1,15	25%
KOST2rec -> KOST	0,11	2,45	0,36	72%		-0,06	4,24	0,12	91%
KOST3rec -> KOST	0,06	2,21	0,23	82%		0,10	5,24	0,16	88%
KOST4rec -> KOST	-0,03	2,43	0,11	91%		0,15	5,88	0,21	83%
KOST5rec -> KOST	-0,10	2,38	0,37	71%		-0,50	4,98	0,84	41%
MERW1 -> MERW	0,16	2,19	0,60	55%	0,93	0,34	3,56	0,79	43%
MERW2 -> MERW	0,29	2,52	0,97	34%		0,40	2,86	1,18	24%
MERW3 -> MERW	0,29	2,31	1,05	30%		0,28	3,55	0,67	51%
MERW4 -> MERW	-0,23	2,34	0,83	41%		-0,20	3,82	0,44	66%
MERW5 -> MERW	-0,26	2,07	1,07	29%		-0,45	3,80	1,00	32%
MERW6 -> MERW	-0,32	2,29	1,18	24%		-0,41	3,90	0,87	39%
MERW7 -> MERW	-0,18	2,60	0,58	57%		-0,37	3,29	0,94	35%
MERW8 -> MERW	0,01	2,14	0,05	96%		0,46	3,99	0,96	34%
NINT1 <- NINT	-0,08	0,48	1,45	15%	1,00	-0,01	0,19	0,26	79%
NINT2 <- NINT	-0,02	0,26	0,50	62%		0,03	0,17	1,28	20%
NINT3 <- NINT	-0,02	0,32	0,45	65%		-0,01	0,18	0,33	74%
NINT4 <- NINT	0,01	0,37	0,19	85%		0,02	0,16	0,89	37%
NUTZ1	0,10	0,89	0,93	36%	1,00	0,02	0,80	0,19	85%
NUTZ2	0,08	0,92	0,75	45%		0,01	0,89	0,05	96%
NUTZ3	-0,03	0,39	0,64	52%		-0,09	0,58	1,22	22%
PBC1 <- PBC	0,05	0,38	1,13	26%	1,00	0,02	0,58	0,24	81%
PBC2 <- PBC	0,06	0,56	0,87	39%		0,01	0,58	0,08	94%
PBC3 <- PBC	0,00	0,43	0,05	96%		-0,07	0,61	0,92	36%
RISK1rec -> RISK	0,38	2,33	1,38	17%	0,88	0,43	3,41	1,05	29%
RISK2rec -> RISK	-0,08	2,49	0,29	78%		-0,47	3,30	1,19	24%
RISK3rec -> RISK	-0,16	2,71	0,49	63%		-0,46	3,53	1,10	27%
RISK4rec -> RISK	-0,10	1,60	0,50	62%		-0,51	3,06	1,40	16%
RISK5rec -> RISK	0,16	2,23	0,59	55%		0,13	2,93	0,37	72%
RISK6rec -> RISK	0,59	2,71	1,81	7%		1,04	3,58	2,42	2%
VERT1 <- VERT	-0,17	2,64	0,55	59%	0,99	-1,07	4,95	1,81	7%
VERT3 <- VERT	0,17	2,41	0,60	55%		0,23	3,66	0,53	60%
VERT4 <- VERT	0,18	2,42	0,63	53%		0,85	4,37	1,62	11%
VERT5 <- VERT	0,13	2,39	0,45	65%		0,06	3,49	0,15	88%
ZUGA1 <- ZUGA	0,31	2,91	0,90	37%	0,97	0,34	3,93	0,73	47%
ZUGA4 <- ZUGA	0,22	2,53	0,74	46%		0,45	3,29	1,13	26%
ZUGA5 <- ZUGA	-0,11	3,09	0,29	78%		-0,70	4,34	1,35	18%

5b: Kongruenzprüfung Familie vs. Nicht-Familie

	Ladungsvergleich					Vergleich der Gewichte			
	Differenz	Pool. Var	T-Wert	p (2-seitig)	COC	Differenz	Pool. Var	T-Wert	p (2-seitig)
BELG1 <- BELG	0,00	0,00	n.A.	n.A.	1,00	0,00	0,00	n.A.	n.A.
DMU1 <- DMU	-0,04	0,22	1,47	15%	1,00	-0,06	0,53	0,88	38%
DMU3 <- DMU	0,01	0,39	0,11	91%		0,09	0,42	1,49	14%
EINS1 <- EINS	-0,09	0,39	1,68	10%	1,00	0,00	0,19	0,02	99%
EINS2 <- EINS	-0,01	0,17	0,58	57%		0,01	0,16	0,66	51%
EINS3 <- EINS	-0,05	0,30	1,24	22%		-0,01	0,15	0,35	73%
EINS4 <- EINS	-0,02	0,29	0,48	63%		0,04	0,16	1,96	5%
EXTB1 -> EXTB	0,02	0,90	0,18	86%	0,92	0,32	1,91	1,23	22%
EXTB2 -> EXTB	-0,47	1,95	1,77	8%		-0,66	2,45	1,95	5%
FAMI1 <- FAMI	0,00	0,00	n.A.	n.A.	1,00	0,00	0,00	n.A.	n.A.
FIN1 -> FINB	-0,17	2,61	0,48	64%	1,00	0,10	8,35	0,09	93%
FIN2 -> FINB	-0,06	2,19	0,20	84%		0,26	8,84	0,21	83%
FIN3 -> FINB	-0,11	2,39	0,34	74%		-0,22	7,59	0,21	84%
INTB1 <- INTB	0,00	0,00	n.A.	n.A.	1,00	0,00	0,00	n.A.	n.A.
KONT1rec -> KONT	-0,48	2,44	1,44	15%	0,94	-0,35	3,80	0,67	51%
KONT2rec -> KONT	-0,18	2,12	0,61	54%		0,02	3,51	0,05	96%
KONT3rec -> KONT	-0,17	2,82	0,44	66%		-0,08	3,65	0,16	87%
KONT4rec -> KONT	-0,28	1,76	1,17	25%		0,57	5,10	0,82	42%
KONT5rec -> KONT	0,02	3,87	0,03	98%		0,43	5,26	0,60	55%
KONT6rec -> KONT	-0,54	2,09	1,87	7%		-0,88	4,08	1,58	12%
KONT7rec -> KONT	-0,28	2,05	1,00	32%		-0,04	4,49	0,06	95%
KOST1rec -> KOST	-0,07	3,12	0,17	86%	0,90	-0,11	4,66	0,18	86%
KOST2rec -> KOST	0,20	3,05	0,49	63%		0,76	4,97	1,11	27%
KOST3rec -> KOST	-0,50	1,78	2,04	5%		-0,48	5,26	0,66	51%
KOST4rec -> KOST	-0,50	2,37	1,54	13%		-0,59	6,45	0,67	51%
KOST5rec -> KOST	-0,32	2,51	0,93	36%		0,24	5,29	0,33	74%
MERW1 -> MERW	0,02	2,54	0,06	95%	0,94	0,16	4,22	0,28	78%
MERW2 -> MERW	0,13	2,97	0,32	75%		-0,04	3,49	0,09	93%
MERW3 -> MERW	-0,23	2,81	0,61	55%		-0,49	4,21	0,85	40%
MERW4 -> MERW	-0,46	2,32	1,46	15%		-0,53	4,30	0,90	37%
MERW5 -> MERW	-0,32	2,11	1,11	27%		-0,12	4,55	0,20	84%
MERW6 -> MERW	-0,11	2,35	0,33	74%		0,24	4,19	0,42	67%
MERW7 -> MERW	-0,27	2,67	0,73	47%		-0,04	3,46	0,08	94%
MERW8 -> MERW	-0,05	2,38	0,15	89%		0,37	4,73	0,57	57%
NINT1 <- NINT	-0,02	0,53	0,32	75%	1,00	0,01	0,20	0,36	72%
NINT2 <- NINT	-0,06	0,26	1,68	10%		-0,01	0,17	0,60	55%
NINT3 <- NINT	-0,06	0,30	1,36	18%		0,03	0,17	1,30	20%
NINT4 <- NINT	-0,01	0,49	0,09	93%		0,02	0,21	0,79	43%
NUTZ1	-0,10	0,99	0,77	44%	0,99	0,01	0,90	0,12	91%
NUTZ2	-0,19	0,99	1,41	16%		0,06	1,02	0,46	64%
NUTZ3	0,01	0,38	0,23	82%		0,06	0,65	0,68	50%
PBC1 <- PBC	-0,01	0,38	0,15	88%	1,00	0,02	0,64	0,20	84%
PBC2 <- PBC	0,00	0,67	0,02	98%		0,00	0,69	0,02	98%
PBC3 <- PBC	-0,04	0,42	0,63	53%		0,00	0,60	0,01	99%
RISK1rec -> RISK	0,40	2,61	1,10	27%	0,87	0,97	4,32	1,64	10%
RISK2rec -> RISK	0,03	2,75	0,08	94%		-0,02	3,60	0,04	97%
RISK3rec -> RISK	0,00	2,92	0,00	100%		0,18	3,95	0,34	74%
RISK4rec -> RISK	-0,59	1,47	2,92	0%		-0,92	3,13	2,14	4%
RISK5rec -> RISK	-0,25	2,61	0,71	48%		-0,02	3,32	0,04	97%
RISK6rec -> RISK	-0,07	2,87	0,17	86%		-0,15	4,38	0,26	80%
VERT1 <- VERT	-0,12	3,09	0,28	78%	1,00	-0,82	5,28	1,13	26%
VERT3 <- VERT	0,04	2,84	0,11	91%		0,17	3,67	0,33	74%
VERT4 <- VERT	0,02	3,03	0,05	96%		0,29	4,26	0,50	62%
VERT5 <- VERT	0,05	2,85	0,13	90%		0,34	4,47	0,55	58%
ZUGA1 <- ZUGA	-0,02	3,52	0,05	96%	0,96	1,04	5,53	1,37	17%
ZUGA4 <- ZUGA	-0,30	3,20	0,68	50%		-0,97	4,70	1,51	14%
ZUGA5 <- ZUGA	-0,43	3,54	0,88	38%		-0,40	6,41	0,45	65%

5c: Kongruenzprüfung Nachfolge vs. Nicht-Nachfolge

	Ladungsvergleich					Vergleich der Gewichte			
	Differenz	Pool. Var	T-Wert	p (2-seitig)	COC	Differenz	Pool. Var	T-Wert	p (2-seitig)
BELG1 <- BELG	0,00	0,00	n.A.	n.A.	1,00	0,00	0,00	n.A.	n.A.
DMU1 <- DMU	0,00	0,27	0,15	88%	1,00	0,02	0,45	0,42	68%
DMU3 <- DMU	-0,02	0,31	0,44	66%		-0,01	0,45	0,19	85%
EINS1 <- EINS	-0,03	0,40	0,55	59%	1,00	-0,02	0,18	0,87	39%
EINS2 <- EINS	0,00	0,15	0,25	80%		-0,03	0,14	1,83	7%
EINS3 <- EINS	0,05	0,29	1,48	14%		0,02	0,14	1,30	19%
EINS4 <- EINS	0,04	0,24	1,34	18%		0,01	0,14	0,59	56%
EXTB1 -> EXTB	0,05	0,56	0,76	45%	0,99	0,15	1,57	0,79	43%
EXTB2 -> EXTB	-0,14	1,97	0,60	55%		-0,25	2,47	0,83	41%
FAMI1 <- FAMI	0,00	0,00	n.A.	n.A.	1,00	0,00	0,00	n.A.	n.A.
FIN1 -> FINB	-0,09	2,48	0,29	77%	1,00	-0,29	6,91	0,34	73%
FIN2 -> FINB	0,06	1,99	0,23	82%		0,16	6,75	0,19	85%
FIN3 -> FINB	0,04	2,27	0,14	89%		0,11	7,19	0,13	90%
INTB1 <- INTB	0,00	0,00	n.A.	n.A.	1,00	0,00	0,00	n.A.	n.A.
KONT1rec -> KONT	-0,20	2,32	0,70	49%	0,94	0,05	3,53	0,11	91%
KONT2rec -> KONT	0,20	1,98	0,81	42%		0,58	2,93	1,64	10%
KONT3rec -> KONT	-0,24	2,66	0,74	46%		-0,27	3,36	0,67	50%
KONT4rec -> KONT	-0,25	1,83	1,11	27%		-0,38	4,23	0,73	46%
KONT5rec -> KONT	-0,54	3,08	1,44	15%		-0,63	4,91	1,05	30%
KONT6rec -> KONT	-0,11	2,10	0,43	67%		0,14	4,38	0,27	79%
KONT7rec -> KONT	0,05	2,06	0,19	85%		0,55	4,31	1,06	29%
KOST1rec -> KOST	-0,17	3,22	0,45	66%	0,99	0,07	4,92	0,11	91%
KOST2rec -> KOST	0,07	2,51	0,23	82%		0,36	4,45	0,67	51%
KOST3rec -> KOST	-0,15	2,45	0,50	62%		-0,11	5,43	0,17	86%
KOST4rec -> KOST	-0,27	2,48	0,89	38%		-0,63	5,76	0,90	37%
KOST5rec -> KOST	0,00	2,57	0,01	99%		0,44	4,82	0,74	46%
MERW1 -> MERW	0,17	2,14	0,67	51%	0,92	0,80	3,21	2,06	4%
MERW2 -> MERW	-0,21	2,64	0,66	51%		-0,45	2,85	1,30	20%
MERW3 -> MERW	-0,32	2,39	1,12	26%		-0,60	3,27	1,51	13%
MERW4 -> MERW	-0,39	2,06	1,57	12%		-0,96	3,47	2,28	2%
MERW5 -> MERW	-0,06	2,16	0,24	81%		0,24	3,53	0,56	58%
MERW6 -> MERW	0,27	2,15	1,05	30%		0,70	3,46	1,67	10%
MERW7 -> MERW	-0,21	2,46	0,71	48%		-0,16	2,86	0,45	65%
MERW8 -> MERW	-0,07	2,37	0,26	80%		0,07	3,96	0,15	88%
NINT1 <- NINT	-0,05	0,51	0,76	45%	1,00	0,04	0,19	1,62	11%
NINT2 <- NINT	-0,04	0,26	1,34	18%		0,02	0,18	0,89	37%
NINT3 <- NINT	-0,06	0,32	1,52	13%		0,02	0,22	0,79	43%
NINT4 <- NINT	-0,07	0,46	1,29	20%		-0,01	0,19	0,24	81%
NUTZ1	-0,01	0,80	0,13	90%	1,00	0,11	0,76	1,17	25%
NUTZ2	-0,09	0,90	0,87	39%		-0,02	0,88	0,18	86%
NUTZ3	0,01	0,31	0,32	75%		-0,04	0,58	0,59	56%
PBC1 <- PBC	0,01	0,42	0,18	86%	1,00	0,00	0,76	0,01	99%
PBC2 <- PBC	0,01	0,66	0,11	92%		0,03	0,97	0,28	78%
PBC3 <- PBC	-0,02	0,50	0,26	79%		-0,03	0,82	0,34	74%
RISK1rec -> RISK	0,02	2,61	0,06	95%	0,98	0,06	4,10	0,13	90%
RISK2rec -> RISK	-0,06	2,77	0,18	85%		0,06	3,58	0,13	89%
RISK3rec -> RISK	0,21	2,85	0,62	54%		0,42	3,99	0,86	39%
RISK4rec -> RISK	-0,07	1,93	0,30	77%		-0,32	3,71	0,72	47%
RISK5rec -> RISK	-0,01	2,48	0,03	97%		0,19	3,09	0,51	61%
RISK6rec -> RISK	0,17	2,93	0,48	63%		-0,03	3,83	0,07	95%
VERT1 <- VERT	-0,09	2,93	0,26	80%	1,00	-0,38	4,86	0,64	52%
VERT3 <- VERT	0,06	2,85	0,17	87%		0,18	4,40	0,34	73%
VERT4 <- VERT	-0,03	2,86	0,09	93%		-0,07	4,29	0,13	89%
VERT5 <- VERT	0,06	2,95	0,17	86%		0,29	3,97	0,60	55%
ZUGA1 <- ZUGA	-0,04	3,26	0,09	93%	1,00	-0,08	3,93	0,16	87%
ZUGA4 <- ZUGA	0,03	3,05	0,08	94%		0,29	4,85	0,50	62%
ZUGA5 <- ZUGA	-0,10	3,55	0,24	81%		-0,23	5,39	0,35	73%

5d: Kongruenzprüfung High Performance vs. Low Performance

	Ladungsvergleich					Vergleich der Gewichte			
	Differenz	Pool. Var	T-Wert	p (2-seitig)	COC	Differenz	Pool. Var	T-Wert	p (2-seitig)
BELG1 <- BELG	0,00	0,00	n.A.	n.A.	1,00	0,00	0,00	d	n.A.
DMU1 <- DMU	0,01	0,27	0,45	66%	1,00	0,03	0,48	0,55	58%
DMU3 <- DMU	-0,01	0,33	0,18	86%		-0,04	0,45	0,68	50%
EINS1 <- EINS	0,00	0,44	0,09	93%	1,00	0,00	0,19	0,17	87%
EINS2 <- EINS	0,02	0,17	0,96	34%		-0,01	0,16	0,31	76%
EINS3 <- EINS	0,00	0,31	0,09	93%		0,00	0,14	0,15	88%
EINS4 <- EINS	0,01	0,28	0,31	75%		0,01	0,16	0,28	78%
EXTB1 -> EXTB	-0,09	0,53	1,32	19%	0,98	-0,24	1,55	1,25	21%
EXTB2 -> EXTB	0,21	2,07	0,83	41%		0,40	2,50	1,29	20%
FAMI1 <- FAMI	0,00	0,00	n.A.	n.A.	1,00	0,00	0,00	n.A.	n.A.
FIN1 -> FINB	0,24	3,28	0,58	56%	0,97	0,39	7,10	0,44	66%
FIN2 -> FINB	0,23	3,21	0,59	56%		0,77	7,15	0,88	38%
FIN3 -> FINB	-0,17	2,89	0,48	63%		-1,16	7,51	1,26	21%
INTB1 <- INTB	0,00	0,00	n.A.	n.A.	1,00	0,00	0,00	n.A.	n.A.
KONT1rec -> KONT	-0,10	2,32	0,34	74%	0,93	0,19	3,51	0,45	65%
KONT2rec -> KONT	0,06	2,10	0,21	83%		0,45	3,73	0,99	33%
KONT3rec -> KONT	-0,47	2,60	1,47	14%		-0,53	3,53	1,22	22%
KONT4rec -> KONT	-0,17	1,79	0,79	43%		-0,30	4,48	0,54	59%
KONT5rec -> KONT	0,27	3,54	0,63	53%		0,43	4,97	0,70	48%
KONT6rec -> KONT	0,07	2,23	0,24	81%		0,36	4,22	0,70	49%
KONT7rec -> KONT	-0,37	1,97	1,54	13%		-0,75	4,73	1,29	20%
KOST1rec -> KOST	0,71	3,42	1,68	10%	0,93	1,03	5,48	1,53	13%
KOST2rec -> KOST	0,02	2,83	0,06	95%		-0,52	4,77	0,89	38%
KOST3rec -> KOST	0,10	3,04	0,27	79%		-0,37	5,40	0,55	58%
KOST4rec -> KOST	0,16	2,88	0,44	66%		0,38	6,06	0,51	61%
KOST5rec -> KOST	0,06	2,85	0,18	86%		-0,21	4,96	0,34	73%
MERW1 -> MERW	0,48	2,25	1,75	8%	0,90	1,03	3,25	2,57	1%
MERW2 -> MERW	0,22	2,82	0,65	52%		0,26	2,98	0,72	47%
MERW3 -> MERW	-0,24	2,40	0,83	41%		-0,57	3,19	1,46	15%
MERW4 -> MERW	-0,18	1,98	0,74	46%		-0,47	3,51	1,09	28%
MERW5 -> MERW	-0,16	2,09	0,61	54%		-0,42	3,57	0,96	34%
MERW6 -> MERW	-0,32	2,09	1,24	22%		0,02	3,70	0,05	96%
MERW7 -> MERW	0,20	2,50	0,65	52%		0,10	3,11	0,25	80%
MERW8 -> MERW	-0,08	2,03	0,31	76%		0,04	4,16	0,08	93%
NINT1 <- NINT	-0,02	0,47	0,40	69%	1,00	0,00	0,19	0,14	89%
NINT2 <- NINT	-0,02	0,24	0,80	43%		0,01	0,17	0,27	78%
NINT3 <- NINT	-0,01	0,31	0,25	80%		-0,01	0,21	0,32	75%
NINT4 <- NINT	-0,01	0,43	0,16	87%		0,02	0,20	0,83	41%
NUTZ1	-0,05	0,94	0,43	67%	1,00	-0,08	0,85	0,78	43%
NUTZ2	0,13	0,92	1,13	26%		0,01	0,99	0,08	94%
NUTZ3	0,05	0,41	0,90	37%		0,01	0,59	0,16	87%
PBC1 <- PBC	0,02	0,44	0,34	74%	1,00	-0,02	0,77	0,24	81%
PBC2 <- PBC	-0,01	0,53	0,17	87%		0,03	0,64	0,40	69%
PBC3 <- PBC	-0,01	0,52	0,23	82%		-0,01	0,72	0,07	94%
RISK1rec -> RISK	-0,19	2,68	0,58	57%	0,94	-0,48	4,36	0,90	37%
RISK2rec -> RISK	-0,17	2,83	0,48	63%		-0,36	3,85	0,77	44%
RISK3rec -> RISK	-0,28	2,89	0,79	43%		-0,27	4,34	0,51	61%
RISK4rec -> RISK	-0,12	1,89	0,53	60%		0,01	3,44	0,01	99%
RISK5rec -> RISK	0,34	3,00	0,93	35%		0,73	3,40	1,75	8%
RISK6rec -> RISK	-0,16	2,87	0,44	66%		0,26	4,28	0,50	62%
VERT1 <- VERT	0,04	2,64	0,12	90%	1,00	0,17	3,72	0,37	71%
VERT3 <- VERT	0,05	2,70	0,16	87%		0,23	3,59	0,52	60%
VERT4 <- VERT	-0,03	2,73	0,08	94%		-0,31	4,67	0,55	58%
VERT5 <- VERT	-0,01	2,71	0,04	97%		-0,07	3,11	0,19	85%
ZUGA1 <- ZUGA	0,11	2,93	0,31	76%	0,99	0,31	4,02	0,62	53%
ZUGA4 <- ZUGA	0,09	2,87	0,25	81%		0,34	3,46	0,80	43%
ZUGA5 <- ZUGA	-0,14	3,24	0,35	73%		-0,55	4,27	1,05	29%

5e: Kongruenzprüfung hohe Profitabilität vs. niedrige Profitabilität

	Ladungsvergleich					Vergleich der Gewichte			
	Differenz	Pool. Var	T-Wert	p (2-seitig)	COC	Differenz	Pool. Var	T-Wert	p (2-seitig)
BELG1 <- BELG	0,00	0,00	n.A.	n.A.	1,00	0,00	0,00	n.A.	n.A.
DMU1 <- DMU	0,01	0,23	0,38	70%	1,00	0,03	0,41	0,56	58%
DMU3 <- DMU	-0,01	0,29	0,21	83%		-0,03	0,38	0,65	52%
EINS1 <- EINS	0,08	0,40	1,73	9%	1,00	0,01	0,17	0,62	54%
EINS2 <- EINS	0,00	0,15	0,12	90%		0,00	0,14	0,27	78%
EINS3 <- EINS	-0,03	0,29	0,78	44%		-0,02	0,15	0,88	38%
EINS4 <- EINS	0,00	0,27	0,12	90%		-0,01	0,14	0,39	70%
EXTB1 -> EXTB	0,00	0,80	0,04	97%	1,00	-0,05	2,14	0,19	85%
EXTB2 -> EXTB	0,11	1,81	0,52	60%		0,04	2,73	0,11	91%
FAMI1 <- FAMI	0,00	0,00	n.A.	n.A.	1,00	0,00	0,00	n.A.	n.A.
FIN1 -> FINB	-0,30	2,79	0,91	36%	0,98	-0,74	6,20	1,00	32%
FIN2 -> FINB	0,10	2,36	0,37	71%		0,77	6,55	0,98	33%
FIN3 -> FINB	-0,06	2,30	0,20	84%		-0,04	6,35	0,05	96%
INTB1 <- INTB	0,00	0,00	n.A.	n.A.	1,00	0,00	0,00	n.A.	n.A.
KONT1rec -> KONT	-0,14	2,29	0,52	60%	0,93	-0,31	3,44	0,75	45%
KONT2rec -> KONT	-0,25	1,94	1,06	29%		-0,29	3,27	0,73	47%
KONT3rec -> KONT	-0,01	2,56	0,02	99%		0,04	3,39	0,11	92%
KONT4rec -> KONT	-0,13	1,94	0,57	57%		-0,24	4,24	0,48	63%
KONT5rec -> KONT	0,51	2,77	1,53	13%		0,68	4,22	1,34	18%
KONT6rec -> KONT	-0,18	2,15	0,71	48%		-0,40	4,13	0,82	42%
KONT7rec -> KONT	0,23	1,95	1,00	32%		0,47	3,83	1,03	30%
KOST1rec -> KOST	-0,41	2,76	1,25	21%	0,96	-0,46	4,13	0,94	35%
KOST2rec -> KOST	-0,31	2,27	1,14	26%		-0,30	3,83	0,66	51%
KOST3rec -> KOST	0,11	1,91	0,47	64%		0,80	4,41	1,52	13%
KOST4rec -> KOST	-0,11	2,40	0,38	71%		-0,72	5,82	1,04	30%
KOST5rec -> KOST	0,00	2,51	0,00	100%		0,33	5,02	0,54	59%
MERW1 -> MERW	-0,53	2,20	2,02	5%	0,94	-0,99	3,54	2,35	2%
MERW2 -> MERW	0,10	2,62	0,32	75%		0,43	2,95	1,22	23%
MERW3 -> MERW	-0,17	2,21	0,65	52%		0,05	3,48	0,12	91%
MERW4 -> MERW	0,02	2,12	0,07	95%		0,45	3,81	0,98	33%
MERW5 -> MERW	-0,04	2,10	0,15	88%		0,12	3,94	0,25	81%
MERW6 -> MERW	0,15	2,05	0,63	53%		0,12	3,63	0,27	78%
MERW7 -> MERW	-0,18	2,45	0,63	53%		-0,05	3,08	0,15	88%
MERW8 -> MERW	-0,01	1,86	0,03	98%		-0,11	3,71	0,24	81%
NINT1 <- NINT	0,02	0,51	0,40	69%	1,00	0,02	0,19	0,75	45%
NINT2 <- NINT	0,00	0,24	0,01	99%		0,01	0,16	0,45	65%
NINT3 <- NINT	-0,03	0,32	0,77	44%		0,00	0,19	0,15	88%
NINT4 <- NINT	0,00	0,39	0,06	95%		-0,02	0,19	0,75	45%
NUTZ1	0,13	0,83	1,31	19%	1,00	0,09	0,72	1,04	30%
NUTZ2	0,05	0,91	0,42	68%		-0,11	0,81	1,11	27%
NUTZ3	0,01	0,36	0,16	87%		-0,07	0,59	0,95	34%
PBC1 <- PBC	-0,01	0,39	0,22	82%	1,00	0,04	0,51	0,63	53%
PBC2 <- PBC	-0,04	0,55	0,68	50%		-0,10	0,57	1,50	14%
PBC3 <- PBC	0,01	0,42	0,15	88%		0,08	0,54	1,30	19%
RISK1rec -> RISK	0,07	2,22	0,25	80%	0,94	0,30	4,00	0,63	53%
RISK2rec -> RISK	-0,25	2,75	0,77	44%		-0,46	3,69	1,04	30%
RISK3rec -> RISK	0,42	2,50	1,42	16%		0,79	4,06	1,64	10%
RISK4rec -> RISK	-0,19	2,07	0,77	45%		-0,39	3,77	0,87	39%
RISK5rec -> RISK	-0,02	2,37	0,08	94%		0,02	3,08	0,05	96%
RISK6rec -> RISK	-0,01	2,70	0,02	98%		-0,40	4,41	0,75	45%
VERT1 <- VERT	0,04	1,65	0,21	83%	1,00	-0,14	2,87	0,40	69%
VERT3 <- VERT	0,00	1,91	0,02	99%		-0,10	3,34	0,25	80%
VERT4 <- VERT	0,02	1,91	0,10	92%		0,13	3,48	0,32	75%
VERT5 <- VERT	0,05	1,99	0,21	83%		0,07	2,66	0,21	83%
ZUGA1 <- ZUGA	0,00	1,55	0,01	99%	1,00	-0,08	2,26	0,28	78%
ZUGA4 <- ZUGA	0,01	1,66	0,07	94%		-0,06	1,97	0,26	79%
ZUGA5 <- ZUGA	0,07	1,91	0,31	76%		0,11	2,48	0,36	72%

Literaturverzeichnis

Abelson, R. P./Levi, A. (1985): Decision Making and Decision Theory, in: G. Lindsey/E. Aronson (Hrsg.): The Handbook of Social Psychology, Random House, New York, S. 231-309

Achleitner, A.-K. (2001): Venture Capital, in: W. Breuer (Hrsg.): Handbuch Finanzierung, Gabler, Wiesbaden, S. 514-521

Achleitner, A.-K./Burger-Calderon, M./Poech, A. (2005a): Private Equity in Familienunternehmen: Eine empirische Analyse der psychologischen Aspekte der Transaktionsentscheidung, in: Finanz-Betrieb: Zeitschrift für Unternehmensfinanzierung und Finanzmanagement, 7 (5), S. 289-295

Achleitner, A.-K./Ehrhart, N./Zimmermann, V. (2006): Beteiligungsfinanzierung nach der Marktkonsolidierung - Anhaltende Defizite in der Frühphase, KfW Bankengruppe, Volkswirtschaftliche Abteilung

Achleitner, A.-K./Fingerle, C. H. (2004a): Finanzierungssituation des deutschen Mittelstandes, in: A.-K. Achleitner/C. von Einem/B. von Schröder (Hrsg.): Private Debt - Alternative Finanzierung für den Mittelstand, Schäffer-Poeschel, Stuttgart, S. 5-40

Achleitner, A.-K./Fingerle, C. H. (2004b): Venture Capital und Private Equity als Lösungsansatz für Eigenkapitaldefizite in der Wirtschaft, in: L. Schuster (Hrsg.): Wege aus der Banken- und Börsenkrise, Springer, Berlin, S. 177-190

Achleitner, A.-K./Kaserer, C./Wagner, N./Poech, A./Brixner, M./Buchner, A./Moldenhauer, B. (2004): Charakteristika und Erfolgsmerkmale junger, deutscher Unternehmen – Schwerpunkt Finanzierung, Working Paper No. 2004-07, Centre for Entrepreneurial and Financial Studies

Achleitner, A.-K./Poech, A./Groth, T. (2005b): Beteiligungskapital als Finanzierungsalternative für mittelständische Unternehmen, Umfrage der bayerischen Industrie- und Handelskammern in Kooperation mit dem Center for Entrepreneurial and Financial Studies (CEFS) der Technischen Universität München, IHK für München und Oberbayern

Achleitner, A.-K./Poech, A./Groth, T. (2005c): Wie gut fühlen sich mittelständische Unternehmen über Beteiligungskapital informiert?, in: Finanz-Betrieb: Zeitschrift für Unternehmensfinanzierung und Finanzmanagement, 7 (7/8), S. 2

Admati, A. R./Pfleiderer, P. (1994): Robust Financial Contracting and the Role of Venture Capitalists, in: Journal of Finance, 49 (2), S. 371-402

Aghion, P./Bolton, P. (1992): An Incomplete Contracts Approach to Financial Contracting, in: Review of Economic Studies, 59 (3), S. 473-494

Agrawal, A./Nagarajan, N. J. (1990): Corporate Capital Structure, Agency Cost, and Ownership Control: The Case of All-Equity Firms, in: Journal of Finance, 45 (4), S. 1325-1331

Ahtola, O. T. (1975): The Vector Model of Preference: An Alternative to the Fishbein Model, in: Journal of Marketing Research, 12 (1), S. 52-59

Ajzen, I. (1985): From Intentions to Actions: A Theory of Planned Behavior, in: J. Kuhl/J. Beckmann (Hrsg.): Action Control: From Cognition to Behavior, Springer, New York, S. 11-39

Ajzen, I. (1988): Attitudes, Personality and Behavior, Dorsey, Chicago

Ajzen, I. (1989): Attitude Structure and Behavior, in: A. R. Pratkanis/S. J. Breckler/A. G. Greenwald (Hrsg.): Attitude, Structure and Function, Erlbaum, Hillsdale, S. 241-274

Ajzen, I. (1991): The Theory of Planned Behavior, in: Organizational Behavior and Human Decision Processes, 50 (2), S. 179-211

Ajzen, I. (2004): Theory of Planned Behavior, in: N. H. Anderson (Hrsg.): Encyclopedia of Health & Behavior, Volume II, Sage Publications, Thousand Oaks, S. 793-796

Ajzen, I. (2006): Constructing a TPB-Questionnaire: Conceptual and Methodological Considerations, heruntergeladen: 2006 unter: http://www-unix.oit.umass.edu/~aizen/pdf/tpb.measurement.pdf

Ajzen, I./Fischbein, M. (1977): Attitude-behavior Relations: A Theoretical Analysis and Review of Empirical Research, in: Psychological Bulletin, 84 (5), S. 888-918

Ajzen, I./Fishbein, M. (1980): Understanding Attitudes and Predicting Social Behavior, Prentice-Hall, Englewood Cliffs

Ajzen, I./Krebs, D. (1994): Attitude Theory and Measurement: Implications for Survey Research, in: I. Borg/P. P. Mohler (Hrsg.): Trends and Perspectives in Empirical Social Research, Walter de Gruyter, Berlin, S. 250-261

Albers, S./Hildebrandt, L. (2006): Methodische Probleme bei der Erfolgsfaktorenforschung – Messfehler, formative versus reflektive Indikatoren und die Wahl des Strukturgleichungs-Modells, in: Zeitschrift für betriebswirtschaftliche Forschung, 58 (1), S. 325-329

Albert, D./Aschenbrenner, K. M./Schmalhofer, F. (1987): Cognitive Choice Processes and the Attitude-Behavior Relation, in: A. Upmayer (Hrsg.): Attitude and Behavioral Decisions, Springer, New York, S. 61-99

Aldrich, H. E./Auster, E. R. (1986): Even Dwarfs Started Small: Liabilities of Age and Size and Their Strategic Implications, in: Research in Organizational Behavior, 1986 (8), S. 165-186

Alpar, P./Spitzer, D. M. (1989): Response Behavior of Entrepreneurs in a Mail Survey, in: Entrepreneurship Theory and Practice, 14 (2), S. 31-44

Ambrose, B. W./Winters, D. B. (1992): Does an Industry Effect Exist for Leveraged Buy-Outs?, in: Financial Management, 21 (1), S. 89-101

Amess, K. (2003): The Effect of Management Buyouts on Firm-Level Technology Efficiency: Evidence from a Panel of UK Machinery and Equipment Manufacturers, in: Journal of Industrial Economics, 51 (1), S. 35-44

Anderson, N. H. (1971): Integration Theory and Attitude Change, in: Psychological Review, 78 (3), S. 171-206

Anderson, N. H. (1982): Methods of Information Integration, Academic Press, New York

Ang, J. S. (1991): Small Business Uniqueness and the Theory of Financial Management, in: Journal of Small Business Finance, 1 (1), S. 1-13

Ang, J. S. (1992): On the Theory of Finance for Privately Held Firms, in: Journal of Small Business Finance, 1 (3), S. 185-203

Ang, J. S./Chua, J. H./McConnell, J. J. (1982): The Administrative Costs of Corporate Bankruptcy: A Note, in: Journal of Finance, 37 (1), S. 219-226

Antonczyk, R./Brettel, M./Breuer, W. (2006): Venture Capital Financing in Germany - The Role of Contractual Arrangements in Mitigating Incentive Conflicts, Working Paper 56V2/06, bfW RWTH Aachen

Arentzen, U./Winter, E. (1995a): Einstellung, in: U. Arentzen/E. Winter (Hrsg.): Gabler Wirtschafts-Lexikon, Gabler, Wiesbaden, S. 1025

Arentzen, U./Winter, E. (1995b): Finanzierungstheorie, in: U. Arentzen/E. Winter (Hrsg.): Gabler Wirtschafts-Lexikon, Gabler, Wiesbaden, S. 1144

Armitage, C. J./Christian, J. (2003): From Attitutes to Behaviour: Basic and Applied Research on the Theory of Planned Behaviour, in: Current Psychology, 22 (3), S. 187-195

Armstrong, J. S./Overton, T. S. (1977): Estimating Nonresponse Bias in Mail Surveys, in: Journal of Marketing Research, 14 (3), S. 396-402

Asquith, P./Wizman, T. (1990a): Event Risk, Covenants, and Bondholder Returns in Leveraged Buyouts, in: Journal of Financial Economics, 27 (1), S. 195-214

Asquith, P./Wizman, T. (1990b): Event Risk, Wealth Redistribution and the Return to Existing Bondholders in Corporate Buyouts, in: Journal of Financial Economics, 27 (1), S. 163-190

Aston Business School (1991): Constraints on the Growth of Small Firms, DTI, HMSO, London

Audretsch, D. B./Elston, J. A. (1997): Financing the German Mittelstand, in: Small Business Economics, 9 (2), S. 97-110

Autere, J./Autio, E. (2000): Is Entrepreneurship Learned? Influcence of Mental Models on Growth Motivation, Strategy and Growth, Academy of Management Conference, Toronto

Autio, E./Keeley, R. H./Klofsten, M./Parker, G./Hay, M. (2001): Entrepreneurial Intent among Students in Scandinavia and in the USA, in: Enterprise and Innovation Management Studies, 2 (2), S. 147-162

Autio, E./Keeley, R. H./Klofsten, M./Ulfstedt, T. (1997): Entrepreneurial Intent among Students of Technology: Testing an Intent Model, Kaufmann Foundation Entrepreneurship Research Conference, Babson College

Aybar-Arias, C./Casino-Martínez, A./López-García, J. (2003): Capital Structure and Sensitivity in SME Definition: A Panel Data Investigation, Working Paper, Departamento de Economía Aplicada Universitat de València

Backhaus, K./Erichson, B./Plinke, W./Weiber, R. (2005): Multivariate Analysemethoden - Eine anwendungsorientierte Einführung, Springer, Berlin

Bagozzi, R. (1980): Causal Models in Marketing, Wiley & Sons, New York

Bagozzi, R. (1984): Expectancy-Value Attitude Models: An Analysis of Critical Measurement Issues, in: International Journal of Research in Marketing, 1 (4), S. 295-310

Bagozzi, R. (1985): Expectancy-Value Attitude Models: An Analysis of Critical Theoretical Issues, in: International Journal of Research in Marketing, 2 (1), S. 43-60

Bagozzi, R./Yi, Y. (1988): On the Evaluation of Structural Equation Models, in: Journal of the Academy of Marketing Science, 16 (1), S. 74-94

Bagozzi, R./Yi, Y. (1991): Multitrait-Multimethod Matrices in Consumer Research, in: Journal of Consumer Research, 17 (4), S. 426-439

Bagozzi, R./Yi, Y./Phillips, L. (1991): Assessing Construct Validity in Organizational Research, in: Administrative Science Quaterly, 36 (3), S. 421-458

Baier, W./Pleschak, F. (1996): Marketing und Finanzierung junger Technologieunternehmen: Den Gründungserfolg sichern, Gabler, Wiesbaden

Baker, M./Ruback, R. S./Wurgler, J. (2004): Behavioral Corporate Finance: A Survey, Tuck School of Business Working Paper, Tuck School of Business at Dartmouth

Bancel, F./Mittoo, U. R. (2003): Cross-Country Determinants of Capital Structure Choice: A Survey of European Firms, ESCP-EAP

Barnir, A./Smith, K. A. (2002): Interfirm Alliances in the Small Business: The Role of Social Networks, in: Journal of Small Business Management, 40 (3), S. 219-232

Baron, R. (1998): Cognitive Mechanisms in Entrepreneurship: Why and When Entrepreneurs Think Differently than Other People, in: Journal of Business Venturing, 13 (4), S. 275-294

Baron, R./Kenny, D. A. (1986): The Moderator-Mediator Variable Distinction in Social Psychological Research: Conceptual, Strategic, and Statistical Considerations, in: Journal of Personality and Social Psychology, 51 (6), S. 1173-1182

Barry, C. B. (1994): New Directions in Research on Venture Capital Finance, in: Financial Management, 23 (3), S. 3-15

Barton, S. L. (1989): Capital Structure Decisions in Privately Held Firms: A Summary of Owner Interviews, Working Paper, University of Cincinnati - College of Business Administration

Barton, S. L./Gordon, P. J. (1987): Corporate Strategy: Useful Perspective for the Study of Capital Structure?, in: Academy of Management Review, 12 (1), S. 67-76

Barton, S. L./Gordon, P. J. (1988): Corporate Strategy and Capital Structure, in: Strategic Management Journal, 9 (6), S. 623-632

Barton, S. L./Matthews, C. (1989): Small Firm Financing: Implications from a Strategic Management Perspective, in: Journal of Small Business Management, 27 (1), S. 1-7

Barton, S. L./Matthews, C. H. (1988): A Strategic Decision Making Process for the Small Entrepreneurial Firm, in: G. Roberts/H. Lasher/E. Maliche (Hrsg.): Entrepreneurship: New Direction for a Global Economy - Proceedings of the 33rd World Conference of the International Council for Small Business (ICSB), ICSB, Dublin, S. 26-31

Basha, A./Walz, U. (2002): Financing Practices in the German Venture Capital Industry, CFS Working Paper 2002/8, Centre for Financial Studies - Johann Wolfgang Goethe-Universität Frankfurt am Main

Becker, R./Hellmann, T. (2002): The Genesis of Venture Capital - Lessons from the German Experience, Working Paper, CESifo

Bentler, P. M./Speckart, G. (1979): Models of Attitude-Behavior Relations, in: Psychological Review, 8 (5), S. 452-464

Berg, A./Gottschalg, O. (2004): Wertgenerierungshebel in Buyout-Transaktionen, in: M&A Review, 2004 (5), S. 207-212

Berg, A./Gottschlag, O. (2004): Understanding Value Generation in Buyouts, in: Journal of Restructuring Finance, 1 (2), S. 1-29

Berger, A. N./Udell, G. F. (1998): The Economics of Small Business Finance: The Roles of Private Equity and Debt Markets in the Financial Growth Cycle, in: Journal of Banking and Finance, 22 (6-8), S. 613-673

Berggren, B./Olofsson, C./Silver, L. (2000): Control Aversion and the Search for External Financing in Swedish SMEs, in: Small Business Economics, 15 (3), S. 233-242

Bergkvist, L./Rossiter, J. R. (2007): The Predictive Validity of Multiple-Item Versus Single-Item Measures of the Same Constructs, in: Journal of Marketing Research, 44 (2), S. 175-184

Bettman, J. R./Capton, N./Lutz, R. J. (1975): Multiattribute Measurement Models and Multiattribute Attitude Theory: A Test of Construct Validity, in: Journal of Consumer Research, 1 (4), S. 1-14

Betzin, J./Henseler, J. (2005): Einführung in die Funktionsweise des PLS-Algorithmus, in: F. Bliemel/A. Eggert/G. Fassot/J. Henseler (Hrsg.): Handbuch PLS-Pfadmodellierung, Schäffer-Poeschel, Stuttgart, S. 49-69

Biddle, B. J./Bank, B. J./Slavings, R. L. (1987): Norms, Preferences, Identities and Retention Decisions, in: Social Psychology Quarterly, 50 (4), S. 322-337

Binder, H./Eberl, M. (2005): Statistisch unterstützte Spezifikationsprüfung: Die Performance von Tetrad-Test und SEM, Schriften zur Empirischen Forschung und Quantitativen Unternehmensplanung, Ludwig-Maximilians-Universität, Institut für Unternehmensentwicklung und Organisation - Seminar für Empirische Forschung und Unternehmensplanung

Birch, D. L. (1979): The Job Generation Process - Final Report to the Economic Development Administration, MIT Program on Neighborhood and Regional Change, MIT

Bird, B. (1988): Implementing Entrepreneurial Ideas: The Case for Intention, in: Academy of Management Review, 13 (3), S. 442-453

Black, B. S./Gilson, R. J. (1998): Venture Capital and the Structure of Capital Markets: Banks Versus Stock Markets, in: Journal of Financial Economics, 47 (3), S. 243-277

Bleymüller, J./Gehlert, G./Gülicher, H. (2000): Statistik für Wirtschaftswissenschaftler, Vahlen, München

Bliemel, F./Eggert, A./Fassot, G./Henseler, J. (2005a): Die PLS-PFadmodellierung: Mehr als eine Alternative zur Kovarianzstrukturanalyse, in: F. Bliemel/A. Eggert/G. Fassot/J. Henseler (Hrsg.): Handbuch PLS-Pfadmodellierung : Methode, Anwendung, Praxisbeispiele, Schäffer-Poeschel, Stuttgart, S. 9-16

Bliemel, F./Eggert, A./Fassot, G./Henseler, J. (2005b): Handbuch PLS-Pfadmodellierung : Methode, Anwendung, Praxisbeispiele, Schäffer-Poeschel, Stuttgart

Bloom, P. N. (1984): Effective Marketing for Professional Services, in: Harvard Business Review, 62 (5), S. 102-111

Bollen, K. A./Ting, K.-F. (2000): A Tetrad Test for Causal Indicators, in: Psychological Methods, 5 (1), S. 3-22

Bradley, M./Jarrell, G. A./Kim, E. H. (1984): On the Existence of an Optimal Capital Structure: Theory and Evidence, in: Journal of Finance, 39 (3), S. 857-877

Brander, J. A./Lewis, T. B. (1986): Oligopoly and Financial Structure: The Limited Liability Effect, in: American Economic Review, 76 (5), S. 956-970

Brettel, M. (2002): Entscheidungskriterien von Venture Capitalists - Eine empirische Analyse im internationalen Vergleich, in: Die Betriebswirtschaft, 62 (3), S. 305-325

Brettel, M. (2004): Der informelle Beteiligungskapitalmarkt - Eine empirische Analyse, Unternehmensführung & Controlling, Deutscher Universitätsverlag, Wiesbaden

Brettel, M./Jaugey, C./Rost, K. (2000): Business Angels in Deutschland - Wie Business Angels in Deutschland jungen Unternehmen helfen, in: C. Ludewig/D. Buschmann/N. O. Herbrand (Hrsg.): Silicon Valley, Made in Germany, Vieweg Verlagsgesellschaft/Gabler Verlag, Braunschweig/Wiesbaden, S. 49-75

Brettel, M./Meier, D./Hiddemann, T. (2006): Wertsteigerung bei Buyouts in der Post Investment-Phase - der Beitrag von Private Equity Firmen zum operativen Erfolg ihrer Portfoliounternehmen im europäischen Vergleich, in: Zeitschrift für Betriebswirtschaft, 76 (10), S. 1035-1066

Brettel, M./Meier, D./Reißig-Thust, S. (2004): Vertragsgestaltung von Venture Capitalists und Business Angles im Vergleich, in: Die Betriebswirtschaft, 64 (4), S. 431-447

Breuer, W. (1998): Finanzierungstheorie - Eine systematische Einführung, Die Wirtschaftswissenschaften, Gabler, Wiesbaden

Breuer, W. (2002): Financial Engineering und die Theorie der Unternehmensfinanzierung, in: Bank-Archiv: Zeitschrift für das gesamte Bank- und Börsenwesen, 50 (6), S. 447-456

Breuer, W./Gürtler, M./Schuhmacher, F. (2003): Finanzierung, in: W. Breuer/M. Gürtler (Hrsg.): Internationales Management, Gabler, Wiesbaden, S. 367-406

Breuer, W./Hartmann, N. (2003): Unternehmensfinanzierung und beschränkte Rationalität: Das Beispiel optimaler Dividendenpolitik, in: Zeitschrift für betriebswirtschaftliche Forschung, 55 (5), S. 343-363

Breuer, W./Hartmann, N./Kleefisch, A. (2002): Finanzinnovationen der Beteiligungsfinanzierung: Überblick und Würdigung, bfw Working Papers Nr. 18, bfw

Breuer, W./Kleefisch, A. (2003): Theorie der Unternehmensfinanzierung, in: W. Breuer/T. Schweizer (Hrsg.): Lexikon Corporate Finance, Gabler, Wiesbaden, S. 511-514

Breuer, W./Mark, K. (2004): Venture Capital, in: (Hrsg.): Gabler Wirtschaftslexikon, Wiesbaden, S. 3082-3084

Breuer, W./Perst, A./Stotz, O. (2005): Behavioral Corporate Finance, in: Bank-Archiv: Zeitschrift für das gesamte Bank- und Börsenwesen, 53 (3), S. 153-162

Breuer, W. A. (1997): Geschichte der Finanzwirtschaftslehre: Finanzierungstheorie, in: Wirtschaftswissenschaftliches Studium, 26 (1997), S. 606-612

Brinkrolf, A. (2002): Managementunterstützung durch Venture-Capital-Gesellschaften, Gabler, Wiesbaden

Broda, B. M. (2003): Finanzierungsalternativen für KMU zum Bankkredit?, in: Der Schweizer Treuhänder, 2003 (6-7), S. 463-472

Bruining, H./Bonnet, M./Wright, M. (2004): Management Controll Systems and Stragey Change in Buyouts, in: Management Accounting Research, 15 (2), S. 155-177

Bruner, G. C./James, K. E./Hensel, P. J. (2001): Marketing Scales Handbook: A Compilation of Multi-Item Measures, American Marketing Association, Chicago

Bull, I. (1989): Financial Performance of Leveraged Buy-Outs: An Empirical Analysis, in: Journal of Business Venturing, 13 (4), S. 263-279

Bundesministerium für Wirtschaft und Arbeit (2001): Bericht über die Situation der KMU in der gewerblichen Wirtschaft, Österreichisches Bundesministerium für Wirtschaft und Arbeit

Burger-Calderon, M. (2005): Herausforderung Familienunternehmen, in: Zeitschrift für das gesamte Kreditwesen, 58 (1), S. 40

Burkart, M./Panunzi, F./Shleifer, A. (2003): Family Firms, in: Journal of Finance, 58 (5), S. 2167-2201

Burnkrant, R. B./Page, T. J. (1988): The Structure and Antecedents of the Normative and Attitudinal Components of Fishbein's Theory of Reasoned Action, in: Journal of Experimental Social Psychology, 24 (1), S. 66-87

Büschgen, H. E. (2001): Ermittlung des Kapitalbedarfs der Unternehmung, in: W. Breuer (Hrsg.): Handbuch Finanzierung, Gabler, Wiesbaden, S. 126-151

Busenitz, L. W./Barney, J. (1997): Differences Between Entrepreneurs and Managers in Large Organizations: Biases and Heuristics in Strategic Decision-Making, in: Journal of Business Venturing, 12 (1), S. 9-30

BVK (2004a): Private Equity in Europa 2004, BVK Special, BVK

BVK (2004b): Statistik 2004: Das Jahr 2004 in Zahlen, BVK Gesamtstatistik, BVK

BVK (2005a): Der Einfluss von Private Equity-Gesellschaften auf die Portfoliounternehmen und die deutsche Wirtschaft, BVK

BVK (2005b): Statistik 2005: Das Jahr 2005 in Zahlen, BVK Gesamtstatistik, BVK

BVK (2006a): Statistik 2006: Das Jahr 2006 in Zahlen, BVK Gesamtstatistik, BVK

BVK (2006b): Teilstatistik - Aktivitäten der Mittelständischen Beteiligungsgesellschaften 2005, BVK

Cable, D. M./Shane, S. (1997): A Prisoner's Dilemma Approach to Entrepreneur-Venture Capitalist Relationships, in: Academy of Management Review, 22 (1), S. 142-176

Cable, J. (1985): Capital Market Information and Industrial Performance: The Role of West German Banks, in: Economic Journal, 95 (1), S. 118-132

Carleton, W. T./Silberman, I. H. (1977): Joint Determination of Rate of Return and Capital Structure - An Econometric Analysis, in: Journal of Finance, 32 (3), S. 811-821

Carte, T. A./Russell, C. J. (2003): In Pursuit of Moderation - Nine Common Errors and Their Solutions, in: MIS Quarterly, 27 (3), S. 479-501

Carter, R. B./Van Auken, H. E. (2005): Bootstrap Financing and Owner's Perceptions of their Business Constraints and Opportunities, in: Entrepreneurship and Regional Development, 17 (2), S. 129-144

Cassar, G./Holmes, S. (2003): Capital Structure and Financing of SMEs: Australian Evidence, in: Accounting and Finance, 43 (2), S. 123-147

Cattanach, K. A./Kelley, M. F./Sweeney, G. M. (2000): Hidden Treasure: A Look into Private Equity's History, Future, and Lure, in: R. Lake/R. Lake (Hrsg.): Private Equity and Venture Capital: A Guide for Investors and Practitioners, Euromoney Books, London U.K., S. 5-12

CDU/CSU/SPD (2005): Gemeinsam für Deutschland - Mit Mut und Menschlichkeit, Koalitionsvertrag zwischen CDU, CSU und SPD, Christdemokratische Partei Deutschland

Chaganti, R./De Carolis, D./Deeds, D. (1995): Predictors of Capital Structure in Small Ventures, in: Entrepreneurship Theory and Practice, 20 (2), S. 7-18

Chaiken, S./Stangor, C. (1987): Attitudes and Attitude Change, in: Annual Review of Psychology, 38 (1), S. 575-630

Chen, L. H./Jiang, G. J. (2001): The Financing Behavior of Dutch Firms, SOM Working Paper, University of Groningen

Chin, W. W. (1998a): Issues and Opinion on Structural Equation Modeling, in: Management Information System Quarterly, 22 (1), S. 6-18

Chin, W. W. (1998b): The Partial Least Square Approach to Structural Modeling in: G. A. Marcoulides (Hrsg.): Modern Methods for Business Research, Lawrence Erlbaum Associates, Mahwah, S. 295-336

Chin, W. W. (2001): PLS-Graph User Guide: Version 3.0, Soft Modeling Inc.

Chin, W. W./Marcolin, B. L./Newsted, P. R. (2003): A Partial Least Squares Latent Variable Modeling Approach for Measuring Interaction Effects: Results from a Monte Carlo Simulation Study and an Electronic-Mail Emotion/Adoption Study, in: Information Systems Research, 14 (2), S. 189-217

Chittenden, F./Hall, G./Hutchinson, P. (1996): Small firm growth, access to capital markets and financial structure: Review of issues and an empirical investigation, in: Small Business Economics, 8 (1), S. 59-67

Christian, L. M. (2003): The Influence of Visual Layout on Scalar Questions in Web Surveys, Department of Sociology, Washington State University

Churchill, G. A. (1979): A Paradigm for Developing Better Measures of Marketing Constructs, in: Journal of Marketing Research, 16 (1), S. 64-73

Churchill, G. A./Peter, J. P. (1984): Research Design Effects on the Reliability of Rating Scales: A Meta-Analysis, in: Journal of Marketing Research, 21 (4), S. 360-375

Claas, S. C. (2006): Marktorientiertes Management in Wachstumsunternehmen, Gabler, Wiesbaden

Coenenberg, A. G. (2005): Jahresabschluß und Jahresabschlußanalyse: Betriebswirtschaftlichen, handelsrechtlichen, steuerrechtlichen und internationalen Grundlagen, Schäffer-Poeschel, Stuttgart

Cook, D. O./Easterwood, J./Martin, J. (1992): Bondholder Wealth Effects of Management Buyouts, in: Financial Management, 21 (1), S. 102-114

Cook, T. D./Campbell, D. T. (1979): Quasi-Experimentation: Design and Analysis Issues for Field Settings, Houghton Mifflin, Boston

Cote, J. A./Buckley, M. R. (1987): Estimating Trait, Method, and Error Variance: Generalizing Across 70 Construct Validation Studies, in: Journal of Marketing Research, 24 (3), S. 315-318

Cramer, J. E. (2000): Venture Capital als Finanzierungs- und Anlagealternative, in: E. Hehn (Hrsg.): Innovative Kapitalanlagekonzepte: ART, Behavioral Finance, Hedge Funds, Neue Märkte, Private Equity, Venture Capital, Gabler, Wiesbaden, Germany, S. 163-173

Cressy, R./Olofsson, C. (1997a): European SME Financing: An Overview, in: Small Business Economics, 9 (2), S. 87-96

Cressy, R./Olofsson, C. (1997b): The Financial Conditions for Swedish SMEs: Survey and Research Agenda, in: Small Business Economics, 9 (2), S. 174-194

Dabholkar, P. A. (1994): Incorporating Choice in an Attitude Framework, in: Journal of Consumer Research, 21 (1), S. 100-118

Daily, C. M./Dollinger, M. J. (1993): Alternative Methodologies For Identifying Family- Versus Nonfamily-Managed Businesses, in: Journal of Small Business Management, 31 (2), S. 79-90

Davidsson, P. (1991): Continued Entrepreneurship: Ability, Need and Opportunity as Determinants for Small Firm Growth, in: Journal of Business Venturing, 6 (6), S. 405-429

Del Aguila-Obra, A. R./Padilla-Meléndez, A. (2006): Organizational Factors Affecting Internet Technology Adoption, in: Internet Research, 16 (1), S. 94-110

Dempsey, M. (1996): Corporate Financial Management: Time to Change the 'Cost of Capital' Paradigm?, in: Critical Perspectives on Accounting, 7 (6), S. 617-638

Demsetz, H./Lehn, K. (1985): The Structure of Corporate Ownership: Causes and Consequences, in: Journal of Political Economy, 93 (6), S. 1155-1177

Denis, J. (1994): Organizational Form and the Consequences of Highly Leveraged Transactions: Kroger's Recapitalization and Safeway's LBO, in: Journal of Financial Economics, 36 (2), S. 193-224

Deutsche Bundesbank (1992): Methodische Grundlagen der Unternehmensbilanzstatistik in Deutschland, in: Deutsche Bundesbank Monatsbericht, Oktober (1998), S. 51-67

Deutsche Bundesbank (1998): Jahresabschlüsse westdeutscher Unternehmen: Vergleichbarer Kreis 1987 bis 1996, Deutsche Bundesbank

DeVellis, R. F. (2003): Scale Development - Theory and Applications, Applied Social Reserach Methods Series, Thousand Oaks, London

Diamantopoulos, A. (1994): Modelling with LISREL: A Guide for the Uninitiated, in: Journal of Marketing Mangement, 10 (1-3), S. 105-136

Diamantopoulos, A. (2005): The C-OAR-SE Procedure for Scale Development in Marketing: A Comment, in: International Journal of Research in Marketing, 22 (1), S. 1-9

Diamantopoulos, A./Winklhofer, H. M. (2001): Index Construction with Formative Indicators: An Alternative to Scale Development, in: Journal of Marketing Research, 38 (2), S. 269-277

Dibbern, J./Chin, W. W. (2005): Multi-Group Comparison: Testing a PLS Model on the Sourcing of Application Software Services across Germany and the U.S.A. Using a Permutation Based Algorithm, in: F. Bliemel/A. Eggert/G. Fassot/J. Henseler (Hrsg.): Handbuch Pfadmodellierung - Methode, Anwendungen, Praxisbeispiele, Schäffer-Poeschel, Stuttgart, S. 135-160

Diederich, A./Orth, B. (1987): Produktsummenmodelle: Axiome und ihre empirische Überprüfung, Forschungsberichte Multimo aus dem DFG-Projekt "Multiattributive

Modelle" - Nr. 10, Deutsche Forschungsgemeinschaft/Psycologisches Institut I der Universität Hamburg

Diekmann, A. (1995): Empirische Sozialforschung - Grundlagen, Methoden, Anwendungen, Rohwohlt Taschenbuch Verlag, Hamburg

DIHK (2004): Finanzierungsalternativen, Starthilfe Unternehmensförderung, DIHK

Dillmann, D. A./Bowker, D. K. (2001): The Web Questionnaire Challenge to Survey Methodologists, in: U.-D. Reips/M. Bosnjak (Hrsg.): Dimensions of Internet Science, Pabst Science Publishers, Lengerich, S. 159-178

Dohmen, P. (1983): Einstellungsstruktur, Präferenz und Einstellungsänderung: eine experimentelle Prüfung des Komponentenmodells sozialer Einstellungen, Dissertation, Aachen

Doll, J. (1986a): Einstellungs-Verhaltens-Modelle, Forschungsberichte Multimo aus dem DFG-Projekt "Multiattributive Modelle" - Nr. 2, Deutsche Forschungsgemeinschaft/Psycologisches Institut I der Universität Hamburg

Doll, J. (1986b): Multiattributive Einstellungsmodelle, Forschungsberichte Multimo aus dem DFG-Projekt "Multiattributive Modelle" - Nr. 1, Deutsche Forschungsgemeinschaft/Psycologisches Institut I der Universität Hamburg

Doll, J. (1986c): Perzeption und Präferenz: die Bedeutung des Halo-Effektes für multiattributive Einstellungsmodelle, Forschungsberichte Multimo aus dem DFG-Projekt "Multiattributive Modelle" - Nr. 9, Deutsche Forschungsgemeinschaft/Psycologisches Institut I der Universität Hamburg

Doll, J. (1987): Required Scale Types and Construct Validity of the Variables of the Theory of Planned Behavior, Forschungsberichte Multimo aus dem DFG-Projekt "Multiattributive Modelle" - Nr. 16, Deutsche Forschungsgemeinschaft/Psycologisches Institut I der Universität Hamburg

Doll, J. (1990): Zur Vorhersage zielgerichteten Handelns: Einstellung, Subjektive Handlungskompetenz und Emotion, Forschungsberichte Multimo aus dem DFG-Projekt "Multiattributive Modelle" - Nr. 34, Deutsche Forschungsgemeinschaft/Psycologisches Institut I der Universität Hamburg

Dotzler, F. (2001): What Do Venture Capitalists Really Do, and Where Do they Learn to Do it?, in: Journal of Private Equity, 6 (1), S. 6-12

Dreux, D. R. (1990): Financing Family Business: Alternatives to Selling Out or Going Public, in: Family Business Review, 3 (3), S. 225-243

DSGV (2004): Diagnose Mittelstand 2004, Dieagnose Mittelstand, Deutscher Sparkassen- und Giroverband

Dubois, B. (1975): Ideal Point vs. Attribute Models of Brand Preference: A Comparison of Predictive Validity, in: Advances in Consumer Research, 2 (1), S. 321-333

Eagly, A. H./Chaiken, S. (1993): The Psychology of Attitudes, Harcourt Brace Jovanovich College Publishers, Fort Worth

East, R. (1993): Investment Decisions and the Theory of Planned Behavior, in: Journal of Economic Psychology, 14 (2), S. 337-375

Eberl, M. (2004): Formative und reflektive Indikatoren im Forschungsprozess: Entscheidungsregeln und die Dominanz des reflektiven Modells, EFOPlan, Ludwig-Maximilians-Universität, Institut für Unternehmensentwicklung und Organisation - Seminar für Empirische Forschung und Unternehmensplanung

Eberl, M. (2006): Formative und reflektive Konstrukture und die Wahl des Strukturgleichungsverfahrens - Eine statistische Entscheidungshilfe, in: Die Betriebswirtschaft, 66 (6), S. 651-668

Eggert, A./Fassot, G./Helm, S. (2005): Identifizierung und Quantifizierung mediierender und moderierender Effekte, in: F. Bliemel/A. Eggert/G. Fassot/J. Henseler (Hrsg.): Handbuch Pfadmodellierung - Methode, Anwendung, Praxisbeispiele, Schäffer-Poeschel, Stuttgart, S. 101-116

ENSR (1996): European Network for SME Research - 4. Jahresbericht, ENSR, European Network for SME Research

Etter, W. L. (1975): Attitude Theory and Decision Theory: Where is the Common Ground, in: Journal of Marketing Research, 7 (4), S. 481-483

European Commission (1998): Fostering Entrepreneurship in Europe - Priorities for the Future, COM 98/222, European Commission

European Commission (1999): Risk Capital Markets: A Key to Job Creation in Europe, Europe Paper No. 32, Directorate: General Economic and Financial Affairs

European Commission (2001): Innovative Instrumentes for Raising Equity for SMEs in Europe, European Commission - DG Enterprise

European Commission (2003): Commission Recommendation 2003/361/EC, in: Journal of the European Union, 2003 (L 24), S. 34

European Commission (2005): The New SME Definition - User Guide and Model Decleration, Enterprise and Industry Publications, European Commission

EVCA (2000): EVCA Guidelines, European Private Equity and Venture Capital Association (EVCA), Zaventem, Belgium

EVCA (2002): Annual Survey of Pan-European Private Equity & Venture Capital Activity, EVCA Yearbook, EVCA, Zaventem

EVCA (2005a): The Contribution of Private Equity to the Succession of Family Business in Europe - Executive Summary, EVCA

EVCA (2005b): Der Beitrag von Private Equity und Venture Capital zu Beschäftigung in Europa - Kurzfassung, EVCA

EVCA (2006): Annual Survey of Pan-European Private Equity & Venture Capital Activity, EVCA Yearbook, EVCA, Zaventem

Fama, E. F. (1980): Agency Problems and the Theory of the Firm, in: Journal of Political Economy, 88 (2), S. 288-307

Farrelly, G. (1980): A Behavioral Science Approach to Financial Research, in: Financial Management, 9 (3), S. 15-22

Fassot, G./Eggert, A. (2005): Zur Verwendung formativer und reflektiver Indikatoren in Strukturgleichungsmodellen: Bestandsaufnahme und Anwendungsempfehlungen, in: F. Bliemel/A. Eggert/G. Fassot/J. Henseler (Hrsg.): Handbuch PLS-Pfadmodellierung, Schäffer-Poeschel, Stuttgart, S. 31-47

Feger, H. (1979): Einstellungsstruktur und Einstellungsänderung: Ergebnisse, Probleme und ein Komponentenmodell der Einstellungsobjekte, in: Zeitschrift für Sozialpsychologie, 10 (4), S. 331-349

Fendel, A./Groh, A. P. (2002): Private Equity zur Sicherung langfristiger Unternehmerstrategien, in: Booz Allen Hamilton (Hrsg.): Strategic Corporate Finance: Unternehmenswertsteigerung durch profitables Wachstum, Redline/Überreuter, Frankfurt, S. 90-123

Fenn, G. W./Liang, N. (1998): New Resources and New Ideas - Private Equity for Small Businesses, in: Journal of Banking and Finance, 22 (1), S. 1077-1084

Fenn, G. W./Liang, N./Prowse, S. (1995): The Economics of the Private Equity Market, Federal Reserve Bulletin, Federal Reserve of Dallas

Fiedler, M.-O./Hellmann, T. (2001): Against All Odds: The Late but Rapid Development of the German Venture Capital Industry, Stanford Graduate School of Business

Finn, A./Kayande, U. (2005): How Fine is C-OAR-SE? A Generalizability Theory Perspective on Rossiter's Procedure, in: International Journal of Research in Marketing, 22 S. 11-21

Fischer, M. (2004): Handbuch Wertmanagement in Banken und Versicherungen, in: M. Fischer (Hrsg.): Handbuch Wertmanagement in Banken und Versicherungen, Wiesbaden, Gabler,

Fishbein, M. (1967a): Attitude and the Prediction of Behavior, in: M. Fischbein (Hrsg.): Readings in Attitude Theory and Measurement, Wiley & Sons, New York, S. 477-492

Fishbein, M. (1967b): A Behavior Theory Approach to the Relation between Beliefs about Objects and the Attitude toward the Object, in: M. Fischbein (Hrsg.): Readings in Attitude Theory and Measurement, Wiley-VCH Verlag, New York, S. 389-399

Fishbein, M. (1967c): A Consideration of Beliefs, and Their Role in Attitude Measurement, in: M. Fischbein (Hrsg.): Readings in Attitude Theory and Measurement, Wiley & Sons, New York, S. 257-266

Fishbein, M. (2004): Theory of Reasoned Action, in: N. H. Anderson (Hrsg.): Encyclopedia of Health & Behavior, Volume II, Sage Publications, Thousand Oaks, S. 796-799

Fishbein, M./Ajzen, I. (1975): Belief, Attitude, Intention, Behavior: An Introduction to Theory and Research, Addison-Wesely, Reading

Fleischhauer, U./Sauter, D. (2007): Aktuelle Trends im Mezzanine-Markt, in: Unternehmeredition, 2007 (1),

Fletcher, K./Hastings, W. J. (1983): The Relevance of the Fishbein Model to Insurance Buying', in: The Services Industries Journal, 3 (3), S. 174-188

Fletcher, K./Hastings, W. J. (1984): Consumer Choice: A Study of Insurance Buying, Intention and Beliefs, in: The Services Industries Journal, 4 (2), S. 174-188

Folta, T. B./Janney, J. J. (2004): Strategic Benefits to Firms Issuing Private Equity Placements, in: Strategic Management Journal, 25 (3), S. 223-242

Fornell, C. (1987): A Second Generation of Multivariate Analysis: Classification of Methods and Implications for Marketing Research, in: M. J. Houston (Hrsg.): Review of Marketing, American Marketing Association, Chicago, S. 407-450

Fornell, C./Cha, J. (1997): Partial Least Squares, in: R. Bagozzi (Hrsg.): Advanced Methods of Marketing Research, Blackwell, Malden, S. 52-78

Fornell, C./Larcker, D. F. (1981): Evaluating Structural Equation Models with Unobservable Variables and Measurement, in: Journal of Marketing Research, 18 (1), S. 39-50

Fowler, F. J. (1995): Improving Survey Questions: Design and Evaluation, Sage Publications, Thousand Oaks

Franke, N./Lüthje, C. (2000): Studentische Unternehmensgründungen – dank oder trotz Förderung? Kovarianzstrukturanalytische Erklärung studentischen Gründungsverhaltens anhand der Persönlichkeitskonstrukte "Risikopräferenz" und "Unabhängigkeitsstreben" sowie der subjektiven Wahrnehmung der Umfeldbedingungen, in: Schmalenbachs Zeitsschrift für betriebswirtschaftliche Forschung, 54 (3), S. 96-112

Fredriksen, O./Olofsson, C./Wahlbin, C. (1991): The Role of Venture Capital in the Development of Portfolio Firms, Proceedings of the Eleventh Annual Babson College Entrepreneurship Research Conference,

Fredriksen, O./Olofsson, C./Wahlbin, C. (1997): Are Venture Capitalists Firefighters? A Study of the Influence and Impact of Venture Capital Firms, in: Technovation, 17 (9), S. 503-532

Frey, B./Benz, M. (2001): Ökonomie und Psychologie: Eine Übersicht, Working Paper No. 92, Institute for Empirical Research in Economics

Frommann, H. (2005a): Entwicklungen des Private Equity-Marktes in Deutschland, in: Finanz-Betrieb: Zeitschrift für Unternehmensfinanzierung und Finanzmanagement, 7 (7/8), S. 535-538

Frommann, H. (2005b): Entwicklungen und Aussichten des Private-Equity-Geschäfts in Deutschland, in: Zeitschrift für das gesamte Kreditwesen, 58 (1), S. 21-23

Gable, G. G./Chin, W. W. (2001): Client Versus Consultant Influence on Client Involvement in Computer System Selection Projects: A Two-Actor Model of the Theory of Planned Behavior, 22nd International Conference on Information Systems,

Gallo, M. A./Tapies, J./Cappuyns, K. (2004): Comparison of Family and Nonfamily Business: Financial Logic and Personal Preferences, in: Family Business Review, 17 (4), S. 303-318

Gefen, D./Straub, D. W./Boudreau, M.-C. (2000): Structural Equation Modelling and Regression: Guidelines for the Research Practice, in: Communications of the Association of Information Systems, 4 (7), S. 1-79

Geiseler, C. (1999): Das Finanzierungsverhalten kleiner und mittlerer Unternehmen - eine empirische Untersuchung, Gabler, Wiesbaden

Gemünden, H. G./Köppen, R. O. (2000): Erfolgsfaktoren von Beratungen zur Unternehmensnachfolge, Internationales Gewerbearchiv Nr. 48, IGA

Gerbing, D. W./Anderson, J. C. (1988): An Updated Paradigm for Scale Development: Incorporating Unidimensionality and its Assessment, in: Journal of Marketing Research, 25 (2), S. 186-192

Gersick, K. E./Davis, J. A./McCollom Hampton, M./Lansberg, I. (1997): Generation to Generation: Life Cycles of the Family Business, Harvard Business School Press, Boston

Gibson, B. (1992): Financial Information for Decision Making: An Alternative Small Firm Perspektive, in: Journal of Small Business Finance, 1 (3), S. 221-232

Gibson, B. (1993): The Alternativs of Assuming "Rational" Use of Financial Information within Small Firms, in: Journal of Small Business Finance, 2 (2), S. 163-174

Golland, F./Heckenmüller, C. (2002): Secondary Equity Transaktionen und Private Equity-Securitisation, in: Finanz-Betrieb: Zeitschrift für Unternehmensfinanzierung und Finanzmanagement, 4 (9), S. 524-530

Gompers, P. (1995): Optimal Investment, Monitoring, and the Staging of Venture Capital, in: Journal of Finance, 50 (5), S. 1461-1489

Gompers, P. (2004): Venture Capital, Tuck School of Business Working Paper, Tuck School of Business at Dartmouth

Gompers, P./Lerner, J. (1998): The Determinants of Corporate Venture Capital Successes: Organizational Structure, Incentives, and Complementarities, NBER Working Papers W6725, National Bureau of Economic Research

Gompers, P./Lerner, J. (2001): The Venture Capital Revolution, in: Journal of Economic Perspectives, 15 (2), S. 145-168

Gorman, M./Sahlman, W. A. (1989): What do Venture Capitalist do?, in: Journal of Business Venturing, 4 (4), S. 231-248

Götz, O./Liehr-Gobbers, K. (2004): Analyse von Strukturgleichungsmodellen mit Hilfe der Partial-Least-Squares(PLS)-Methode, in: Die Betriebswirtschaft, 64 (6), S. 714-738

Graf, S./Gruber, A. (2001): Intermediationsfunktionen bei Private Equity Investitionen, in: M&A Review, 2001 (11), S. 504-509

Graham, J. R./Harvey, C. R. (2001): The Theory and Practice of Corporate Finance: Evidence from the Field, in: Journal of Financial Economics, 60 (2/3), S. 243

Grandon, E. E./Mykytyn, P. P. (2004): Theory-based Instrumentation to Measure the Intention to Use Electronic Commerce in Small and Medium Sized Businesses, in: Journal of Computer Information Systems, 44 (3), S. 44-57

Greenwald, A. G. (1989): Why Attitudes are Important: Defining Attitude and Attitude Theory 20 Years Later, in: A. R. Pratkanis/S. J. Breckler/A. G. Greenwald (Hrsg.): Attitude Structure and Function, Erlbaum, Hillsdale, NJ, S. 1-10

Gregory, B. T./Rutherford, M. W./Oswald, S./Gardiner, L. (2005): An Empirical Investigation of the Growth Cycle Theory of Small Firm Financing, in: Journal of Small Business Management, 43 (4), S. 382-392

Groh, A./Gottschalg, O. (2005): Venture Capital und Private Equity aus Sicht der Wissenschaft, in: Zeitschrift für das gesamte Kreditwesen, 58 (1), S. 26-29

Gröne, T. (2005): Private Equity in Germany - Evaluation of the Value Creation Potential for German Mid-Cap Companies, ESB Research Institute, Ibidem-Verlag, Stuttgart

Grossman, S. J./Hart, O. (1988): One Share - One Vote and the Market for Coporate Control, in: Journal of Financial Economics, 20 (1/2), S. 175-202

Grundstén, H. (2004): Entrepreneurial Intention and the Entrepreneurial Environment - A Study of Technology-Based Venture Creation, Helsinki University of Technology - Department of Industrial Engineering and Management, Helsinki

Häger, M./Elkemann-Reusch, M./Alvensleben, P. v./Grossmann, K./Hellich, P. (2004): Mezzanine Finanzierungsinstrumente, Schmidt, Berlin

Hailu, G./Goddard, E./Jeffrey, S. (2004): Impact of Decision Makers Divergence in Risk Attitudes in Canada on Cooperative Management, in: T. Theurl/E. C. Meyer (Hrsg.): Strategies for Cooperation, Shaker, Aachen, S. 347-384

Hall, G./Hutchinson, P./Michaelas, N. (2000): Industry Effects on the Determinants of Unquoted SMEs' Capital Structure, in: International Journal of the Economics of Business, 7 (3), S. 297-312

Hall, G./Hutchinson, P./Michaelas, N. (2004): Determinants of the Capital Structures of European SMEs, in: Journal of Business Finance & Accounting, 31 (5/6), S. 711-728

Hamer, E. (1987): Das mittelständische Unternehmen - Eigenarten, Bedeutung, Risiken und Chancen, Poller, Stuttgart

Hammermann, P./Maser, S. (2004): Private Equity - Added Value für innovative Mittelstandsfinanzierung, in: M. Fischer (Hrsg.): Handbuch Wertmanagement in Banken und Versicherungen, Gabler, Wiesbaden, S. 537-552

Handler, W. C. (1994): Succession in Family Business: A Review of the Research, in: Family Business Review, 7 (2), S. 133-157

Harris, M./Raviv, A. (1991): The Theory of Capital Structure, in: Journal of Finance, 46 (1), S. 297-355

Harrison, T. (2003): Understanding the Behaviour of Financial Services Consumers: A Research Agenda, in: Journal of Financial Service Marketing, 8 (1), S. 6-9

Harvey, M./Evans, R. (1995): Forgotten Sources of Capital for the Family-Owned Business, in: Family Business Review, 8 (3), S. 159-175

Hellmann, T. (1998): The Allocation of Controll Rights in Venture Capital Contracts, in: The Rand Journal of Economics, 29 (1), S. 57-76

Helwig, B./Hummel, D. (2005): Risikobewertung von deutschen Kapitalbeteiligungsgesellschaften, in: Zeitschrift für das gesamte Kreditwesen, 58 (1), S. 43-46

Hirshleifer, D. (1970): Investment, Interest and Capital, Prentice-Hall, Englewood Cliffs

Hodapp, V. (1984): Analyse linearer Kausalmodelle, Verlag Hans Huber, Bern

Holmes, S./Hutchinson, P./Forsaith, D. M./Gibson, B./McMahon, R. G. P. (2002): Small Enterprise Finance, John Wiley & Sons, Brisbane

Holmes, S./Kent, P. (1991): An Empirical Analysis of the Financial Structure of Small and Large Australian Manufacturing Enterprises, in: Journal of Small Business Finance, 46 (1), S. 297-355

Homburg, C./Giering, A. (1996): Konzeptualisierung und Operationalisierung komplexer Konstrukte - Ein Leitfaden für die Marketingforschung, in: Marketing ZFP, 1 (1), S. 5-24

Homburg, C./Hildebrandt, L. (1998): Die Kausalanalyse: Bestandsaufnahme, Entwicklungsrichtungen, Problemfelder, in: L. Hildebrandt/C. Homburg (Hrsg.): Die Kausalanalyse: Instrument der empirischen betriebswirtschaftlichen Forschung, Stuttgart, S. 15-48

Homburg, C./Krohmer, H. (2003): Marketingmanagement: Strategie - Instrumente - Umsetzung - Unternehmensführung, Gabler, Wiesbaden

Hulland, J. (1999): Use of Partial Least Squares (PLS) in Strategic Managment Research: A Review of Four Recent Studies, in: Strategic Management Journal, 20 (2), S. 195-204

Hummel, D./Helwig, B. (2004): Struktur und Qualitätsmerkmale der Kapitalbeteiligungsgesellschaften in Deutschland 2004, Universität Potsdam, Wirtschafts- und Sozialwissenschaftliche Fakultät

Hunt, S. D. (1976): The Nature and Scope of Marketing, in: Journal of Marketing, 40 (3), S. 17-28

Hustedde, R./Pulver, G. (1992): Factors Affecting Equity Capital Acquisition: The Demand Side, in: Journal of Business Venturing, 7 (5), S. 363-380

Hutchinson, R. W. (1995): The Capital Structure and Investment Decision of the Small Owner-Managed Firm: Some Exploratory Issues, in: Small Business Economics, 7 (3), S. 231-239

Iacobucci, D./Duhachek, A. (2003): Mediation Analysis, ACR 2003, Toronto

IfM (2001): Mittelstand - Definition und Schlüsselzahlen, heruntergeladen: 05.11.2005 unter: http://www.ifm-bonn.de/dienste/daten.htm

IfM/Günterberg, B./Kayser, G. (2004): SMEs in Germany - Facts and Figures 2004, IfM-Materialien Nr. 161, IfM

IfM/KfW (2006): Mittelstandsmonitor 2006 - Jährlicher Bericht zu Konjunktur- und Strukturfragen kleiner und mittlerer Unternehmen, IfM/KfW

Impulse/IfM (2003): MID 2003 - Berichtsband, Mittelstand in Deutschland, Impulse/IfM

Impulse/IfM (2004a): MID 2004 - Berichtsband, Mittelstand in Deutschland, Impulse/IfM

Impulse/IfM (2004b): MID 2004 - Tabellenband, Mittelstand in Deutschland, Impulse/IfM

Jaccard, J. J./Brinberg, D./Ackerman, L. J. (1986): Assessing Attribute Importance: A Comparison of Six Methods, in: Journal of Consumer Research, 12 (4), S. 463-468

Jankowicz, A. D./Hisrich, R. D. (1987): Intuition in Small Business Lending Decisions, in: Journal of Small Business Management, 25 (3), S. 45-52

Jarvis, C. B./Mackenzie, S. B./Podsakoff, P. M. (2003): A Critical Review of Construct Indicators and Measurement Model Specification in Marketing and Consumer Research, in: Journal of Consumer Research, 30 (2), S. 199-218

Jensen, M. C./Meckling, W. H. (1976): Theory of the Firm: Managerial Behavior, Agency Costs and Ownership Structure, in: Journal of Financial Economics, 3 (4), S. 11-25

Jonas, K./Doll, J. (1996): Eine kritische Bewertung der Theorie überlegten Handelns und der Theorie geplanten Verhaltens, in: Zeitschrift für Sozialpsychologie, 27 (1), S. 18-31

Jöreskog, K. G. (1970): A General Method for Analysis of Covariance Structures, in: Biometrika, 57 (2), S. 239-251

Jöreskog, K. G. (1973): A General Method for Estimating a Linear Structural Equation System, in: A. S. Goldberger/O. D. Duncan (Hrsg.): Structural Equation Models in the Social Science, Seminar Press, New York, S. 85-112

Kahneman, D./Tversky, A. (1979): Prospect Theory: An Analysis of Decision under Risk, in: Econometrica, 47 (2), S. 263-291

Kanler, C./Todd, S. (1998): The Motivation to Purchase Pensions: An Application of Planned Behavior Theory, Occasional Paper Series, Kingston Business School

Kanuk, L./Berenson, C. (1975): Mail Surveys and Response Rates: A Literature Review, in: Journal of Marketing Research, 12 (4), S. 440-453

Kaplan, S. (1989a): The Effects of Management Buyouts on Operating Performance and Value, in: Journal of Financial Economics, 24 (2), S. 217-254

Kaplan, S. (1989b): Management Buyouts: Evidence on Taxes as Source of Value, in: Journal of Finance, 44 (3), S. 611-632

Kaplan, S. N./Stein, J. (1993): The Evolution of Buyout Pricing and Financial Structure in the 1980s, in: Quarterly Journal of Economics, 108 (2), S. 313-358

Kaplan, S. N./Strömberg, P. (2003a): Characteristics, Contracts and Actions: Evidence From Venture Capital Analysis, NBER Working Paper, National Bureau of Economic Research

Kaplan, S. N./Strömberg, P. (2003b): Financial Contracting Theory Meets the Real World: Evidence from Venture Capital Contracts, in: Review of Economic Studies, 70 (243), S. 281-315

Karjaluoto, H./Mattila, M./Pento, T. (2002): Factors Underlying Attitude Formation toward Online Banking in Finland, in: International Journal of Bank Marketing, 20 (6), S. 261-272

Kaserer, C./Wagner, N. (2005): Zur Messung von Rendite und Risiko bei Private Equity-Investments, in: W. Kürsten/B. Nietert (Hrsg.): Kapitalmarkt, Unternehmensfinanzierung und rationale Entscheidungen, Springer, Berlin, S. 96-108

Kelley, S. J./Buultjens, J. (2003): Venture Capital in Regional Australia: Attitudes toward Venture Capital Requirements among SME Principals and their Advisors, in: Australasian Journal of Business & Social Inquiry, 1 (1), S. 30-42

KfW (2003a): Beteiligungskapital in Deutschland: Anbieterstrukturen, Verhaltensmuster, Marktlücken und Förderbedarf, KfW

KfW (2003b): Eigenkapital für den breiten Mittelstand. Neue Wege und Instrumente, Abschlussbericht der AG „Eigenkapital für den breiten Mittelstand", KfW

KfW (2003c): Finanzierungsstrukturen und Ertragslage Mittelständischer Unternehmen 1998 - 2001, Mittelstandsfinanzierung im Wandel, KfW

KfW (2005a): KfW Mittelstandspanel 2004, Jährliche Analyse zur Struktur und Entwicklung des Mittelstands in Deutschland, KfW

KfW (2005b): Mezzanine-Finanzierung für den Mittelstand: Der Markt ist in Bewegung, Mittelstandsmonitor, KfW

KfW (2005c): Unternehmensfinanzierung: Immer noch schwierig, aber erste Anzeichen einer Besserung, KfW

Kitzmann, J./Schiereck, D. (2004): Performance of Management Buyouts in Germany, Department of Finance Working Paper Series, EBS

Klein, S. (2003): Family Business Research in German Publications 1990-2000, IIFE Working Paper Series, INSEAD

Klein, S. (2004): Familienunternehmen - Theoretische und empirische Grundlagen, Gabler, Wiesbaden

Kotler, P./Bliemel, F. (2005): Marketing-Management - Analyse, Planung und Verwirklichung, Pearson Studium, München u.a.

Krafft, M./Götz, O./Liehr-Gobbers, K. (2005): Die Validierung von Strukturgleichungsmodellen mit Hilfe des Partial-Least-Square-Ansatzes, in: F. Bliemel/G. Fassot/J. Henseler (Hrsg.): Handbuch der PLS-Pfadmodellierung: Methode, Anwendung, Praxisbeispiele, Schäffer-Poeschel, Stuttgart, S. 71-86

Kroeber-Riel, W./Weinberg, P. (2003): Konsumentenverhalten, Vahlen, München

Krueger, N. F./Reilly, F./Carsrud, A. L. (2000): Competion Models of Entrepreneurial Intentions, in: Journal of Business Venturing, 15 (5/6), S. 411-432

Kruglanski, A. W. (1989): Lay Epistemies and Human Knowledge: Cognitive and Motivational Bases, Plenum, New York

Kühn, C. (2006): Capital Structure Decisions in Institutional Buyouts, Gabler, Wiesbaden

Laatz, W. (1993): Empirische Methoden: Ein Lehrbuch für Sozialwissenschaftler, Harri Deutsch, Frankfurt am Main

Labbé, M. (2003): Leveraged Buyout in Germany: Comprehensive Overview & Statistical Interpretation, in: Finanz-Betrieb: Zeitschrift für Unternehmensfinanzierung und Finanzmanagement, 5 (5), S. 303-320

Landström, H. (1990): Co-Operation between Venture Capital Companies and Small Firms, in: Entrepreneurship and Regional Development, 2 (4), S. 345-362

LaPiere, R. T. (1934): Attitudes vs. Actions, in: Social Forces, 13 (1), S. 230-237

Laux, H. (2003): Entscheidungstheorie, Springer, Berlin

LeCornu, M. R./McMahon, R. G. P./Forsaith, D. M./Stanger, A. M. J. (1996): The Small Enterprise Financial Objective Function: An Exploratory Study, in: Journal of Small Business Management, 34 (3), S. 1-14

Leland, H. E. (1998): Agency Cost, Risk Management, and Capital Structure, in: Journal of Finance, 53 (4), S. 1213-1243

Leland, H. E./Pyle, D. H. (1977): Informational Asymmetries, Financial Structure, and Financial Intermediation, in: Journal of Finance, 32 (2), S. 371-387

Leopold, G./Frommann, H./Kühr, T. (2003): Private Equity - Venture Capital: Eigenkapital für den innovativen Unternehmer, Vahlen, München

Lerner, J. (1994): The Syndication of Venture Capital Investments, in: Financial Management, 23 (3), S. 16-27

Lerner, J. (1995): Venture Capitalists and the Oversight of Private Firms, in: Journal of Finance, 50 (1), S. 301-318

Levin, J. S. (2005): Structuring Venture Capital, Private Equity and Entrepreneurial Transactions, Aspen Publ., New York

Levin, R. I./Travis, V. P. (1987): Small Company Financing: What the Books Don't Say, in: Harvard Business Review, 65 (6), S. 30-32

Lichtenberg, F./Siegel, D. (1989): The effects of leveraged buyouts on productivity and related aspects of firm behavior, CES Discussion Papers, Columbia University

Liska, A. E. (1984): A Critical Examination of the Causal Structure of the Fishbein/Ajzen Attitude-Behavior Model in: Social Psychology Quarterly, 47 (1), S. 61-74

Litz, R. A. (1995): The Family Business: Toward Definitional Clarity, in: Family Business Review, 8 (2), S. 71-81

Lohmöller, J.-B. (1989): Latent variable path modeling with partial least squares, Physica Verlag, Heidelberg

Loix, E./Pepermans, R./Mentens, C./Goedee, M./Jegers, M. (2005): Orientation Toward Finances: Development of a Measurement Scale, in: Journal of Behavioral Finance, 6 (4), S. 192-201

Long, W./Ravenscraft, D. (1993a): The financial performance of whole company LBOs, CES Discussion Papers, CES

Long, W./Ravenscraft, D. (1993b): LBOs, Debt and R&D Intensity, in: Strategic Management Journal, 14 (Special Issue: Corporate Restructuring), S. 119-135

MacCrimmon, K. R./Wehrung, D. A. (1990): Charateristics of Risk Taking Executives, in: Management Science, 36 (4), S. 422-435

MacMillan, I./Kulow, D./Khoylian, R. (1989): Venture Capitalists Involvement in their Investments: Extent and Performance, in: Journal of Business Venturing, 4 (1), S. 27-47

Madden, G./Marlpes, L./Chugh, L. (1990): A stock market evaluation of management buyouts, in: Journal of Business, Finance & Accounting, 17 (3), S. 351-358

Manimala, M. (1992): Entrepreneurial Heuristics: A Comparison between high PI and low PI Ventures, in: Journal of Business Venturing, 7 (6), S. 477-504

Matthews, C./Vasudevan, D./Barton, S./Apana, R. (1994): Capital Structure Decision Making in Privately Held Firms: Beyond the Finance Paradigm, in: Family Business Review, 7 (4), S. 349-367

Maula, M./Autio, E./Arenius, P. (2005): What Drives Micro-Angel Investments? An Examination of the Determinants of Family and Non-Family Investments, in: Small Business Economics, 25 (5), S. 459-475

Mayers, D. (1995): Why Firms Issue Convertible Bonds: The Matching of Financial and Real Investment Options, in: Journal of Finance, 47 (1), S. 83-102

Mazen, A. M./Graf, L. A./Kellog, C. E./Hemmasi, M. (1987): Statistical Power in Contemporary Management Research, in: Academy of Management Review, 30 (2), S. 369-380

McConnell, J. J./Pettit, R. (1984): Application of the Modern Theory of Finance to Small Business Firms, in: P. Horvitz/R. Pettit (Hrsg.): Small Business Finance, JAI Press, Greenwich, S. 97-126

McMahon, R. G. P./Stanger, A. M. J. (1995): Understanding the Small Enterprise Financial Objective Function, in: Entrepreneurship Theory and Practice, 19 (4), S. 21-39

Meier, D. (2005): Post-Investment Value Addition to Buyouts - Analysis of European Private Equity Firms, Gabler, Wiesbaden

Mendler, W./Doll, J./Orth, B. (1989): Zur Konstruktvalidität in der Einstellungsmessung: Singuläre oder Multiple Komponenten-Modelle?, Forschungsberichte Multimo aus dem DFG-Projekt "Multiattributive Modelle" - Nr. 31, Deutsche Forschungsgemeinschaft/Psycologisches Institut I der Universität Hamburg

Michaelas, N./Chittenden, F./Poutziouris, P. (1998): A Model of Capital Structure Decision-making in Small Firms, in: Small Business and Enterprise Development, 5 (3), S. 246-260

Michaelas, N./Chittenden, F./Poutziouris, P. (1999): Financial Policy and Capital Structure Choice in UK SMEs: Evidence from UK Panel Data, in: Small Business Economics, 12 (2), S. 113-130

Mishra, C. S./McConaughy, D. L. (1999): Founding Family Control and Capital Structure: The Risk of Loss of Control and the Aversion to Debt, in: Entrepreneurship Theory and Practice, 23 (4), S. 53-64

Modigliani, F./Miller, M. H. (1958): The Cost of Capital, Corporation Finance and the Theory of Investment, in: The American Economic Review, 48 (3), S. 261-297

Modigliani, F./Miller, M. H. (1963): Corporate Income Taxes and the Cost of Capital: A Correction, in: The American Economic Review, 53 (3), S. 433-443

Moriarty, R. T./Bateson, J. E. G. (1982): Exploring Complex Decision Making Units: A New Approach, in: Journal of Marketing Research, 19 (2), S. 182-191

Moskowitz, T. J./Vissing-Jörgensen, A. (2002): The Returns to Entrepreneurial Investment: A Private Equity Premium Puzzle?, in: American Economic Review, 92 (4), S. 745-778

Müller, P./Englisch, P./Teigland, J. L. (2004): Mittelstandsbarometer 2004 - Der deutsche Mittelstand: Stimmung, Theme, Perspektiven, Mittelstandsbarometer, Ernst & Young

Murray, G. C./Wright, M. (1996): Management's Search for Venture Capital in Smaller Buy-outs: The Role of Intermediaries and Industry Marketing Implications, in: International Journal of Bank Marketing, vol. 14 (2), S. 14-25

Muscarella, C./Vetsuypens, M. (1990): Efficiency and Organisational Structure: A Study of Reverse LBOs, in: Journal of Finance, 45 (5), S. 1389-1413

Myers, S. C. (1984): The Capital Structure Puzzle, in: Journal of Finance, 39 (3), S. 575

Myers, S. C. (2001): Capital Structure, in: Journal of Economic Perspectives, 15 (2), S. 81-102

Myers, S. C./Majluf, N. S. (1984): Corporate financing and investment decisions when firms have information that investors do not have, in: Journal of Financial Economics, 13 (2), S. 187-221

Naffziger, D. W./Hornsby, J. S./Kuratko, D. F. (1992): A Model of Entrepreneurial Motivation, in: D. J. Naffziger/J. S. Hornsby (Hrsg.): Emerging Entrepreneurial Strategies in the 1990s: Proceedings of the 7th Annual Conference of the US Association for Small Business and Entrepreneurship, Ball State University, Chicago, S. 12-23

Nelles, M./Klusemann, M. (2004): Erfolgsfaktoren und Entwicklungstendenzen im deutschen Private Equity-Markt, in: Finanz-Betrieb: Zeitschrift für Unternehmensfinanzierung und Finanzmanagement, 6 (5), S. 354-360

Newby, R./Watson, J./Woodliff, D. (2003): SME Survey Methodology: Response Rates, Data Quality, and Cost Effectiveness, in: Entrepreneurship Theory and Practice, 28 (2), S. 163-172

Norton, E. (1990): Similarities and Differences in Small and Large Corporation Beliefs about Capital Structure Policy, in: Small Business Economics, 2 (3), S. 229-245

Norton, E. (1991): Capital Structure and Small Public Firms, in: Journal of Business Venturing, 6 (4), S. 287-303

NVCA (2004): Venture Impact 2004 Executive Summary - Venture Capital Benefits to the U.S. Economy, Venture Impact 2004, National Venture Capital Association/Global Insight

Olson, J. M./Zanna, M. P. (1993): Attitudes and Attitude Change, in: Annual Review of Psychology, 44 (1), S. 117-154

Opler, T. (1992): Operating Performance in Leverage Buyouts: Evidence from 1985-1989, in: Financial Management, 21 (1), S. 27-34

Orth, B. (1986a): Formale Untersuchungen des Modells von Fischbein & Ajzen zur Einstellungs-Verhaltens-Beziehung: I. Bedeutsamkeit und erforderliches Skalenniveau, Forschungsberichte Multimo aus dem DFG-Projekt "Multiattributive Modelle" - Nr. 3, Deutsche Forschungsgemeinschaft/Psycologisches Institut I der Universität Hamburg

Orth, B. (1986b): Formale Untersuchungen des Modells von Fishbein & Ajzen zur Einstellungs-Verhaltens-Beziehung: II. Modellmodifikationen für intervallskalierte Variablen, Forschungsberichte Multimo aus dem DFG-Projekt "Multiattributive Modelle" - Nr. 4, Deutsche Forschungsgemeinschaft/Psycologisches Institut I der Universität Hamburg

Pavlou, P. A./Fygenson, M. (2006): Understanding and Predicting Electronic Commerce Adoption: An Extension of the Theory of Planned Behavior, in: MIS Quarterly, 30 (1), S. 115-149

Peacock, I./Cooper, S. (2000): Private Equity: Implications for Financial Efficiency and Stability, in: Bank of England Quarterly Bulletin, 40 (1), S. 69-76

Pennings, J./Leuthold, R. M. (2000): The Role of Farmers' Behavioral Attitudes and Heterogeneity in Futures Contracts Usage, in: American Journal of Agricultural Economics, 82 (4), S. 908-919

Pennings, J./Smids, A. (2000): Assessing the Construct Validity of Risk Attitude, in: Management Science, 46 (10), S. 1337-1348

Pennings, J. M. E./Candel, M. J. J. M./Egelkraut, T. M. (2003): A Behavioral Decision-Making Modeling Approach Toward Hedging Services, in: Journal of Behavioral Finance, 4 (2), S. 71-84

Pennings, J. M. E./Leuthold, R. M. (2001): A Behavioural Approach Towards Futures Contract Usage, in: Australian Economic Papers, 40 (4), S. 461-478

Pennings, J. M. E./Wetzels, M. G. M./Meulenberg, M. T. G. (1999): The Marketing-Finance Interface Towards Financial Services with Special Reference to the New Services Provided by Futures Exchanges, in: European Journal of Marketing, 33 (5/6), S. 531-547

Peter, J. P. (1979): Reliability: A Review of Psychometric Basics and Recent Marketing Practices, in: Journal of Marketing Research, 16 (1), S. 6-17

Peter, J. P. (1981): Construct Validity: A Review of Basic Issues and Marketing Practices, in: Journal of Marketing Research, 18 (2), S. 133-145

Pettit, R./Singer, R. (1985): Small Business Finance: A Research Agenda, in: Financial Management, 14 (3), S. 47-60

Petty, W./Bygrave, W. D. (1993): What Does Finance Have to Say to the Entrepreneur?, in: Journal of Small Business Finance, 2 (2), S. 125-137

Phan, P./Hill, C. (1995): Organisational Restructuring and Economic Performance in Leveraged Buyouts: An Ex Post Study, in: Academy of Management Journal, 38 (3), S. 704-739

Plattner, D. (2003): Finanzierungsstrukturen und Ertragslage Mittelständischer Unternehmen 1998 - 2001, KfW-Research Mittelstands- und Strukturpolitik, KfW

Pleitner, H. J. (1995): Klein- und Mittelunternehmen in einer dynamischen Wirtschaft, in: J. Mugler/K.-H. Schmidt (Hrsg.): Ausgewählte Schriften von Hans Jost Pleitner, Duncker und Humblot, Berlin, München, St. Gallen,

Plummer, J. L. (1987): QED Report on Venture Capital Financial Analysis, QED Research Inc.

Podsakoff, N. P./Organ, D. W. (1986): Self-Reports in Organizational Research: Problems and Prospects, in: Journal of Management, 12 (4), S. 531-544

Podsakoff, P. M./Mackenzie, S. B./Lee, J.-Y./Podsakoff, N. P. (2003): Common Method Biases in Behavioral Research: A Critical Review of the Literature and Recommended Remedies, in: Journal of Applied Psychology, 88 (5), S. 879-903

Porst, R. (2000): Question Wording - Zur Formulierung von Fragebogen-Fragen, ZUMA How-to-Reihe Nr. 10, Zentrum für Umfragen, Methoden und Analysen

Poutziouris, P. (2001): The Views of Family Companies on Venture Capital: Empirical Evidence from the UK Small to Medium-Size Enterprising Economy, in: Family Business Review, 14 (3), S. 277-291

Prowse, S. (1998): The Economics of the Private Equity Market, Economic Review (Third Quarter), Federal Reserve Bank of Dallas

Pütter, T. U. W. (2005): Finanzierungslösungen nach Maß: Neue Chancen für den Mittelstand, in: Zeitschrift für das gesamte Kreditwesen, 58 (1), S. 34-36

Raicher, S. (2000): European Private Equity: Reaching Adulthood, in: R. Lake/R. Lake (Hrsg.): Private Equity and Venture Capital: A Guide for Investors and Practitioners, Euromoney Books, London U.K., S. 27-33

Rammstedt, B. (2004): Zur Bestimmung der Güte von Multi-Item-Skalen: Eine Einführung, ZUMA How-to-Reihe Nr. 12, Zentrum für Umfragen, Methoden und Analysen

Randøy, T./Goel, S. (2003): Ownership structure, founder leadership, and performance in Norwegian SMEs: implications for financing entrepreneurial opportunities, in: Journal of Business Venturing, 18 (5), S. 619

Reich, H. W. (2005): Der Markt für Private-Equity-Finanzierungen in Deutschland und die Rolle der KfW, in: Zeitschrift für das gesamte Kreditwesen, 58 (1), S. 31-33

Reimers, N. (2003): Kritische Erfolgsfaktoren von Private Equity Beteiligungen an Familienunternehmen in Deutschland, Diplomarbeit, European Business School

Reimers, N. (2004): Private Equity für Familienunternehmen: Nachfolgelösung und Wachstumsfinanzierung im deutschen Mittelstand, Deutscher Universitätsverlag, Wiesbaden

Reinartz, W./Krafft, M./Hoyer, W. (2004): The Customer Relationship Management Process: Its Measurement and Impact on Performance, in: Journal of Marketing Research, 41 (3), S. 293-305

Reize, F. (2005): Repräsentative Analyse zu Investitionen und Beschäftigungseffekten kleiner und mittlerer Unternehmen, KfW Mittelstandspanel, KfW

Richter, W./Rettig, J./Englisch, P. (2004): Finanzierungsstrukturen im deutschen Mittelstand - Wege zum Wachstum, Ernst & Young/LutherMenold

Riemenschneider, C. K./McKinney, V. R. (2002): Assessing Belief Differences in Small Business Adopters and Non-Adopters of Web-Based E-Commerce, in: Journal of Computer Information Systems, 42 (2), S. 101

Romano, C. A./Tanewski, G. A./Smyrnios, K. X. (2000): Capital Structure Decision Making: A Model for Family Business, in: Journal of Business Venturing, 16 (3), S. 285-310

Rosenberg, M. J. (1956): Cognitive Structure and Attitudional Affect, in: Journal of Abnormal and Social Psychology, 53 (3), S. 367-372

Ross, S. A. (1977): The Determination of Financial Structure: The Incentive-Signalling Approach, in: The Bell Journal of Economics, 8 (1), S. 23-40

Ross, S. A. (1978): Some Notes on Financial Incentive-Signalling Models, Activity Choice and Risk Preferences, in: Journal of Finance, 33 (3 (Papers and Proceedings of the Thirty-Sixth Annual Meeting American Finance Association, New York City December 28-30, 1977)), S. 777-792

Rossiter, J. R. (2002): The C-OAR-SE Procedure for Scale Development in Marketing, in: International Journal of Research in Marketing, 19 (4), S. 305-335

Rudolph, B./Fischer, C. (2000): Der Markt für Private Equity, in: Finanz-Betrieb: Zeitschrift für Unternehmensfinanzierung und Finanzmanagement, 2 (1), S. 49-56

Rudolph, B./Haagen, F. (2005): Die Auswirkungen institutioneller Rahmenbedingungen auf die Venture Capital-Finanzierung in Deutschland, in: W. Kürsten/B. Nietert (Hrsg.): Kapitalmarkt, Unternehmensfinanzierung und rationale Entscheidungen, Springer, Berlin, S. 329-350

Ryan, M. J./Bonfield, E. H. (1980): The Fishbein Extended Model and Consumer Behavior, in: Journal of Consumer Research, 2 (2), S. 118-136

Sahlman, W. A. (1988): Aspects of Financial Contracting in Venture Capital, in: Journal of Applied Corporate Finance, 1 (2), S. 23-36

Sahlman, W. A. (1990): The Structure and Governance of Venture Capital Organizations, in: Journal of Financial Economics, 27 (2), S. 473-521

Sánchez-Vidal, J./Martín-Ugedo, J. F. (2005): Financing Preferences of Spanish Firms: Evidence on the Pecking Order Theory, in: Review of Quantitative Finance and Accounting, 25 (4), S. 341-355

Sapienza, H. J. (1992): Do Venture Capitalists Add Value, in: Journal of Business Venturing, 7 (1), S. 9-27

Sapienza, H. J./Timmons, J. A. (1989): The Roles of Venture Capitalists in New Ventures: What Determines Their Importance?, Academy of Management Best Paper Procceedings, AOM

Schäfer, D./Werwatz, A./Zimmermann, V. (2004): The Determinants of Debt and (Private) Equity Financing: the Case of Young, Innovative SMEs from Germany, in: Industry & Innovation, 11 (3), S. 225-248

Schefczyk, M. (1998): Erfolgsstrategien deutscher Venture Capital Gesellschaften, Schäffer-Poeschel, Stuttgart

Schefczyk, M. (1999): Erfolgsdeterminanten von Venture Capital-Investments in Deutschland, in: Zeitschrift für betriebswirtschaftliche Forschung, 51 (12), S. 1123-1145

Schefczyk, M. (2004): Erfolgsstrategien deutscher Venture Capital Gesellschaften, Schäffer-Poeschel, Stuttgart

Schneck, O. (2006): Handbuch Alternative Finanzierungsformen, Wiley-VCH Verlag, Weinheim, Germany

Schnell, R./Hill, P. B./Esser, E. (2005): Methoden der empirischen Sozialforschung, Vahlen, Oldenbourg, München

Schöning, S. (2007): Zur Finanzierung von KMU mit Private Equity in Deutschland - Eine Bestandsaufnahme, in: S. Schöning/J. Richter/H. Wetzel/D. Nissen (Hrsg.): Kleine und mittlere Unternehmen: Unternehmensnachfolge und Innovationspotenzial, Peter Lang, Frankfurt am Main u.A., S. 205-240

Schonlau, M./Fricker, D./Eliott, M. N. (2002): Conduction Research Surveys via E-Mail and the Web, RAND

Schröer, E./Freund, W. (1999): Neue Entwicklungen auf dem Markt für die Übertragung mittelständischer Unternehmen, IfM-Materialien Nr. 136, IfM

Schumann, S. (2000): Repräsentative Umfragen: Praxisorientierte Einführung in empirische Methoden und statistische Analyseverfahren, Oldenbourg, München

Schwartz, S. H./Tessler, R. C. (1972): A Test of a Model for Reducing Measured Attitude-Behavior Discrepancies, in: Journal of Personality and Social Psychology, 24 (2), S. 225-236

Schwienbacher, A. (2002): An Empirical Analysis of Venture Capital Exits in Europe and the United States, Working Paper, University of Namur

Segbers, K./Siemens, A. (2005): Mittelständische Unternehmen und ihre Kommunikationsverhalten gegenüber der Bank, in: Finanz-Betrieb: Zeitschrift für Unternehmensfinanzierung und Finanzmanagement, 7 (4), S. 229-237

Sharma, P./Chrisman, J. J./Chua, J. H. (2003): Succession Planning as Planned Behavior: Some Empirical Results, in: Family Business Review, 16 (1), S. 1-15

Sharp, G. (2001): European Private Equity: A Practical Guide for Vendors, Managers and Entrepreneurs, Euromoney Books, London, U.K.

Sheppard, B. H./Hatwick, J./Paul, W. R. (1988): The Theory of Reasoned Action: A Meta-Analysis of Past Research with Recommendation for Modifications and Future Research, in: Journal of Consumer Research, 15 (3), S. 325-343

Shih, Y./Fang, K. (2004): The Use of a Decomposed Theory of Planned Behavior to Study Internet Banking in Taiwan, in: Internet Research, 14 (3), S. 213-223

Shimp, T. A./Kavas, A. (1984): The Theory of Reasoned Action Applied to Coupon Usage, in: Journal of Consumer Research, 11 (3), S. 795-809

Sitkin, S. B./Pablo, A. L. (1992): Reconceptualizing the Determinants of Risk Behavior, in: Academy of Management Review, 17 (1), S. 9-38

Smith, A. J. (1990): Corporate Ownership Structure and Performance: The Case of Management Buyouts, in: Journal of Financial Economics, 27 (1), S. 143-164

Smith, K. G./Gannon, M. J./Grimm, C./Mitchell, T. R. (1988): Decision Making Behavior in Smaller Entrepreneurial and Larger Professionally Managed Firms, in: Journal of Business Venturing, 3 (3), S. 223

Sobel, M. E. (1982): Asymptotic Confidence Intervals for Indirect Effects in Structural Equation Models, in: S. Leinhardt (Hrsg.): Sociological Methodology, Jossey-Bass, San Francisco, S. 290-312

Sogorb-Mira, F. (2005): How SME Uniqueness Affects Capital Structure: Evidence From A 1994 - 1998 Spanish Data Panel, in: Small Business Economics, 25 (5), S. 447-457

Statistisches Bundesamt (2005): Statistisches Jahrbuch 2005, Statistisches Bundesamt, Wiesbaden

Steck, B. (1998): Engpass Eigenkapital: Möglichkeiten und Grenzen der Partnerschaft mit einem MBO-Haus, in: A. Krebs/T. Studer (Hrsg.): Management-Buyout: Probleme, Lösungen, Erfahrungen, Rüegger, Zürich, Switzerland, S. 59-77

Steiner, M. (2002): Die stille Revolution - Der Wandel der Unternehmensfinanzierung in Deutschland, Lehrstuhl für Finanz- und Bankwirtschaft der Universität Augsburg, Siemens Financial Services, TNS Emnid

Stevens, J. (1996): Applied Multivariate Statistics for the Social Science, Mahwah, New Jersey

Stevens, J. M./Steensma, H. K./Harrison, D. A./Cochran, P. L. (2005): Symbolic or Substantive Document? The Influence of Ethics Codes on Financial Executives' Decisions, in: Strategic Management Journal, 26 (2), S. 181-195

Sutton, S./French, D. P./Hennings, S. (2003): Eliciting Salient Beliefs in Research on the Theory of Planned Behaviour: The Effect of Question Wording, in: Current Psychology, 22 (3), S. 234-251

Swinnen, S./Voordeckers, W./Vandemaele, S. (2005): Capital Structure in SMEs: Pecking Order versus Static Trade-Off, Bounded Rationality and the Behavioral Principle, EFM Working Papers, The European Financial Management Association

Tagiuri, R./Davis, J. A. (1992): On the Goals of Successful Family Companies, in: Family Business Review, 5 (1), S. 43-62

Taylor, S./Todd, P. (1995): Decomposition and Crossover Effects in the Theory of Planned Behavior: A Study of Consumer Adoption Intentions, in: International Journal of Research in Marketing, 12 (2), S. 137-155

Teel, C./Verran, J. A. (1991): Focus on Psychometrics - Factor Comparison across Studies, in: Research in Nursing and Health, 14 (1), S. 67-72

Thompson, S./Wright, M./Robbie, K. (1989): Managment Buy-outs: Debt and Efficiency: Some Evidence from the UK, in: Journal of Applied Corporate Finance, 2 (1), S. 76-86

Titman, S./Wessels, R. (1988): The Determinants of Capital Structure Choice, in: Journal of Finance, 43 (1), S. 1-19

Triandis, H. C. (1975): Einstellung und Einstellungsänderung, Beltz, Weinheim, Germany

Triandis, H. C. (1991): Attitude and Attitude Change, in: (Hrsg.): Encyclopedy of Human Biology, Academic Press, San Diego, S. 485-496

Trommsdorf, V. (1998): Konsumentenverhalten, Kohlhammer Edition Marketing, Verlag Kohlhammer, Stuttgart

Trommsdorff, V. (1975): Die Messung von Produktimages for das Marketing - Grundlagen und Operationalisierung, Carl Heymanns Verlag KG, Köln

Turnbull, P. (1983): Corporate Attitudes towards Bank Services, in: International Journal of Bank Marketing, 1 (1), S. 53-66

Turner, E. B. (1969): Marketing Professional Services, in: Journal of Marketing, 33 (4), S. 56-61

Tyebjee, T. T./Bruno, A. V. (1984): A Model of Venture Capital Investment Activity, in: Management Science, 30 (9), S. 1051-1066

Tyebjee, T. T./Vickery, L. (1988): Venture Capital in Western Europe, in: Journal of Business Venturing, 3 (2), S. 123-136

Tykvová, T. (2005): Licht- und Schattenseiten des Private Equity-Geschäfts in Deutschland, in: Finanz-Betrieb: Zeitschrift für Unternehmensfinanzierung und Finanzmanagement, 7 (7/8), S. 465-471

Upton, N./Petty, W. (2000): Venture Capital Investments and U.S. Family Businesses, in: Venture Capital: An International Journal of Entrepreneurial Finance, 2 (1), S. 27-39

Utsch, A. (2004): Psychologische Einflussgrößen von Unternehmensgründung und Unternehmenserfolg, Inaugural-Dissertation, Universität Gießen, Gießen

Van Auken, H. E. (2001): Financing Small Technology-Based Companies: The Relationship between Familiarity with Capital and Ability to Price and Negotiate Investment, in: Journal of Small Business Management, 39 (9), S. 240-258

Van Auken, H. E./Carter, R. B. (1990): Personal Equity Investment and Small Business Financial Difficulties, in: Entrepreneurship Theory and Practice, 15 (2), S. 51-60

van de Putte, B./Hoogstraten, J. (1997): Applying Structural Equation Modeling in the Context of the Theory of Reasoned Action: Some Problems and Solutions, in: Structural Equation Modeling, 4 (4), S. 320-337

van de Putte, B./Hoogstraten, J./Meertens, R. (1996): A Comparison of Behavioral Alternative Models in the Context of the Theory of Reasoned Action, in: British Journal of Social Psychology, 35 (2), S. 257-266

Van der Wijst, N./Thurik, R. (1993): Determinants of small firm debt ratios: An analysis of retail panel data, in: Small Business Economics (Historical Archive), 5 (1), S. 55-65

Verhees, F. J. H. M. (2005): Market-Oriented Product Innovation in Small Firms, Wageningen Universiteit, Wageningen

Vos, E./Forlong, C. (1996): The Agency Advantage of Debt over the Lifecycle of the Firm, in: Journal of Small Business Finance, 5 (3), S. 193-212

Wallau, F./Haunschild, L. (2007): Die volkswirtschaftliche Bedeutung von Familienunternehmen, IfM

Ward, J. L. (1987): Keeping the Family Business Healthy: How to Plan for Continuing Growth, Profitability and Family Leadership, Jossey-Bass, San Francisco

Watson, R./Wilson, N. (2002): Small and Medium Size Enterprise Financing: A Note on Some of the Empirical Implications of a Pecking Order, in: Journal of Business Finance & Accounting, 29 (3), S. 557-578

Weber, J./Schäffer, U. (2006): Einführung in das Controlling, Schäffer-Poeschel, Stuttgart

Weber, J./Weißenberger, B. (2002): Einführung in das Rechnungswesen, Schäffer-Poeschel, Stuttgart

Weber, N. (2006a): Private-Equity-Investments in Buy Outs von Konzerneinheiten, Bankakademie Verlag, Frankfurt am Main

Weber, P. W. (2006b): Beteiligungsmarkt im deutschsprachigem Wirtschaftsraum, PEWECO, Institut für angewandte Betriebswirtschaft

Weber, P. W. (2006c): Controlling im Mittelstand - Studie zum State of the Art im mittelständischen Unternehmen, PEWOCO Studie, Institut für Angewandte Betriebswirtschaft

Weiber, R. (2004): Informationsökonomische Fundierung des Industriegütermarketings, in: K. Backhaus/M. Voeth (Hrsg.): Handbuch Industriegütermarketing, Gabler, Wiesbaden, S. 79-118

Welsh, J. A./White, J. F. (1981): A Small Business is Not a Little Big Business, in: Harvard Business Review, 59 (4), S. 18-32

Westhead, P. (2003): Succession Decision-making Outcomes Reported by Private Family Companies, in: International Small Business Journal, 21 (4), S. 369-401

Westhead, P./Storey, D. J. (1997): Financial Constraints on the Growth of High Technology Small Firms in the U.K., in: Applied Financial Economics, 7 (2), S. 197-207

Wiedmann, T. (2002): Unternehmensnachfolge in einem krisenbedrohten Familienunternehmen, Difo-Druck GmbH,

Wiklund, J. (2001): Growth Motivation and its Influence on Subsequent Growth, Babson College Entrepreneurship Research Conference, Babson College

Wiklund, J./Davidsson, P./Delmar, F. (2003): What Do They Think and Feel about Growth? An Expectancy-Value Approach to Small Business Managers' Attitude Toward Growth, in: Entrepreneurship Theory and Practice, 27 (3), S. 247-270

Wilkie, W. L./Pessemier, E. A. (1973): Issues in Marketing's Use Of Multi-Attribute Attitude Models, in: Journal of Marketing Research, 10 (4), S. 428-441

Wold, H. (1966): Estimation of Principal Components and Related Models by Iterative Least Squares, in: P. R. Krishnaiah (Hrsg.): Multivariate Analysis, Academic Press, New York, S. 391-420

Wold, H. (1975): Soft Modeling by Latent Variables: the Non-linear Iterative Partial Least Squares Approach, in: G. J (Hrsg.): Perspectives in Probability and Statistics - Papers in Honour of M. S. Bartlett, Academic Press, London,

Wold, H. (1980): Model Construction and Evaluation when Theoretical Knowledge is Scare: Theory and Application of Partial Least Squares, in: J. Kmenta/J. B. Ramsey (Hrsg.): Evaluation of Economic Models, Academic Press, New York, S. 47-72

Wolter, H.-J./Hauser, H.-E. (2001): Die Bedeutung des Eigentümerunternehmens in Deutschland - Eine Auseinandersetzung mit der qualitativen und quantitativen Defintion des Mittelstands, in: I. Bonn (Hrsg.): Jahrbuch zur Mittelstandsforschung 1/2001, Deutscher Universitätsverlag, Wiesbaden, S. 25-77

Wright, M. (2001): Finance and Management Buyouts: Agency versus Entrepreneurship Perspectives, in: Venture Capital: An International Journal of Entrepreneurial Finance, 3 (3), S. 239-261

Wright, M./Robbie, K. (1998): Venture Capital and Private Equity: A Review and Synthesis, in: Journal of Business Finance & Accounting, 25 (5/6), S. 521-570

Wright, M./Wilson, N./Robbie, K./Ennew, C. T. (1994): Restructuring and Failure in Buy-outs and Buy-ins, in: Business Strategy Review, 5 (2), S. 21-40

Wright, M./Wilson, N./Robbie, K./Ennew, C. T. (1996): An Analysis of Management Buy-out Failure, in: Managerial and Decision Economics, 17 (1), S. 57-70

Wu, Y. (1997): Management Buy-Outs and Earnings Management, in: Journal of Accounting, Auditing & Finance, 12 (4), S. 373-389

Zander, I. (2004): The Micro-Foundations of Cluster Stickiness – Walking In the Shoes of the Entrepreneur, in: Journal of International Management, 10 (2), S. 151-175

ZEW (2006): Beteiligungskapital im Mittelstand - Perspektiven in NRW, Zentrum für Europäische Wirtschaftsforschung GmbH (ZEW), NRW Bank

Zimmermann, V./Schumacher, J. (2005): Unternehmensfinanzierung: Immer noch schwierig, aber erste Anzeichen einer Besserung, KfW Unternehmensbefragung, KfW

Zinnbauer, M./Eberl, M. (2004): Die Überprüfung von Spezifikation und Güte von Strukturgleichungsmodellen: Verfahren und Anwendung, in: Wirtschaftswissenschaftliches Studium, 34 (10), S. 566-572

SPRINGER NATURE

GPSR Compliance

The European Union's (EU) General Product Safety Regulation (GPSR) is a set of rules that requires consumer products to be safe and our obligations to ensure this.

If you have any concerns about our products, you can contact us on ProductSafety@springernature.com

In case Publisher is established outside the EU, the EU authorized representative is:

Springer Nature Customer Service Center GmbH
Europaplatz 3
69115 Heidelberg, Germany